华中师范大学中国农村研究院

中国农村研究

CHINA RURAL STUDIES

2016年卷·上

中国社会科学出版社

图书在版编目(CIP)数据

中国农村研究．2016年卷（上）／徐勇主编．—北京：中国社会科学出版社，2016.12

ISBN 978－7－5161－9681－6

Ⅰ.①中… Ⅱ.①徐… Ⅲ.①农村经济—研究报告—中国—2016 Ⅳ.①F32

中国版本图书馆CIP数据核字(2017)第005114号

出 版 人　赵剑英
责任编辑　冯春凤等
责任校对　张爱华
责任印制　张雪娇

出　　版　中国社会科学出版社
社　　址　北京鼓楼西大街甲158号
邮　　编　100720
网　　址　http://www.csspw.cn
发 行 部　010－84083685
门 市 部　010－84029450
经　　销　新华书店及其他书店

印刷装订　北京君升印刷有限公司
版　　次　2016年12月第1版
印　　次　2016年12月第1次印刷

开　　本　710×1000　1/16
印　　张　18.5
插　　页　2
字　　数　313千字
定　　价　78.00元

《中国农村研究》编辑委员会

目　录

土地改革中的乡村社会

政治动员与社会关系：土地改革中阶级意识的塑造与阻滞
——基于对山东古邵镇土改口述史的调查
…………………………………………… 陈国申　张　毅（ 3 ）
从“差巴”到“星巴”：西藏土改中的“身份革命”
——以拉萨市格老窝村 8 位“差巴”和 1 位“朗生”的
口述史调查为例 ……………………………………… 吕进鹏（ 17 ）

贫困的政策框架与形成机理

我国脱贫攻坚若干前沿问题研究 ………………………… 黄承伟（ 39 ）
农民贫困心理的形成机理研究：扶持政策的限度
——以陕西省焉头村为个案 ………………………… 张利明（ 55 ）
农村教育贫困的产生机理与政策思考
——基于冀南孔家寨村的调查与研究 ……………… 陈爱青（ 76 ）

农地流转与农户行为

农地确权政策对农户农地流转决策行为的影响分析
——基于津鲁两地农户调查问卷的实证研究
………………………………… 许恒周　张中举　田浩辰（101）
农村土地流转中农民土地承包权益研究
——基于湖南西部隆回县 18 个乡镇的调查 ………… 贺文华（113）
回溯与反思：乡村土地实践的社会逻辑 ……………… 崔腾飞（136）

村民自治与社区服务

自治权下移：村民自治回归的创新模式
——以清远市为例 …………………… 王　猛　乔海彬　邓国胜（153）
运动式社区服务的逆向观察
——基于鄂东四村的调查 ………………………………… 罗　峰（167）

农民的身份、婚姻与保障

社员的演变和集体所有制的终结
——基于浙江村经济合作社股份制改革的分析 ……… 潘学方（193）
社交媒体功能异化与现代婚姻两性关系
——以泸州市农民工为例 ………………………………… 王　飞（211）

海外农村基层治理

与狮共舞：政府主导下的社会治理模式
——新加坡的基层社会治理及其经验启示 …………… 任　路（229）
以市场和社会“双主导”的基层治理模式
——基于香港基层治理模式的考察报告 ……………… 唐丹丹（240）
社团政治：社会主导的基层治理模式
——基于澳门社会治理模式的调查与思考
…………………………………………… 党亚飞　孔　浩（247）

乡村深度评论

政治动员与农民行为研究的四个视角
——基于研究述评基础上的学理反思 ………………… 沈乾飞（259）

书　评

农民现代化的政治心理维度
——读刘伟《普通人话语中的政治：转型中国的
农民政治心理透视》 …………………………… 曹龙虎（277）
民心：进入中国乡村的学术路径
——评刘伟《普通人话语中的政治：转型中国的
农民政治心理透视》 …………………………… 肖　波（283）

土地改革中的乡村社会

◆ 政治动员与社会关系：土地改革中阶级意识的塑造与阻滞

土地改革是中国革命中的一个重要环节，是共产党巩固政权的关键步骤。土地改革的开展伴随着共产党对乡村社会“阶级意识”的输入，通过动员与阶级教育，共产党将阶级意识植入乡村社会，打破了传统乡村社会的意识形态，激发了广大农民群众的阶级情感和革命热情，重塑了乡村社会的政治关系，巩固了共产党的执政地位。本文通过对山东省古邵镇部分村民进行土改口述史调查，掌握第一手资料，针对古邵镇农民在土地改革运动中表现出的阶级意识的差异进行分析，提取影响阶级意识的两大对抗力量，试图通过“政治动员—社会关系”对抗模型，解释阶级意识差异的原因。

◆ 从“差巴”到“星巴”：西藏土改中的“身份革命”

领主土地占有制基础上的庄园经济与农奴政体决定了传统西藏社会，实质上就是由领主阶级和农奴阶级组成的身份符号系统。然而，发端于1959年3月的“土地改革”（泛称“民主改革”）推翻了传统等级特权社会，百万农奴获得人身自由、分得土地和牲畜。那么，这一身份的革命究竟是如何发生的？带着这样的疑问，笔者走进西藏农村田野，深入拉萨市墨竹工卡县扎雪乡格老窝村寻访当年经历过土地改革的老人，通过该村9位老人的口述史调查，再现历史的原貌，试图发现关乎土地的底层农奴阶级与上层领主阶级之间的博弈规则与身份再造过程，并以此来认识土地改革作为关节点对于西藏社会历史造型的重要影响。

政治动员与社会关系：土地改革中阶级意识的塑造与阻滞

——基于对山东古邵镇土改口述史的调查

陈国申　张　毅

（山东农业大学地方政府与乡村治理研究中心　山东泰安　271018；
华中师范大学中国农村研究院　湖北武汉　430079）

内容提要： 土地改革是中国革命中的一个重要环节，是共产党巩固政权的关键步骤。土地改革的开展伴随着共产党对乡村社会“阶级意识”的输入，通过动员与阶级教育，共产党将阶级意识植入乡村社会，打破了传统乡村社会的意识形态，激发了广大农民群众的阶级情感和革命热情，重塑了乡村社会的政治关系，巩固了共产党的执政地位。本文通过对山东省古邵镇部分村民进行土改口述史调查，掌握第一手资料，针对古邵镇农民在土地改革运动中表现出的阶级意识的差异进行分析，提取影响阶级意识的两大对抗力量，试图通过“政治动员—社会关系”对抗模型，解释阶级意识差异的原因。

关键词： 土地改革　阶级意识　政治动员

一　中国土地改革的研究述评

大革命失败前夕，毛泽东发表了《湖南农民运动考察报告》一文，充分估计了农民在中国民主革命中的巨大作用，指出了在农村建立革命政权的必要性，从此，如何争取农民、建立革命政权，逐渐成为中国共产党革命工作的重心。为了更好地发动农民群众，中国共产党对农村土地制度改革进行了不懈努力和探索。通过发动土地改革运动，实现了封建土地所有制向农民土地所有制的转变，改变了传统乡村社会的权力结构，完成了共产党权力触角向乡村社会的渗透，取得农民对新政权的认同，实现了中国农民思想意识由小农意识向阶级意识的转变，为中国革命的胜利奠定了心理基础。

中国共产党领导土地革命并取得重大胜利的这一历程受到了国内外学者的广泛关注，许多学者对土地改革进行了深入的研究，出版了不少著述。胡伊默所著《土地改革论》（中华大学经济学会 1949 年版）和孟南所著《中国土地改革问题》（新民主出版社 1949 年版）可以算是国内较早期土地改革研究著作的代表。这一时期的作品大多是为了宣传党的土地政策和论证土地改革的合法性，使广大群众接纳并支持土地改革运动。20 世纪 50 年代，一些海外学者也开始关注中国农村及中国共产党领导的土地革命。1959 年出版的《十里店——中国一个村庄的革命》中，柯鲁克夫妇讲述了十里店在 1937 年至 1947 年间，抵抗日本侵略者，推翻传统封建土地制度，耕者获得土地的过程，显示出农民阶级意识的萌芽。① 续篇《十里店——中国一个村庄的群众运动》记述了在共产党领导下十里店进行土地复查和整党运动的情况。柯鲁克夫妇于 1959 年和 1960 年回访十里店，将所获见闻整理成《阳邑公社的头几年》一书，1966 年在英国出版。② 同年出版的韩丁所著《翻身——中国一个村庄的革命纪实》记录了张庄人民打破封建枷锁，获得翻身解放的曲折过程，赞颂了土地改革在特定的历史条件下产生的现实意义。③ 这批较早对土地改革展开研究的外国学者，多是以观察家、新闻记者等身份亲身参与了土地改革过程，其作品便是对亲身经历的记述，着重分析土地改革对中国社会现代化的影响。

改革开放后，随着经济体制改革、土地制度变动，中国乡村社会发生巨变，对土地改革运动史的梳理成为学术界的研究重点，涌现出一批重要的研究成果。赵效民主编的《中国土地改革史（1921—1949）》采用史论结合的方法，着眼于研究土地改革在旧中国土地变革和生产力的发展中发挥

---

① Crook, Isabel, and David Crook, "Revolution in a Chinese village: Ten Mile Inn", *American Sociological Review* (1959).

② Ward, Marion W., Isabel Crook, and David Crook, "The first years of Yangyi Commune", *The Geographical Journal* (1966).

③ Hinton, William, "Fanshen: a documentary of revolution in a Chinese village", *The Journal of Asian Studies* (1966).

的影响和作用，强调将土改史写成经济史，作为专门的经济史来研究。① 党内资深的农村问题专家杜润生先生的回忆录《杜润生自述：中国农村体制变革重大决策纪实》，从党内领导决策层面将土地政策的调整与施行过程，尤其是合作经营向家庭承包制转变这一历程进行了详细梳理。② 这一时期的相关著作对土地改革运动进行了较为全面的梳理，厘清了土地改革运动的来龙去脉，以及各时期土地政策产生的效果，对土地改革运动中的经验教训也做了客观、翔实的总结，为此后的学术研究作出了重要贡献。

最近几年，对土地改革的研究呈现出一种新的趋向，越来越多的青年学者把土地改革与社会学、经济学、人类学等学科相勾连，多学科多角度分析土地改革运动，提升了土地改革运动的学术研究价值。代表作品有：王友明《莒南县土地改革研究（1941—1951）》（2004 年）、黄荣华《农村地权研究：1949—1983——以湖北省新洲县为个案的考察》（2004 年）、李金铮《土地改革中的农民心态：以 1937—1949 年的华北乡村为中心》（2006 年）、彭正德《土改中的诉苦：农民政治认同形成的一种心理机制——以湖南省醴陵县为个案》（2009 年）、李里峰《革命中的乡村——土地改革运动与华北乡村权力变迁》（2013 年）、王燕霞《新形势下农村土地制度改革研究》（2014 年）等。近年来，土地改革运动的研究者越来越重视口述资料的运用，以某一乡村或县镇为个案，多采用党和国家对乡村社会动员的视角，以政治动员、基层政权建设、阶级话语等为主线论及其对乡村社会产生的影响，研究范围和深度不断拓展，在土改微观史方面成果显著。

通过对土改研究学术史的简单梳理，可以发现学者们较常采用自上而下的研究路线，重点关注于土地政策的执行效果及国家对于乡村社会的影响。以农民为主体的研究成果近几年有增加的趋势，但多着眼于农民政治心理在整个土地改革运动中的变化过程，忽略了同一时期阶级意识在农民个体上呈现出的差异。本文正是以农民为主体，采用个案调查的研究方法，以古邵镇农民在土地改革运动中呈现出的积极主动参与和消极被动参与的差异表现为突破口，从政治动员与乡村传统社会关系切入，探究同样的社会大环境下农民阶级意识差异的原因。

① 赵效民主编：《中国土地改革史（1921—1949）》，人民出版社 1990 年版。

② 杜润生：《杜润生自述：中国农村体制变革重大决策纪实》，人民出版社 2005 年版。

二　古邵镇农民在土地改革中阶级意识的表现

古邵镇位于山东省枣庄市峄城区最南部，京杭大运河北畔，区位优越，交通发达。根据中共中央“五四”指示精神，该地区于1946年进行土地改革试点，土改工作队驻村指导，土地改革运动进行了不长时间就遭遇国民党反攻，共产党实施战略性北撤，土地改革被迫中断，此时古邵镇大部分村庄均未开始土地改革运动。1948年全区解放，土地改革继续开展，直至1951年土地改革运动全面完成，土地证发放到位。本文中所涉及的个案调查均在此时间范围内。

（一）斗争“主力”与斗争“看客”

周永海，1934年生于峄县棠阴，4岁时因父亲去世随母亲迁回父亲老家大王庄村。5岁那年逃脱“鬼子”的劫掠，举家迁至涧头集，后返回大王庄村，但因生活难以为继，与母亲外出逃荒讨饭过生活，直至1946年第一次解放时才回到大王庄村。

“那年在峄城，我才十来岁，我上俺大姐那儿过春天，人家城里的学生游行示威，打洋鼓吹洋号，说八路军快来到，那是我第一次听说共产党，听说要进行土地改革。”周永海因常年在外生活，较早的获知了土地改革的信息。1946年，大王庄村第一次解放，土改工作队进村指导土地改革运动。“工作队是东北赵宝县的，徐豁牙子还有一个刘玉荣，这两个人第一次解放来大王庄就住在我这儿。”“工作队最喜欢我这样的穷光蛋。我整天和他们在一起，都很熟，后来北撤的时候我还给他们帮过忙。”周永海虽然当时年龄不大，但因为与工作队员长时间的密切相处，阶级觉悟提升很快，第一次解放就是村里的土改积极分子，加入了共青团，担任儿童团团长，在工作队的带领下到处比歌、表演。1948年全面解放时周永海担任民兵，虽然年龄小，但每次开会都积极发言，带领贫雇农斗地主。“当时共产党工作队来靠就靠咱贫雇农，贫雇农之间咱是一块儿的，得串联，和贫雇农敌对的，咱得保密啊，打造贫雇农一家人。”“这个庄上姓孙的是大户，还有姓李的，姓姜的，我们姓周的数不着，当时和他们也没有什么交集，那时候小民小户的，没有共产党上哪儿讲理去。土改我一点也不担心，有心眼小的分给他土地，他还不敢要。我就不怕，大不了不在这里待了。”“我是第一个诉苦的，把旧社会受的苦都说了，斗地主那更得带头，贫雇农得团结，才能把地主打倒。”周永海在土地改革中被划为贫农成分，但是他仅仅保留了土改前的土地，没有接受其他的分配，他说：“一共就几犋牲口，庄上贫农户困难户多，一解放一土改我的条件比以前强了，那些都让大家伙摊，咱不要。”周永海因为在土地改革中表现积极，1949 年成为该村第一位中共党员，并在 1951 年担任互助组组长，1954 年担任初级社第二社社长，1956 年担任高级社社委会七大队大队长，1962 年起担任大王庄村书记直至退休。

与大王庄村相邻的小王庄村有一位褚衍田老人，他经历过与周永海相似的穷苦生活，但在土地改革中表现出的阶级意识却与周永海有着明显差别。褚衍田，1929 年生于马庄村，1930 年，由于村庄遭受土匪抢劫，举家逃难，投靠舅家，搬迁至小王庄村。

“这个庄上我叫舅的多，土改之前对俺都不孬，要不怎么能偎[①]这边来呢。断了顿实在没有都能给点儿。咱不能没良心，人家对俺都不孬。这个村主要是姓刘的，还有姓王的，其他都是逃荒户偎这庄上来的，都是偎亲戚来的。”褚衍田老人在很小的时候就投奔舅家生活，12 岁开始就给舅家放牛，在舅家干活。平日里家里断了粮，舅家都会给予救济，关系还算融洽。老人称 1946 年前并未听说过土地改革的消息，1946 年工作队下村后就是听工作队的安排。“那都是工作队，你不当家，工作队来到叫你怎么着你就怎么着。”“工作队叫你干吗你干吗，他来到就找你贫下中农，像俺这样的，我那会儿才十七八岁，叫你干什么你就去干，叫你扒粮食去你就扒粮食去，明天上级又有指示他就再来。”“哪有什么串联，你是个贫农给你说了，怕你和地主富农有关系，你再通风报信。”从老人的讲述中，可以发现小王庄村土改前期的政治动员工作做得不是很充分，并没有完成对农民阶级意识的构建。“我没诉过苦，因为我觉得都挺好，咱不能给人添罪。开会没发过言，光在下面听人家说。”“划分阶级由工作队掌握着，大家伙商议，但你不知道是干吗的。工作队就给你讲，你按这个杠杠，识字的会计写，他给你数，叫你商议谁有多少地。你光知道这个，你不知是干什么。俺城里那个大外老爷[②]，被划成地主成分，他没有地是个

① 偎：指依傍、依靠的意思。

② 外老爷：指外祖父的意思。

商业地主，也没什么钱。他说‘划我个地主我还怪滋儿[①]来，我没有地还划我个地主，名儿多好听’。赶等弄完了，帽子一戴不是的喽，有罪受喽。”褚衍田老人在土改中被划为贫农成分，其舅家被划为地主，老人虽然分到了五亩地和两间房，但访谈中并未感受到老人的喜悦，表示都是听从工作队的安排，没有什么意见。褚衍田1946年成为共青团员，但并未入党，他说：“叫我入党来着，咱一个是没文化，再一个咱的思想是不想得罪人，所以我没入党，舅家成分不好，也不好开展工作。”

（二）嫁过来的“女强人”与嫁过去的“老实人”

郭秀英，1930年出生于枣庄滕县，1947年嫁到古邵镇沈桥村。1949年加入中国共产党，1958年起任村队妇联主任。1979年荣获全国劳动模范奖章。

郭秀英是在沈桥村开展土地改革运动的前两年嫁入沈桥村的，但她出嫁前在滕县就接受过土地改革的宣传教育，形成了一定的阶级意识。在沈桥村开展土地改革运动时作为一名积极分子，表现突出，很快就成为党组织的培养对象，并于1949年秘密加入中国共产党，成为该村第一位地下党员。“作为积极分子，首先开会得认真，得带头发言，‘人无头不走，鸟无头不飞’，先引个头出来然后就都说了。其次得听上级的安排，人家说斗哪个就领着头斗。我因为嫁过来时间不长，对村里情况了解得少，平时就负责挨家挨户动员小青年，动员妇女，开会的时候主要负责维持现场秩序。”“发动妇女，这古邵镇的庄我都劝过来了，没有一个没劝的。背着煎饼卷子，去人家也不在人家里吃饭，自己背着。”郭秀英一直是当地人眼中的“女强人”，性格坚忍，办事风风火火。郭秀英对于土地改革也有着自己的认识：“土地改革是让穷人翻身，为穷人服务，替穷人做主的。地主被批斗那都是因为他剥削穷人，都是‘驴打滚’的利，哪有不恨他的。穷人没有替地主说话的，替他们说话那就是站错队，犯的是阶级错误。”

与郭秀英同为中农成分且同为女性的张忠兰，在土改中就表现出了不一样的阶级意识。张忠兰，1933年出生于古邵镇孝庄村，1951年嫁到邻村土楼村。

张忠兰是一辈子务农的“老实人”，在土地改革中一直处于被动的状态。“土改之前虽然是各家过各家的日子，但是吃不上的时候也能借点儿，都是同

---

① 怪滋儿：指很开心、挺高兴的意思。

亲戚借，也不要利息。”“我们家和村里其他人关系都不错，没有什么矛盾，活忙不过来也相互帮着，管顿饭，不要钱。”土改前，孝庄村没有特别富裕的大户人家，村民关系融洽，联系密切。“土改的时候上级来人了，没到咱家里来，我见过他们，但不知道从哪里来的。”“那时候天天开会，开始都去，后来有事的就不愿意去了，一家去一个，都上那坐着等着听就是了。”老人在土地改革中的态度基本就是听上级安排，并不表示关心。“地主要是作恶的人就斗，不作恶的也不斗，看你人情好不好，看你为人怎么样。要没人告没人提还斗他吗?”在老人看来决定地主命运的是“人情”，并没有阶级的概念。划成分斗地主结束后，老人说村里人的关系还是和之前一样，并没有形成阶级差异，“他划是他划的，搁亲处邻还是那样，都是老亲世邻的”。老人的娘家在土改中被划为下中农，婆家的成分是老中农，由于中农既不往外分地也不能摊地，并且两村往来比较密切，张忠兰与两村村民都熟识，所以张忠兰在两村的土地改革中都是被动的旁观者的角色。

（三）主动捐地与怨恨分地

土楼村的褚夫俊老人生于1933年，祖辈靠木匠手艺置办了一顷多地，是村里的大户，老人从小就在地里帮忙干活。

土楼村面积不大，土改前只有18户人家，村里都是褚姓一家人，有困难都是互相帮衬，非常讲究情义。“1946年就有土改工作队到村里来宣传，来了四五个人，都是赵宝县的，就是那时候听说要土改的。”1946年褚夫俊得知要土地改革的政策后，就主动将自己土地捐了出来，他说：“反正咱自己家也种不了，不如把地拿出来，大家都是亲戚，别人还能念着你的好。”1948年第二次解放再次进行土地改革时，土楼村大户的土地和牲口都已经主动匀给别人，也不存在剥削压迫的历史事件，划成分时最富裕的是4户中农，没有阶级斗争。“没等土改东西就分给人家了，工作队很少到这里来，十天半个月不来一趟，咱庄上没有什么新的变化，他往这跑干什么。”“中农也允许参加农会，要是地主成分的你改过自新也允许你参加，那时候共产党的政策可宽了。”“划成分这个没什么，划什么就是什么，随便他划就是了，又不用蹲堆儿①，又不用干吗的。”“我们都去外庄斗地主，老百姓都是跟着去，干部说怎么斗咱就怎么斗，老百姓懂什么，不就在那儿一坐，看人家开会呗。”土楼村是个相对传统又封闭的

① 蹲堆儿：蹲监狱。

村庄，土改时因为已不存在大户，工作队员很少来，根据褚夫俊的讲述可知该村政策较松，没有阶级斗争，村民依旧靠血缘关系相连，大部分村民没有形成阶级意识，甚至缺乏对阶级的概念。

来自古邵镇文堆村的孙晋磊出生于1935年，1945年在本村读过两年私塾，后因土地改革运动的进行而中断。

土改前，孙晋磊老人家中有7顷多土地，主要靠收地租为生，“粮食五五分，柴火三七开，自家人并不种地”。当问到与村里人关系如何，是否会给予救济时，孙晋磊说：“那会儿不兴救济，你弄点儿粮食穷户忒多[①]，旧社会和现在社会一样，他过得好还想更好，哪有舍得的，都是只顾自己。”文堆村经济水平差距较大，富裕户与穷户关系疏远，穷户之间关系较为亲近。孙晋磊介绍说，土改工作队员进入村子只给穷户开会，把地主控制起来，然后就开始划成分斗地主。“那些工作队员都是趴山窝的老党员，都可会讲了，他来到就先给你灌脑子，不然那些穷户怎么敢这样的，都是共产党来动员的，天天开会，天天训脑子”“借给人钱，涨点儿利这就算剥削，穷的和富的哪有没矛盾的，穷的一聚堆那就上升到阶级斗争了。”文堆村的阶级动员工作充分，农民普遍被动员起来了，形成了较强的阶级意识。“那斗地主咱还能怎么想，他想怎么摆活[②]就怎么摆活是喽。心里不好受也没法，那枪毙心里更不好受呀。”“刚一开始保护富农利益，我记得。后来，第二次摆活的富农。后来连老中农都摆活，别说富农了。”据老人介绍文堆村的阶级斗争开展得较为激烈。

三　土地改革中阶级意识差异的理论分析

土地改革运动中农民的阶级意识是指由于农民成分的划分所形成的农民对自己阶级身份的认知和认同。通过上述古邵镇农民对土地改革的反映以及在土地改革运动中的表现，不难发现，阶级成分不同的农民在土地改革中有积极主动参与和消极被动参与两种不同的行为模式，反映出不同个体阶级意识的差异。在同样的社会大环境下为何会出现如此差异，下面将试对其进行理论分析。

---

① 忒多：指特别多的意思。

② 摆活：指摆弄、折腾、折磨的意思。

（一）政治动员是阶级意识形成的核心动力

在中国传统的乡村社会中并不存在所谓的“阶级意识”，正如《中国乡村，社会主义国家》中所论述的“中国农村的居民是按照群落和亲族关系如宗族成员、邻居和村落，而不是按被剥削阶级和剥削阶级来看待他们自己的”①。“阶级意识”是中国共产党在发动土地改革运动的过程中直接输入乡村社会的，因而可以称其为“被赋予的阶级意识”。共产党为将“阶级意识”输入乡村并使其被广大农民所接受，采取了一系列的措施和手段进行政治动员。

首先，开展宣传教育，树立阶级观念。中国共产党在土地改革运动开展前期，组织建立了大批的土改工作队，派入每个村庄，宣传土改政策，开展阶级教育。“土改我记得很清楚，一个姓吴的工作队员来村里就先开会，像说书似的，他说旧社会是‘穷靠富，富靠天’，现在是‘富靠穷，穷靠力，要想吃嘛靠自己’，听他说得也真是那么回事。工作队员都可会讲了，鼓动的大家都嗷嗷地跟着喊口号。”“工作队是从赵宝县来的，来到就挨家挨户的走访，哪家最穷他先去哪家，问问都是怎样维持生活的，说地主放高利贷那就是剥削，那是头一回听说‘剥削’这个词。”正如老人们的讲述，工作队员进入村中的第一件事就是开展广泛的宣传教育，使穷苦农民意识到地主的剥削和压榨，产生“翻身”的欲望，同时在农民的头脑中注入“阶级”概念。毛泽东就曾表示：“一个新的社会制度的诞生，总是要伴随一场大喊大叫的，这就是宣传新制度的优越性，批判旧制度的落后性。”② 宣传的途径很多，开会是最主要的形式，调研中几乎每一位老人都提到这样一句民谚：“国民党税多，共产党会多。”

其次，发动农民诉苦，提升阶级觉悟。正如醴陵县委在土地改革运动中所强调的，“诉苦是提高贫雇农思想觉悟的最好方法”③。诉苦，就是让农民诉说自己曾遭受过的苦难，尤其是来自地主的迫害。在诉苦的过程中，工作队员会引导贫苦农民探究苦难的根源，将“个人苦难”提升为

---

① ［美］弗里曼、毕克伟、赛尔登：《中国乡村，社会主义国家》，陶鹤山译，社会科学文献出版社 2002 年版，第 124 页。

② 毛泽东：《一个整社的好经验》一文按语，《毛泽东选集》第五卷，人民出版社 1977 年版，第 241 页。

③ 彭正德：《土改中的诉苦：农民政治认同形成的一种心理机制》，《中共党史研究》2009 年第 6 期，第 116 页。

“阶级苦难”，把矛头指向阶级敌人，从而提升农民的阶级觉悟。1947年太行区党委就曾提出，通过诉苦要让农民“觉悟到世界上只有两姓的人群——一群姓‘富’一群姓‘穷’；觉悟到‘天下农民是一家’、‘中贫农是一家’”[①]。为了更好地实现“诉苦”的效用，达到阶级动员的目的，工作队员通常要先在村内进行访贫问苦，发现农民积极分子，帮助农民积极分子对诉苦内容进行选择并进行多次演练，而后安排农民积极分子当众诉苦，引发贫雇农的共鸣，据访谈的老人讲述，诉苦会上经常是哭声连成片。在“个人的苦”变成“群体的苦”的过程中，贫苦农民脑海中的阶级观念逐渐清晰，阶级觉悟也随之提升。

最后，划成分斗地主，形成阶级意识。《毛泽东选集》中的第一句话就是：“谁是我们的敌人？谁是我们的朋友？这个问题是革命的首要问题。”[②] 确定斗争对象，划定阶级敌人是土地改革运动的关键，这个重要的突破口就是通过对农民政治身份的重新设置即划分阶级成分来完成的。“划成分那都是有杠杠的，根据土地和剥削量。你自己有地，你自己种一部分，种不了的租给别人种，这样的叫富农。地主是一点地不种，不管有多少地都给别人种，等人家收了粮食和人家分。地不多但是你欺压百姓，这样的人也给他划个地主，叫恶霸地主。”“我家的成分是地主，我家定地主不亏，因为我家里一家人都是当官的，我家是管理这个村里政治的，管理能不得罪人吗，我们不定地主谁定地主?”读过几年书的孙晋法老人讲起阶级划分来，头头是道。如亨廷顿所言：“土地改革涉及一场根本性的权力和地位的再分配，以及原先存在于地主和农民之间的基本社会关系的重新安排。”[③] 通过划分阶级成分重新划定了农民的政治身份，帮助农民划清敌友界限，培养阶级观念，形成阶级意识，明确阶级关系，使农民站对、站稳自己的阶级立场，形成农村政治等级新序列。“斗地主”是农民阶级意识的迸发口，在团结一致斗地主的过程中，农民的情绪相互感染，行为相互影响，阶级意识不断增强。

（二）社会关系是阶级意识形成的主要阻力

熟人社会是传统乡村社会最基本的性质，正如费孝通所言，中国乡村

---

① 《中共太行区党委关于土地改革运动的基本总结》（1947年6月25日），《河北土地改革档案史料选编》，第231页。

② 毛泽东：《中国社会各阶级的分析》（1925年12月1日），《毛泽东选集》第一卷，人民出版社1991年版，第3页。

③ ［美］亨廷顿：《变革社会中的政治秩序》，生活·读书·新知三联书店1989年版，第351页。

社会是“一个‘熟悉’的社会，没有陌生人的社会”①，乡村中邻里交往频繁，人际关系相对密切，在交往中形成了具有很强凝聚力的社会关系网络。又如徐勇的观点：“传统乡土社会主要依靠千百年流传下来的礼俗进行治理。礼俗来自于人们日常共同生活，基于血缘、地缘而产生。”② 血缘与地缘是维系传统乡村社会稳定和谐的两条纽带，因此，传统乡村的社会关系便主要包括血缘关系与地缘关系。

血缘关系，是指人和人的权利和义务根据亲属关系来决定，而亲属是由于生育和婚姻所构成的关系③。血缘关系通常包括父母子女的关系、兄弟姐妹的关系以及由此派生出的其他亲属关系。血缘关系是与生俱来的，存在于人类社会产生之初，是最早的社会关系形式。在我国广大农村，血缘关系一直在乡村社会关系中占据重要地位。“我到这个村是来偎亲戚的，我舅家在这儿。”“我问俺大表姐借过两吊钱，不涨利息，都是亲戚，不是亲戚你能借动吗，人家不给。”“东头那家是富农，和俺老爷还有点表亲，没有饭了，俺老爷就去他那借粮，当时俺老爷穿着袍子，给舀一袍子粮食兜着回来的。”老人的这些话语无不显示出血缘在古邵镇乡村社会关系中的重要性。土地改革前的传统乡村社会，家庭是最基本的社交单位，“一方面我们可以说在中国乡土社区中，不论政治、经济、宗教等功能都可以利用家族来负担；另一方面也可以说，为了要经营这许多事业，家的结构不能限于亲子的小组合，必须加以扩大。……家必须是延续的，不因个人的长成而分裂，不因个人的死亡而结束，于是家的性质变成了族。”④ 在这样一个注重血缘关系的乡村社会中，家族意识支配着人们的思想和行为，在家族范围内不论是贫穷的还是富裕的总会互相帮衬。

地缘关系，即以共同或相近地理空间（环境）引发的特殊亲近关系，如同乡关系和邻居关系等。地缘是血缘与姻缘意识于人和物的泛化。在乡村社会，人们首先看重血缘关系，其次便是地缘关系，甚至有时地缘有超越亲缘的必要性，就像中国的一句俗语“远亲不如近邻”。“我不能种地，我家的地就给我邻居种，两家分粮食。他没有一点地，他吃不上我也吃不

① 费孝通：《乡土中国》，北京出版社 2005 年版，第 6 页。

② 徐勇：《乡村治理与中国政治》，中国社会科学出版社 2003 年版，第 203 页。

③ 费孝通：《乡土中国》，北京出版社 2005 年版，第 100 页。

④ 同上书，第 56 页。

上，他种我的地，他能吃上我也能吃上了，他若是要饭我也得要饭。”“农忙的时候，自己家忙不过来，周围的邻居也能一起给帮个忙，大家互相帮着。”在老人的讲述中，不难发现，地缘关系在古邵镇乡村社会交往中发挥的重要作用。古邵镇的大部分村庄相对封闭，流动性小，许多农民世代住在一个村子里，有着同样的语言和习俗，依赖乡邻社会帮助，对血缘和地缘有着高度的认同感和依附性，“人情”是社会交往的重要文化。

费孝通先生在研究中国乡村社会时所提出的“差序格局”观点，是对中国乡村社会以血缘、地缘为中心的社会关系结构的准确概括。他认为，中国人在处理与他人的关系时“好像把一块石头丢在水面上所发生的一圈圈推出去的波纹，愈推愈远，也愈推愈薄。每个人都是他社会影响所推出去的圈子的中心，被圈子的波纹所推及的就发生联系。”① 传统乡村社会有其在千百年的发展继承中所形成的封闭性、亲缘性、熟悉性等固有特征，当受到外力冲击时，自然会产生抵御和对抗，在土地改革运动中即表现为阻碍阶级意识的形成。

（三）“政治动员—社会关系”对抗模型构建

在土地改革运动中，一方面是自上而下共产党积极的政治动员以促成农民阶级意识的形成；另一方面是传统乡村的社会关系又自下而上阻碍阶级意识的形成，关于二者对阶级意识形成的作用试建立如下模型：

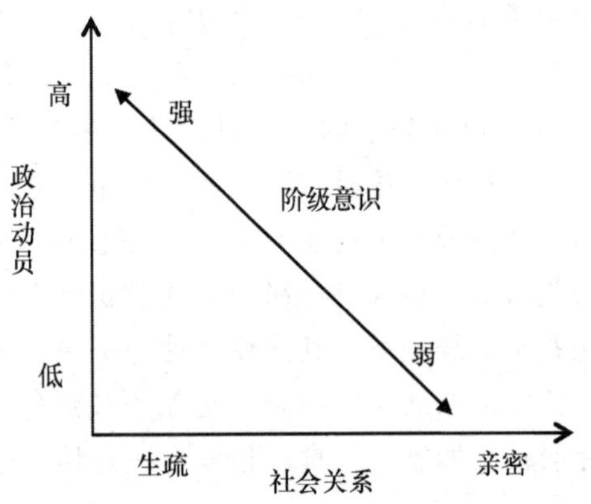

“政治动员—社会关系”对抗模型

① 费孝通：《乡土中国》，北京出版社 2005 年版，第 34 页。

如图，当社会关系生疏，政治动员程度相对较高时，农民形成的阶级意识程度强；当社会关系亲密，政治动员程度相对较低时，农民形成的阶级意识程度较弱。政治动员与社会关系二者的力量对比影响阶级意识的强弱。政治动员所占比重高，力量强于社会关系的凝聚力，呈现高阶级意识水平；社会关系所占比重高，力量强于政治动员水平，呈现低阶级意识水平。

阶级意识的程度受政治动员和社会关系两个相反作用力的影响，在土地改革运动中因为政治动员以及本人在乡村中社会关系亲疏远近的差异，同一阶级在土地改革中亦会有积极主动参与和消极被动参与两种不同的行为表现，反映出其思想上阶级意识的差异。

周永海在父亲去世后才迁回父亲的老家，并由于生活困难，一直和母亲在外地讨饭，直至新中国成立后才回到村里生活，与大王庄村民的社会关系疏远，社会关系所具有的力量微弱。工作队进村后，周永海与工作队员联系密切，受到的政治动员程度较高，因而具有较强的阶级意识，作为土改积极分子一直主动参与土地改革运动。相反，同为贫农的褚衍田，出生不久便跟随母亲投靠舅家，与多数小王庄村民具有亲缘关系，生活中常获得亲戚的照顾，在村里拥有亲密的社会关系。从褚衍田的表述中可知该村的政治动员工作开展得并不充分，没有开展过贫雇农的串联，农民不了解土改政策，只是按照土改工作队员的要求被动参与土地改革。因此，褚衍田的阶级意识较弱，在被动员入党时，仍因更多地考虑人情关系，而消极对待。郭秀英在娘家就受过一定的阶级教育，从滕县远嫁古邵镇，与当地村民关系疏远。土地改革运动中，具有较强的阶级意识，积极表现，率先入党。同为中农的张忠兰，在娘家及婆家的村庄都拥有较为亲密的社会关系，没有接触过土改工作队员，接受政治动员的程度低，形成的阶级意识较弱，对于开会、斗地主等均持消极态度被动参与。褚夫俊所在的土楼村都是褚姓一家人，具有极其亲密的社会关系，未经过阶级动员以平和的方式完成了土地改革，土地改革结束后村内也未形成阶级意识，社会交往仍以亲缘关系为纽带。孙晋磊在土改前只顾自家生活，与穷苦农民关系生疏，土改中遭受批斗，与贫雇农对立，对土地改革始终充满怨恨，展现出较强的阶级意识。

四 结论

我国土地改革中的阶级意识不是在斗争中自然形成，而是中国共产党依靠政治动员从外界强力植入的，以达到在旧的乡村社会结构中建成新的政权体系的目标，这一外力施压的过程，必然要受到传统乡村社会经过几千年的相互依存与文化传承所形成的一种紧密相连的社会关系的抵抗。能够对阶级意识的形成产生影响的因素有很多，但通过古邵镇农民在土地改革中表现出阶级意识程度的差异，可以提取出最为关键且普遍存在的两个影响因素：阶级动员与社会关系。

在土地改革运动中，政治动员是共产党开展工作的重要手段之一，在政治动员的作用下，原本以血缘和地缘为纽带的乡村社会关系受到冲击，传统的乡村伦理被阶级意识所取代。通过运用“政治动员—社会关系”对抗模型进行分析，可知阶级意识的形成程度是政治动员与社会关系博弈的结果：政治动员占优势，阶级意识愈强；社会关系占优势，则阶级意识愈弱。政治动员与社会关系作为自上而下和自下而上的两种对抗力量，二者的博弈将直接影响农民阶级意识的形成，进而影响农民的行动选择。当然，所得结论仅是通过对山东古邵镇土地改革进行个案分析获得的结果，是否具有普遍性，有待考证。

从“差巴”到“星巴”：西藏土改中的“身份革命”*

——以拉萨市格老窝村8位“差巴”和1位“朗生”的口述史调查为例

吕进鹏

（华中师范大学中国农村研究院　湖北武汉　430079）

内容提要：领主土地占有制基础上的庄园经济与农奴政体决定了传统西藏社会，实质上就是由领主阶级和农奴阶级组成的身份符号系统。然而，发端于1959年3月的“土地改革”（泛称“民主改革”）推翻了传统等级特权社会，百万农奴获得人身自由、分得土地和牲畜。那么，这一身份的革命究竟是如何发生的？带着这样的疑问，笔者走进西藏农村田野，深入拉萨市墨竹工卡县扎雪乡格老窝村寻访当年经历过土地改革的老人，通过该村9位老人的口述史调查，再现历史的原貌，试图发现关乎土地的底层农奴阶级与上层领主阶级之间的博弈规则与身份再造过程，并以此来认识土地改革作为关节点对于西藏社会历史造型的重要影响。

关键词：差巴　西藏土改　身份　革命

一　绪论

（一）研究缘起与意义

“土地改革”为旧西藏的特权身份制度敲响了丧钟，成为西藏历史变迁的关键节点。纵观以往学者们的研究，他们更多的是从“制度及其变

---

* “差巴”即西藏旧社会领种领主的土地并支差税的农奴，类似于内地的“佃农”。“星巴”即当地藏语里的“农民”。“朗生”即没有人身自由的奴隶。

革”的层面着手来分析的。早在17世纪，西方一批藏学家就从农奴制度的历史原型出发来探讨有关的问题；国内的不少学者也从土地改革（民主改革）入手来阐述西藏旧制度的终结和新的民主制度的确立过程。然而，真正从某个特定的视角来阐述那场土地改革对于西藏制度变革和历史造型产生强烈影响的研究成果可谓少之又少。为了打破上述研究的路径局限，本文笔者走进西藏田野，深入拉萨市墨竹工卡县扎雪乡格老窝村寻访当年经历过土地改革的老人，通过该村9位老人的口述史调查，试图发现关乎土地的底层农奴阶级与上层领主阶级之间的博弈规则与身份再造过程。

（二）相关研究

1. 农奴（差巴）身份的研究

在旧西藏社会，农奴的身份意味着差巴们长期处于被农奴主剥削、压榨的地位。学者叶鲁早在20世纪50年代末就对农奴的处境做了较为详尽的论述，“在这里有近两万个农奴，在大农奴主的压迫剥削下，过着暗无天日的牛马般的生活。”[①] 申新泰专门对西藏农奴制人身依附关系的研究指出，三大领主在对土地垄断性占有的同时，还迫使所有农奴与他们建立起人身依附关系，从而为对农奴实行超经济的强制奠定了基础。[②]

此外，美国学者对差巴阶层进行了更为深入的研究，“农奴内部分三个阶层，其中最具威望的农奴阶层是差巴（kharPla）或译作‘支差者’，其特点是被束缚在他们世代承袭的农地上。只要差巴完成正式规定的义务，领主就不能单方面地将他们从上地上赶走，与之相应，差巴也不能单方面、长期地离开他们的土地。”[③]

2. 西藏土地改革与“差巴”的身份革命研究

在笔者行走于西藏田野的途中，有幸找到了林田记者记录废除封建农奴制度的伟大斗争的日志，他的描述展现了土改前后的变化，“以前，瘦骨嶙峋

① 叶鲁：《西藏农奴主怎样凶残地榨取农奴血汗——西藏社会历史调查组墨竹工卡宗的调查报告》，《民族研究》1959年第8期。

② 申新泰：《西藏封建农奴制生产资料所有制和人身依附关系浅析》，《西藏民族学院学报》（社会科学版）1999年第1期。

③ ［美］梅文·C. 高尔德史泰恩：《西藏农村的结构与差税制度》，陈乃文译，《中国藏学》1990年第1期。

的农奴、奴隶们，匍匐在庄园领主老爷们的脚下，乞求他们延缓债期……现在奴隶们走出红漆大门，毫无畏惧地向主人说：我们自由了，不是你们的牛马了。”[①] 而后来的学者们，更是从土改对西藏社会诸多方面产生的革命性影响做了深刻的论述，“在‘土地改革’运动中，所有的农奴和奴隶都变成自由人，三大领主的土地和牲畜分配给了农奴、奴隶和牧人们”。[②] 许广智则宏观的看到民主改革是中国共产党领导的新民主主义革命的重要组成部分，是西藏完成新民主主义革命第二阶段的历史任务，也是彻底埋葬封建农奴制度的一场伟大革命，这场革命在中国共产党的领导下，推翻了封建农奴主阶级的统治，实现了百万农奴翻身解放。[③]

3. “土地改革”与身份政治研究

突出“土地”在国家身份系统最初的生成阶段乃至变迁过程中的重要地位，尤其在等级身份历史底色浓厚的西藏社会，使我们的研究更有价值。

(1) 因“地”而生的身份系统。不论是内地还是西藏，其传统社会是农业社会，土地占有权制和分配制度就决定了农业社会人与人之间的身份、地位、社会关系。“在西藏，土地作为重要的生产资料，所以土地制度就越显示为社会结构的基础……土地的所有权意味着社会职责，往往亦意味着重大的政治作用。”[④] 土地归噶厦政府、寺院上层僧侣、庄园领主等所有，并将这种占有权状态化，即予以永久的继承。差巴们世代租种领主的土地，其人身依附于差地，受领主的控制，脱离土地的自由权利被扼杀，由此形成了一个领主与农奴等级森严的身份系统。土地改革之后，土地所有权制及其衍射的社会关系发生天翻地覆的变化，农奴不再交差，不再遭受领主的任意性惩罚，差巴变为星巴，人与人之间的社会地位平等，从遭受压迫的农奴变为人身自由的农民，新型身份系统得以确立，由此可以说，从特定的土地及其制度出发可以生发一个特定的身份系统，其存在

① 林田：《西藏春潮——一个记者关于西藏民主改革的日记》，中国藏学出版社 1990 年版，“前言”第 1、3 页。

② 马戎：《西藏的经济形态及其对区域间人口迁移的影响》，《西北民主研究》1993 年第 1 期。

③ 许广智：《试论西藏地区的民主改革运动及其历史意义》，《西藏大学学报》（社会科学版）2011 年第 2 期。

④ ［美］皮德罗·卡拉斯科：《西藏的土地与政体》，陈永国译，西藏社会科学院西藏学汉文文献编辑室 1985 年版，第 1—2 页。

的范围小到格老窝这样的农业庄园，大到一个农业国家都是如此。

（2）“土地改革”型构的身份政治。著名学者都普利斯（P. Du Preez）认为，“政治确立和维护某种身份系统，是为了使社会的某一部分比其余的部分能获得较优越的地位”①。西藏的领主们保持对差巴、朗生的永久性绝对统治优势，无疑是通过土地及其制度来实现的。正如卡拉斯科认为的，“在整个历史期间，官员和寺庙都能得到土地，所以统治阶级一直是地主阶级”。② 西藏的土地改革正是实践了考夫曼对“身份政治”的经典性解读，他将其界定为“一种关于激进政治的新原则：身份应当成为政治视野和实践的核心，身份成为政治立场的组织动员力量”。③

李海金老师从底层立场对中国身份政治学的研究作出了较大贡献，他的著作着重从政治学的角度探究国家如何构建农民身份，作者认为，20世纪下半叶以来，农民身份具有明显的建构性，国家对农民身份的构建是以身份为基点的政治符号进入乡村的过程、机制和困境，以及国家整合乡村的方式、能力和限度。④ 也恰恰是在土地改革的过程中，身份才被当作一种政治工具、政治内容、政治目标加以重视。

（三）格老窝村村情及土地改革概况

西藏自治区拉萨市墨竹工卡县扎雪乡格老窝村，是西藏的具有深厚传统和历史底蕴的村庄，坐落在高原河谷地带，依山傍水、气候宜人。该村在1959年土改时期的总人口有900人，距离拉萨市108公里，距离墨竹工卡县城40公里。本村现有7个村民小组，共有194户，1146人，劳动力332人，总耕地面积2076.85亩，草场面积650亩，牲畜总数目为2861头，人均纯收入6100元。

1959年年底，土地改革工作队进入本村，首先通过扎根串联，摸清村中情况，之后便发动群众开展土地改革运动，召集村民召开土改工作宣

---

① 张笑扬、段栋峡：《身份符号学理寻绎与和谐符号系统建构》，《理论界》2011年第1期。

② ［美］皮德罗·卡拉斯科：《西藏的土地与政体》，陈永国译，西藏社会科学院西藏学汉文文献编辑室1985年版，第236页。

③ 李建华：《从身份政治到公民政治——中国农民工市民化及其权益保障》，《书屋》2010年第9期。

④ 李海金：《身份政治：国家整合中的身份建构——以土地改革以来鄂北洪县为分析对象》，中国社会科学出版社2011年版。

传大会，接着召开了几次诉苦大会，然后根据诉苦情况，划定阶级成分，并对领主进行了批斗。当时一边对领主们进行批斗，一边就开始没收领主们的土地和财产，最主要的是领主的土地、牲畜，还有农具等财产。土改结束之后就马上进行复查、查田定产。

二 历史符号：谁是“差巴”？

回归历史的场景，“差巴”一词则格外显眼，它象征着一个社会的特定时代、时期。在旧制度[①]统治下的西藏社会，“差巴”作为农奴阶级的身份，意为“领种领主的土地并向其交纳差税的人”，在这一历史的身份系统中，它成为一种符号性的象征。

（一）天生是“支差”的“动物”

西方政治学鼻祖亚里士多德曾有一句经典的论断，“人天生是政治的动物”。借用前人的论断以喻：在土地改革前的西藏，差巴们“天生是支差的动物”，每一个差巴出生的那一刻，就决定了他及其后代的身份、等级地位和即将扮演的社会角色。

1. “交纳多如牛毛的差税”

土改前的西藏社会，差巴身份的人要定期交纳多如牛毛的差税。在格老窝村调研时，阿洛老人讲道，“那时候我们家要同时交几份差，每年要交2000斤粮食，每年收成的一部分要交给甘丹寺，一部分要交给‘玛嘎’（辖有30个兵营，每年要给兵营交30钵青稞），另外一部分还要交给林芝地区工布江达县的江达庄园，记得还要给一些小的寺院交差（LJP20150809AL@W）。老人洛桑西绕一家人在过去也是差巴，据他讲述，“每年秋收时要把青稞送到很远的林周县（步行5天才到）、10月份时把清油送去拉萨小昭寺[②]附近的领主们家里，交的差多如牛毛”。（LJP20150808LSXR@W）

封建领主沉重的差税总会压得差巴喘不过气来，“可以说，国家的每

---

① 本文所采用的“旧制度”特指西藏政教合一的封建农奴制度。

② 那时候，寺院上层僧侣是西藏社会的三大领主之一，他们全靠农奴们养活。

一种需要，不管是产品还是劳役，都能从农民中得到”。[①]

2. “阿达”们不满意就打支差人[②]

差巴们时常会遭受肉身之苦，团旦老人在回忆那段历史时边指着自己被打的身体部位，边徐徐道来，“我们要给领主们交差，交的差役是噶厦政府定的，农奴主们还时不时用棍子打我的腰，当时既要种地里的活，又要给他们家里干杂活，干活很累，他们不满意就打”[③]（LJP20150808 TD@ W）。老人赤列顿珠（现年86岁）讲述，“他们打农奴们的手和脚，我自己那时候干活很卖力，所以也没有挨过打。当时的条件很苦，干的活也是最苦最累的”。（LJP20150813CLDZ@ W）

3. 被高利贷盘剥的苦难者

高利贷是领主们剥削农奴的主要手段之一，部分的差巴由于无法偿还高利贷而逐渐破产为堆穷、朗生等级别更低的农奴。据调查，当地差巴们主要以实物（粮食）的形式向领主借高利贷，用于交纳差税或填补口粮。“没吃的了就去借村里富人家的粮食，借了粮食得付很高的利息，当时的利息大概是这么算的，如借了3个钵的粮食，还的时候就得多还两个钵，加起来一共要还5个钵的粮食。有时到了耕种季节，没有下地的种子，也得向别人家借。”（LJP20150809AL@ W）“高利贷”手段使得领主和农奴阶级之间纵向流动空间基本上不存在。

（二）差巴的儿子永远是差巴

领主与农奴阶级的身份对立成为一种固化的状态而存在，这种固化除了体现在时间上的长期性之外，更关键的方面表现为，附着在身份上的种种利益的状态性继承。

1. “差巴”长年累月“支差税”

格老窝村差巴们所交的差一般为长年差，笔者所访谈的8位差巴们在土地改革之前，长期耕种领地，交纳差税。如表1所示：

① ［美］皮德罗·卡拉斯科：《西藏的土地与政体》，陈永国译，西藏社会科学院西藏学汉文文献编辑室1985年版，第91页。

② “阿达”即当地藏语中的“领主”。

③ 老人当时回忆农奴主打他的情景时用手指着自己的腰部，说当时领主家的官人用棍子打他的腰。

表1　　土改之前格老窝村8位差巴交纳差税情况统计表

（单位：亩、人、斤）

受访者	领地所有权归属	租种领地数量（亩）	家庭劳动力数量（人）	差税交纳情况	差税种类
洛桑西绕	小昭寺	6	3	上交一半产量（青稞、清油）	长年差
团旦	格老窝庄园、德巴雄①	30	3	上交产量的四分之三	长年差
次旦索朗	小昭寺、噶厦政府	30	2	65斤清油、17钵②青稞	长年差
阿洛	甘丹寺、玛嘎、江达庄园、边坝寺	不详	2	2000斤青稞	长年差
顿珠西绕	噶厦政府、喇嘛吉庄园	集体耕种（170亩）	3	总产量约100钵，上交差税数量不详	长年差
旺杰	格布庄园（尼玛江热乡）	集体耕种（100亩）	4	上交差税数量不详	长年差
赤列顿珠	格老窝庄园	30	5	交纳总产量的一半以上	长年差
格尼达吉	格老窝庄园	13	2	交纳总产量的三成	长年差

2. 地位最高的"星真"阶层③

在旧制度下的西藏社会，每个阶级内部又有不同等级的阶层。农奴（星真）阶级主要包括差巴、堆穷、朗生等三个等级。差巴是种差地的农奴，他们耕种领地并向领主交差，其人身依附在差地上，但也会有一些维持生存的财产，其地位比堆穷高。堆穷即"小户"，他们没有土地，财产也相对更少，仅能维持生计；朗生即领主家养的奴隶，丧失了基本的人权，地位最低。调研中所找的9位访谈对象中有8位在过去是差巴，1位是朗生。与领主与农奴这种固化的阶级形态而言，农奴阶层中的三个等级之间是可以相互流动、转化的。即差巴也时常会破产为堆穷，甚至是朗生，堆穷也往往下降为朗生身份。

（三）差巴型的"格老窝庄园"

1. 庄园的两种功能

西藏社会历史调查组在墨竹工卡县的调查报告中将领主的庄园界定为

① 当地藏族人对西藏"噶厦政府"的称呼。

② 西藏社会的一种量器，1钵 =28斤。

③ "星真"即当地藏语中的"农奴"。

一个兼具政治管理和经济生产双重功能的实体性单位。“封建庄园（藏藉称‘溪卡’）是农奴主管理农奴的机构，又是进行生产的一个经济单位。”[①] 土地改革之前的西藏，领主庄园存在两种最基本的形式，即差巴型的庄园和堆穷型的庄园，当地的格老窝庄园就属于典型的差巴型庄园，对于格老窝庄园而言，它也同样兼具两种功能，既是组织差巴（还有少部分的朗生）耕作差地的经济生产单位，也是在格老窝村的范围内行使一定政治特权的管理机构。

2. 庄园中的“他们”和“我们”

一个庄园就是囊括领主和农奴两大阶级的身份系统，格老窝庄园的领主们住的是三层楼房，享受农奴们的劳动成果，而农奴们有时候住的都没有。顿珠西绕老人在访谈中还能清晰地回忆起格老窝庄园领主的名字，即“一个叫达杰旺堆，另外一个叫安典，他们俩都是格老窝庄园的领主”。（LJP20150810DZXR@W）庄园是由上层领主与下层农奴构成的身份系统，上层身份的人通过对下层的剥削与压榨来维持庄园的运转，下层农奴为领主们提供劳动成果，并且时常遭受饥饿与贫困的威胁。“那时候家里还有六个孩子，当时死了两个，那时候家里太穷了，养不起这么多孩子，父母亲没办法，只能眼睁睁看着孩子们饿死。”（LJP20150811QY@W）

三　身份革命：从“差巴”到“星巴”[②]

旧制度下的西藏社会，长期以来一直延续着一种领主阶级占据优势地位的身份系统，而土地改革使差巴身份发生革命性变化，因此，西藏的土地改革也可以称得上是一场轰轰烈烈的颠覆旧式等级制度的“身份革命”。

（一）革命前奏：消除“差巴”担忧

1. 担忧一，解放军会吃人？

生活在社会底层的差巴们，对党和国家的认识有限，因此也会存在不同程度的担忧，正如笔者在格老窝村调查时，阿洛老人讲述了自己的忧

---

① 叶鲁：《西藏农奴主怎样凶残地榨取农奴血汗——西藏社会历史调查组墨竹工卡宗的调查报告》，《民族研究》1959年第8期。

② “星巴”即当地藏语中的“农民”。

虑，“土改之前，就是那些领主、贵族们造谣说，解放军们来了会吃人，红军来了还会打人，来到西藏后我们还要交双倍的差。”因为据当地老人们的回忆，格老窝村绝大部分的差巴在土改之前根本没有机会了解解放军和共产党，所以那时候听到领主们说的还是很害怕，感觉共产党比那些领主还残忍，那时候听说穿军装的汉人们过来打仗了，农奴们心惊胆战，跑到山里藏起来了。

2. 担忧二，共产党也收差？

农奴们听说共产党来了要土改就很高兴，但是当地的领主们也会放出谣言说，“共产党也会打人，也要收差，因为没见过解放军和共产党，所以心里还是有些担心，但后来实际见了就不是领主们散布谣言说的那样。”（LJP20150809CDSL@W）当笔者向阿洛老人问及他当时对西藏土地改革的反应时，老人的讲述也代表了当时差巴们内心普遍存在的矛盾与担忧心理，一方面对于外部革命力量的到来抱以欢迎、兴奋、激动的心态；但另一方面也会质疑，“太阳不会照到他们的头上”①。

差巴即“天生的支差人”身份使得差税时刻成为农奴们最为关心的问题，差税的减免与交纳这一经济现象在某种程度上决定着他们的政治认知和政治心理，当格老窝村的差巴们在被领主以“差税”的增减问题来改造政治心理时，往往也会产生一定的政治效应。

（二）成分划分：重塑“差巴”身份

“阶级划分对于土地改革来说具有重要的意义，将村民划分阶级是土改过程中最重要的阶段”。②

1. 追溯五种身份：“真凑、秋巴、真巴、维普、真又”③

在过去格老窝村的阶级成分追认过程中，划分了五大阶层，也即5种身份，其追认主要依据旧社会的身份等级安排，即按“身份”原型来划定。

---

① 笔者在当地调研时，老人们以这样的话语形象生动地表达内心的无奈、对美好生活的无望。

② 李海金：《身份政治：国家整合中的身份建构——以土地改革以来鄂北洪县为分析对象》，中国社会科学出版社2011年版，第81页。

③ “真凑、秋巴、真巴、维普、真又”分别类似于内地的“地主、富农、中农、贫农、奴隶”。

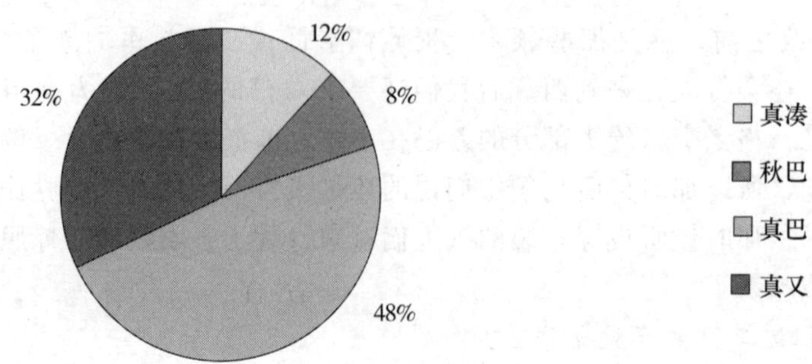

图 3－1　土改时格老窝村 4 种身份（阶级成分）划分情况

如图 3－1 所示，在土改期间，格老窝村除了占大多数的维普（贫农）以外，在 25 户农户中（包括真凑、秋巴、真巴、真又等四类农户），划分为真巴身份的农户所占比重最大，占比为 48%，比例接近一半；真又身份的农户所占比重次之，占比为 32%；划分为真凑和秋巴身份的农户比重相对较低。老人洛桑西绕家在土改刚开始的时候，追认的成分也是差巴，一家人都是差巴，成分是一样的。在土改中重新划分成分的时候全家都被划分为贫农，即不用再当差巴，也不用再去交差了。划成分主要是按家里地的多少、贫困程度。当时村里就出了标准了，是啥成分都是由共产党定的。（LJP20150808LSXR@W）

2. 划分两大阶级：领主与农奴

西藏土改中的阶级成分划分在效法内地的同时，也基于特殊的情境因素具有一定的变通性。据相关文献显示，1959 年 9 月 7 日，西藏工委制定了《关于划分西藏农村阶级的方案》，方案规定在西藏农村只划农奴主和农奴两大阶级（不划富农阶级）。西藏的农奴主阶级包括农奴主及农奴主代理人，90% 以上的则被划为农奴阶级。①

在阶级划分的过程中，还存在对叛乱领主、牧主和未叛领主、牧主等不同对象的特殊考量。1960 年，墨竹工卡县在牧区和寺庙开展“三反两利”“三反三算”运动。对未叛领主、牧主不斗不分，不公开划阶级成分，实行“牧主牧工两利”政策；对参叛领主、牧主的牲畜实行“谁放牧畜产品归谁所有”的政策。

① 许广智：《试论西藏地区的民主改革运动及其历史意义》，《西藏大学学报》（社会科学版）2011 年第 2 期。

3. 消除差巴身份，多为贫农中农

格老窝村的阶级成分划分中，大多数农奴的差巴、朗生的旧式身份被颠覆，重新塑造为中农、贫农等阶级。团旦老人回忆划成分的内容时讲述道，“当时记得村里划分了 3 个小领主（他们收的差也要交给噶厦政府，因为他们中有 2 个是噶厦的官员，1 个是贵族，他也要给小昭寺的僧侣们交差）”。从阶级成分的划分中可以看出，在上层领主阶级内部，也照样会存在一级剥削一级的等级差别。除了领主的划分，富农和贫农的划分也是多的，差巴们对于自己成分的划分很认同，因为划为贫农成分意味着差税的免除。

（三）阶级斗争：发起“身份”革命

土地改革前的西藏社会千百年中几乎是停滞不前的，就如格老窝老人们感叹的，“上天注定”了领主与农奴的生存状态，然而，这并非就说明藏族人民是缺乏活力的，底层农奴的生活状态正将被土地改革所带来的革命所改变，领主与农奴的身份将发生翻天覆地的变化。

1. 差巴的苦诉：“白天做人，晚上当狗”

时任格老窝村土改积极分子的次旦索朗老人回忆当时揭发领主们的罪行的场景时讲道，“给村民们宣传领主们的恶霸形象”，在批斗大会上是这样揭发他们的，“嘎加乃、嘎加古旧古乃、休修当哇、尼姆米借才姆开借”（翻译为：你们 5% 的人剥削 95% 的人，差巴就是白天当人、晚上当狗）。（LJP20150809CDSL）

团旦老人在访谈中用当地话语描述了苦诉的场面，“星真郎鲁年巴杂米当，毛主席亚郎金珠土松”①。“差巴们当时之所以过着苦难的生活，是由于领主们手中掌握着剥削农奴的强大权力，而共产党的到来，就为打破这种永久性的权力体系提供了契机，‘共产党就要把我们解放了，你们现在该认罪了，农奴制度要废除了，我们也站起来了’”。（LJP20150808TD@W）

2. 挖苦根、革领主：“差巴”“朗生”最积极

在了解批斗领主的具体过程时，老人团旦回忆了当时的情形，他说，“和内地斗地主一样，我们这里也有批斗过领主，那时候批的多了，具体批了多少次这个真记不住了，批斗的数量也记不清，当时召开了公审大会，由工作队的人把领主们押到村里来，然后把村民们召集起来开始批

① 当地藏语中的表达，可翻译为“农奴制度要废除了，毛主席把我们解放了”。

斗，将领主和官家在这个乡批斗完了就带到另外一个乡批斗，就这样换地方斗来斗去。有些以前是差巴的还用棍子打领主，批斗领主的过程还是很残忍的，一些群众对他们拳打脚踢”。（LJP20150808TD@W）根据老人们的讲述，格老窝村的领主批斗大会经历了几个阶段，1959年召开了三次批斗大会，这三次是在土改中批斗情况最为集中也是最为激烈的时期，1969年又一次，1965年土改复查时把十世小班禅带到村里来批斗了一次，加上外地的领主，一共批了七八个领主。在有的老人的记忆里，当时村里开批斗大会开了好多次，把外村的领主也带过来批斗，共批斗了6个领主，其中有位领主忍受不了群众的批斗，自杀身亡。

3. 工作队的劝阻：“非暴力”的土改方针

西藏的土改中也会出现和内地一样的“左”的倾向，因此，在政策层面提出了“非暴力”的土改方针。如次旦索朗老人所述，“当时开批斗大会时，有些人还打领主，拿着棍棒打，有的就直接拳打脚踢，在斗争特别激烈时，工作队的队员们劝阻群众不要对领主们施加暴力，因为‘和平解决矛盾’一直是共产党的政策”。（LJP20150809CDSL@W）这种“非暴力”的革命方针的提出除了受到土改过程中纠偏、纠“左”的政策调整以外，也和当地的宗教信仰传统有关，在当地老人们的言语中能够得知，当时的村民们如果看到领主们被残暴的批斗时，也不免会产生同情心，只是不会马上去为他们说好话开脱，“相对来说藏族人都是很有同情心的，因为我们都是信仰宗教的人，佛爷让我们心中有善念”。（LJP20150808LSXR@W）

（四）土地回家：星巴“呀浪”[①] 歌唱

土地重新回到真正的劳动者手中，农奴们一时间从漫长的“黑夜”中解放出来了，纷纷歌颂党和国家带来的光明。

1. 分地：“头上照了太阳、口中舔了酥油”

在分配土地前，积极分子们先去摸底，谁家没有什么就分什么，比如没有房子的分房子、没有土地的分土地、没有犁的分犁、没有牲畜的分牲畜。如团旦老人一家人分到的土地亩数等同于土改前种的庄园和噶厦政府土地的亩数。

① “呀浪”即当地藏族中的“翻身”。

表2　　格老窝村9位受访者土地改革中的土地和财产分配所得情况统计表　（单位：人、亩、只、头、个）

受访农户户主姓名	土改时的家庭人口	分配标准	土地	财产分配情况
洛桑西绕	5	人口	11.5	5只山羊、一头牦牛、一个木犁
团旦	12	人口	30	一头牦牛
次旦索朗	4	土改前的耕地亩数	30	4头黄牛、1头牦牛、一个木犁
阿洛	10	土改前的耕地亩数	44	6头黄牛、3头牦牛、一个橱柜、一个木犁
顿珠西绕	4	人口	11	一头牦牛、几双鞋子
旺杰	11	土改前的耕地亩数	15	10只山羊
曲英	3	人口	6	2头牦牛
赤列顿珠	10	人口	20	5只山羊、一头牦牛、一个木犁
格尼达吉	4	土改前的耕地亩数	16	无

农奴分到土地，从世代支差的差巴身份转型为拥有自己土地的星巴，使得星巴们再也藏不住内心的喜悦与感激之情，以自己最为朴素的、真诚的言语倾颂这场改革带来的成果，他们分到地的那种感觉就正如洛桑西绕老人所说的，“头上照了太阳、口中舔了酥油”。（LJP20150808LSXR@W）

2. 歌颂：“党发放的银圆多如大地上的石头”

西藏社会的这场身份革命起源于外部力量的推动，因此，对于收获革命成果最大的农奴而言，他们将这种感激之情化作言语、甚至是歌曲，颂扬党的政策及其重要价值。如洛桑西绕老人就表述道，“对共产党带来的这场土改除了感激还是感激，因为土改后的生活幸福感从未有过，心中很温暖，共产党就像父母一样，发放的银圆就像大地上的石头一样多”。（LJP20150808LSXR@W）其他受访的老人们也具有同样的感受，土地改革之后的他们内心特别高兴，土地属于自己的了，可以通过自己的劳动就能获得自己想要的东西，也不用再给领主们交差了，每年收割的粮食都是自己的了，能吃饱饭了。

四　结论与讨论

本文通过大量的笔墨记述了西藏社会的迅即变迁过程，以差巴的身份革命为突破口集中展示了土地改革所带来的变迁事实和演进轨迹，即农奴政体被颠覆，共产党获得了政治上的合法性并将新的制度植入当地社会。在传统时期的政治统治中，身份以自在的、先赋的等级符号存在，发挥着隐性的功能，如在政治合法性建设方面。在政治现代化进程中，尤其是在土改时期，身份被视作动员和组织、争取认同的力量加以重视，进而进入政治学的研究视野。因此，基于政治的时代考量，在传统的历史形态中，身份就已经成为政治的核心内容。

（一）身份的政治：基于“身份”符号的政治合法性建构

对于一个政治体的合法性建构进路而言，它都是一个历史的延续过程，它的演进轨迹是由其原初的先赋性、自然性、稳定性的历史基因所决定的，随着时代的变迁和社会进步，旧的政治体必然面临合法性的丧失，路径依赖被切断，新的政治体将重建合法性。政治合法性关涉民众对统治者实施统治的正当性的认可、认同，因此，不论是在传统社会还是在现代社会，合法性建构往往成为统治或治理主体的重要任务之一，主体为获得合法性资源通常会用多种手段、方式，“身份”符号的运用便是其中之一。

1. 身份等级制：传统政治合法性的来源

传统时期的西藏社会，统治者的政治合法性很少会受到来自内部和外部的威胁与挑战，这得益于当地长期存在的森严的身份等级制度，即存在上等的领主阶级与下等农奴阶级，以及两大阶级内部又分为不同的等级，这样的身份等级制度决定了当地政治、经济、精神层面的运转与正当性。

首先，在政治层面上，身份的等级制度决定了由官家、贵族、寺院上层僧侣等三大领主为主的统治阶级长期把持着西藏政权，而由差巴、堆穷、朗生构成的农奴阶级受统治阶级的剥削与压榨，上层领主阶级对下层农奴阶级实行严格的人身依附制度，后者被排除在政治权力的掌控和政治权利的诉求之外。对于格老窝村的差巴们而言，噶厦政府、庄园的领主（如格老窝庄园、江达庄园、格布庄园、喇嘛吉庄园等）、寺院（小昭寺、甘丹寺等）的上层僧侣长期拥有统治的政治权力，并且随着时间的推移，在实际运作中，政治权力的分配已深深打上了等级固化和以身份世袭的特性。领主阶级通过身份的等级制与承袭性，使政治权力的占有及使用具有了先赋性、自然性、强制性，以此来奠定统治的合法性。

其次，在经济层面上，身份等级制更体现出其固有的工具性特征。不同的身份等级决定了不同的经济生活状态，对于当地的差巴们而言，“支差”已经成为一种“天职”。奴隶所在的土地归贵族所有，土地分成两部分：一部分是领主自有的土地；一部分是奴隶领种的差地，奴隶成为农奴，要给农奴主服役。[①] 格老窝村的土地类型主要为第二种，即租给差巴耕种的领地，领地的所有权归格老窝庄园、小昭寺、甘丹寺等。“在经济生活中，主要为土地的物资来源的交换形式是由现存的社会结构而不是由市场的需要来决定的……土地报酬和劳动租金乃是农民经济的基础”。[②] 由社会结构决定的土地制度下，差巴们因承袭的身份而稍有或根本没有生产资料，在经济生活中长期扮演着租种领主土地、按期交纳差税、背负高利贷的角色，时常因为农业生产和支差中的意外情况遭受领主的打骂。而领主阶级则不劳而获，领主阶级以固有的、特殊的身份而获得土地、牲畜、奴隶等生产资料，从而使自己由此获得了特殊的经济地位、特权，最终使经济权力具有合法性。

最后，精神层面而言，寺院的上层喇嘛、主教等以宗教方面的特殊身份掌握着宗教特权，在当地，政权与教权的结合使得寺院领主具有了僧俗两界的双重权力，他们既有部分的政治管理权，又有打通神界与人世的话语权，掌握着绝对的精神权威，而农奴身份的差巴、堆穷、朗生则命遵上天的安排，无法达致享有精神权威的等级。由于宗教伦理蕴含着天然的合法性因子，因此，寺院的上层僧侣就长期把持着受农奴认同的精神权威。因此，在身份等级制度严明、政治统治力量有限的传统时期，西藏社会在与内地的联系和互动中，保持了一定程度上的自主性，其表现出了有别于内地机构和社会势力的自身利益，其转型和发展显得尤为缓慢，不可能通过自身的调整实现进步，一系列的障碍使当地“很难产生一种新的生产关系，产生埋葬旧制度的掘墓人这样新兴的阶级和力量”[③]。为此，就必须有外部革命力量打破这种身份等级制，将传统的身份系统予以再造，达致现代政治合法性的确立。

2. 身份阶级化：土改中政党合法性资源的双向积淀

在很长的时间里，当地的土地制度都未发生过剧烈的变化，因为如上

---

① 马勇、王未来、王跃华：《透过历史看西藏》，西藏人民出版社 2009 年版，第 42 页。

② ［美］皮德罗·卡拉斯科：《西藏的土地与政体》，陈永国译，西藏社会科学院西藏学汉文文献编辑室 1985 年版，第 85 页。

③ 马勇、王未来、王跃华：《透过历史看西藏》，西藏人民出版社 2009 年版，第 81 页。

文所言的众多因素的阻碍，缺乏内生的推动机制，农奴身份依附于领主和差地而存在。打破旧式身份等级制需要进行革命性的社会改造运动，西藏农奴（差巴）的身份革命缘起于20世纪50年代，由党和国家推进的土地改革运动。

（1）自上而下的身份改造。在改革的过程中，对参与反动叛乱的领主阶级予以镇压，广大的农奴阶层被积极动员起来参与政治改革运动，以阶级成分的划分重塑了农奴的身份，也为中国共产党在当地的现代施政奠定了合法性基础。当地“农村民主改革的根本任务和目的，就是彻底消灭封建农奴主的土地所有制，满足翻身农奴对土地的要求，进行土地分配，实现劳动人民的土地所有制”①。根据9位经历过土地改革差巴的讲述，土改的过程中，进行了多个步骤：“首先是政治动员和阶级成分划分，以宣传会的形式将政策内容（分配土地、免交差税）传达给动员的对象；身份阶级化（划成分）是中国共产党对农村社会成员身份的确认，并由此决定其地位和命运，从阶级的角度为社会成员划定成分是一个社会改造、重组的过程，同时也是社会整合的过程”。②

成分的重新划分也是农奴身份系统进入农民身份系统的门槛，赋予农奴新的社会标识和符号。其次，开启身份阶级化基础上的斗争。通过差巴的诉苦点燃革命激情，诉说苦难往往意味着对旧的身份等级制的厌恶、新的身份系统的迫切希望，诉苦之后紧接着开始对领主进行批斗，主要以暴力革命的方式对领主的身体和心理予以打击。最后，进行以阶级成分为准的土地分配（土地分配由工作队主导进行），由于农奴的身份依附于土地，而土地的分配和获得使得他们人身不再受制于领主。差巴从身份等级制下农奴转向阶级化了农民身份的过程也是政党树立恩情式权威、积累合法性资源的过程，土改的政策使差巴们“对于共产党带来的这场土改除了感激还是感激，因为土改后的生活幸福感从未有过，心中很温暖，共产党就像父母一样，发放的银圆就像大地上的石头一样多”。在差巴的身份再造中，“阶级”的划分始终扮演着关键性的角色。

① 许广智：《试论西藏地区的民主改革运动及其历史意义》，《西藏大学学报》（社会科学版）2011年第2期。

② 徐勇：《阶级、集体、社区：国家对乡村的社会整合》，《社会科学战线》2012年第2期。

(2) **自下而上的认同回应**。任何政治体的合法性建构过程都是双向的，即建构进度与成效很大程度上取决于政治客体的接受与认同。土改前的差巴们之所以能够接受农奴身份系统，是因为旧的身份等级制下的统治力量过于强大，其赖以统治的主要机制在上文已有论述。农奴阶级看不到任何可以突破的迹象，无法形成内生性的革命因素，于是便被迫接受。而当新的革命力量从外部输入有利于底层农奴的政策时，农奴们便纷纷响应，接受身份系统再造的一系列措施。如在笔者调查中，向老人们问及“是否认同当时的成分划分时”，都给予了肯定的答案，因为重划成分意味着人身的自由、差税的免除、土地的获得等。在现实的丰厚利益下，农奴对土改政策心理态度和评价皆呈现积极的一面，政策的正当性和合法性得以高度认可，并且由对改善自身状况的政策认同扩大到对政党的认同。

不论是对于差巴翻身的土改过程而言，还是对于政党合法性的建构，农奴内在的配合与服从、认可与赞同也是至关重要的，这种双向的、下层积极回应建构进路与传统时期的建设形成了鲜明的对比。在传统时期严明的身份等级制下，领主阶级通过政治专制、庄园经济制度、精神层面的奴役等使农奴遭受沉重的剥削与压迫，农奴身份的人只能被迫接受其统治的正当性。一旦出现革命的契机，底层被统治者便迫不及待地投身于新生政权。因此，对于差巴翻身的土改过程而言，农奴内在的配合与服从、认可与赞同也是至关重要的。

（二）延伸的探讨：历史形态中的身份政治

本次的实地调查中，老人们的口述史料集中为我们展现了作为差巴的身份政治的历史形态以及身份阶级化改造中的政党合法性资源积淀，使我们更加注重从身份的视角去探究政治秩序的起源以及政治秩序的变迁过程，认识到特定时代政治的演进既是某种身份系统的维护和确立，同时也是不同身份的阶级比较其优劣地位的过程。回归历史的场景，身份在前现代时期，就已经成为政治的核心内容：传统时代的农奴身份很大程度上是一种自在的、先赋的等级符号，因此，身份在政治活动中长期是一个隐性的因子。旧西藏的政治统治实质上就是一种基于身份等级制度的统治、一种由领主阶级与农奴阶级组成的身份符号系统，身份伴随政教合一的农奴制统治已经早早进入政治实践的核心，只是在现代化的语境下被迟迟遮蔽。

因为在现代化进程中，尤其是土改时期，这些时期的政治基本是将身份的工具理性得以放大的产物。身份进行了阶级化及后来的社员化的改造运动，身份成为动员和组织的重要力量和手段，也成为政治体进行合法性建构的必备要素，身份也由此被学者们认为是进入了政治视野和实践的核心。因此，对于身份政治的研究，需要我们超越土改以来的有限视域，从历史的形态中去发掘。

参考文献：

（一）著作：

［1］［美］皮德罗·卡拉斯科：《西藏的土地与政体》，陈永国译，拉萨西藏社会科学院西藏学汉文文献编辑室 1985 年版，第 1、2、24、85、91、236 页。

［2］林田：《西藏春潮—— 一个记者关于西藏民主改革的日记》，中国藏学出版社 1990 年版，“前言”，第 1 页。

［3］［美］查尔斯·蒂利：《身份、边界与社会联系》，谢岳译，上海世纪出版集团 2008 年版。

［4］李海金：《身份政治：国家整合中的身份建构——以土地改革以来鄂北洪县为分析对象》，中国社会科学出版社 2011 年版。

［5］［美］塞缪尔·亨廷顿：《我们是谁？美国国家特性面临的挑战》，程克雄译，新华出版社 2005 年版，第 20 页。

［6］［美］塞缪尔·亨廷顿：《变化社会中的政治秩序》，王冠华、刘伟译，沈宗美校，上海世纪出版集团 2008 年版，第 222 页。

［7］罗平汉：《土地改革运动史》，福建人民出版社 2005 年版，第 117 页。

［8］［美］梅·戈尔斯坦：《西藏现代史（1913—1951）——喇嘛王国的覆灭》，杜永彬译，中国藏学出版社 2005 年版。

［9］［美］韩丁：《翻身——中国一个村庄的革命纪实》，韩倞等译，北京出版社 1980 年版。

［10］《墨竹工卡县志》，墨竹工卡县地方志编纂委员会编撰，中国藏学出版社 2010 年版。

［11］马勇、王未来、王跃华：《透过历史看西藏》，西藏人民出版社 2009 年版，第 42、81 页。

（二）论文：

［1］东嘎·洛桑赤列、陈庆英：《论西藏政教合一制度》，《西藏民族学院学报》1981 年第 4 期。

［2］董莉英：《西藏政教合一制度产生、发展与衰亡》，《西藏民族学院学报》（社会科学版）1999 年第 4 期。

[3] 吴从众：《西藏封建农奴制研究概述》，《西藏研究》1991 年第 3 期。

[4] 刘忠：《西藏差巴型庄园初探》，《中国社会科学》1985 年第 3 期。

[5] 刘忠：《从若干具体庄园看西藏领地经营与农奴负担》，《中国藏学特刊》1992 年第 1 期。

[6] 郭冠忠：《西藏领主庄园的经营管理》，《西藏研究》1984 年第 2 期。

[7] 马戎：《西藏的经济形态及其对区域间人口迁移的影响》，《西北民主研究》1993 年第 1 期。

[8] 陈默：《西藏村落公共空间与村民阶序——以曲水县茶巴朗村为例》，《中国藏学》2010 年第 2 期。

[9] 许广智：《试论西藏地区的民主改革运动及其历史意义》，《西藏大学学报》（社会科学版）2011 年第 2 期。

[10] 钱超英：《身份概念与身份意识》，《深圳大学学报》（人文社会科学版）2000 年第 2 期。

[11] 周作翰、张英洪：《从农民到公民：农民身份的变迁路径》，《湖南文理学院学报》（社会科学版）2007 年第 6 期。

[12] 黄花：《我国农民身份转化问题的政治学思考》，《延边大学学报》（社会科学版）2013 年第 1 期。

[13] 刘云生：《农民身份注塑及其制度刚性》，《江西财经大学学报》2010 年第 3 期。

[14] 张文博：《现代化进程中的农民身份构建——以关中眉县 X 村某常姓村民家族史为例》，博士学位论文，中央民族大学人类学系，2012 年。

[15] 侯建新：《法律限定负担与英国农奴身份地位的变动》，《历史研究》2015 年第 3 期。

[16] 申新泰：《西藏封建农奴制生产资料所有制和人身依附关系浅析》，《西藏民族学院学报》（社会科学版）1999 年第 1 期。

[17] 梅文 · C. 高尔德史泰恩：《西藏农村的结构与差税制度》，陈乃文译，《中国藏学》1990 年第 1 期。

[18] 张笑扬、段栋峡：《身份符号学理寻绎与和谐符号系统建构》，《理论界》2011 年第 1 期。

[19] 李建华：《从身份政治到公民政治——中国农民工市民化及其权益保障》，《书屋》2010 年第 9 期。

[20] 徐勇：《阶级、集体、社区：国家对乡村的社会整合》，《社会科学战线》2012 年第 2 期。

[21] 叶鲁：《西藏农奴主怎样凶残地榨取农奴血汗——西藏社会历史调查组墨竹工卡宗的调查报告》，《民族研究》1959 年第 8 期。

贫困的政策框架与形成机理

◆ 我国脱贫攻坚若干前沿问题研究

中国对“十三五”脱贫攻坚进行了决策部署，打赢脱贫攻坚战是必须完成的任务。脱贫攻坚是一项系统工程，其进程必然面临诸多前沿性问题，这些问题具有立体性、动态性和复杂性等特征，既有理论问题，战略战术问题，更有大量政策问题，这些问题相互交织、相互作用。本文基于脱贫攻坚顶层设计及各地丰富实践，从十个方面分析了这些前沿问题，旨在进一步引起关注和相关深入、系统研究，以为脱贫攻坚政策完善提供参考。

◆ 农民贫困心理的形成机理研究：扶持政策的限度

贫困心理是农民贫困文化的一种表现形式，它主要是指在长期的贫困条件下，农民对外部因素和力量所持有的以“等、靠、要”为主要特征的心态和观念。目前，在国家一系列惠农政策及扶贫政策的扶持下，农民的物质财富有所增加，生活水平也逐渐提高，但农民的心理却逐渐“贫困”，其对政府的依赖程度也有所加深，而且这一心理逐渐成为农民的一种合理化诉求。文章选取陕西省焉头村为个案，以扶持政策下农民贫困心理的形成为线索，对农民为何不再相信自己的勤奋劳动而更倾向于依赖政府的扶持政策这一心理进行解释。文章从农民的视角出发考察国家政策对农民心理和观念的影响，通过农民贫困心理形成的微观机理的阐释，揭示扶持政策与农民贫困心理形成之间的关系。

◆ 农村教育贫困的产生机理与政策思考

教育在当代农村的现代化过程中扮演着十分重要的角色，然而当前农村却普遍出现了教育贫困的状况，主要表现为教育资源分配不均衡、教育条件设施落后、低入学率、高辍学率等现象。本文以冀南村庄为个案，针对孔家寨村教育贫困的现状来探讨影响农村教育贫困的因素。孔家寨村教育贫困不仅仅是孔家寨村农民基于自身文化水平较低、见识短浅、经济条件限制而做出选择的结果，而是在综合了社会的宏观环境、村庄的中观环境，以及家庭的微观环境三个约束环境下产生的。在此基础上得出结论，孔家寨村的教育贫困并非农民“非理性”的抉择，而是农民在各种约束条件下基于综合考量的“理性”选择。在分析教育贫困的产生机理的同时，笔者从一般意义上给出了相关的政策启示，如改革教育体制，教育资源分配要更倾向于农村；培养良好的农村教育环境，形成重学爱学的教育氛围等政策。通过实施具体的措施，期望能够对冀南区域、对全国范围内教育状况类似于冀南区域的一些地方政府提供些许的改善农村教育贫困的政策导向。

我国脱贫攻坚若干前沿问题研究

黄承伟
（全国扶贫培训宣传中心　北京　100028）

内容提要：中国对“十三五”脱贫攻坚进行了决策部署，打赢脱贫攻坚战是必须完成的任务。脱贫攻坚是一项系统工程，其进程必然面临诸多前沿性问题，这些问题具有立体性、动态性和复杂性等特征，既有理论问题，战略战术问题，更有大量政策问题，这些问题相互交织、相互作用。本文基于脱贫攻坚顶层设计及各地丰富实践，从十个方面分析了这些前沿问题，旨在进一步引起关注和相关深入、系统研究，以为脱贫攻坚政策完善提供参考。

关键词：脱贫攻坚　精准扶贫　前沿问题

改革开放以来，随着经济持续快速发展，我国扶贫开发稳步推进，扶贫标准逐步提高，贫困人口逐步减少。1982 年，我国启动“三西”专项扶贫计划，拉开了有计划、有组织、大规模扶贫开发的序幕。1986 年，成立国务院贫困地区经济开发领导小组（1993 年改称国务院扶贫开发领导小组），认定贫困县，确定扶贫标准，设立财政专项扶贫资金。1994 年颁布《国家八七扶贫攻坚计划》（1994—2000 年），2001 年和 2011 年，先后两次颁布实施《十年农村扶贫开发纲要》，至今累计减少农村贫困人口 7 亿多人，为全球减贫事业做出了巨大贡献。

党的十八大以来，按照全面建成小康社会的部署和要求，以习近平总书记提出精准扶贫精准脱贫为标志，我国扶贫开发进入脱贫攻坚的新阶段。党的十八届五中全会将农村贫困人口脱贫作为全面建成小康社会的底线目标进行安排部署，明确到 2020 年我国现行标准下农村贫困人口实现脱贫，贫困县全部摘帽，解决区域性整体贫困。2015 年 11 月，中央召开扶贫开发工作会议，颁布《中共中央国务院关于打赢脱贫攻坚战的决定》

（以下简称《决定》），全面部署“十三五”脱贫攻坚工作，要求举全党全国全社会之力，坚决打赢脱贫攻坚战。

目前，我国未来五年脱贫攻坚顶层设计已经完成，进入省级二次顶层设计和各项政策措施在基层精准落实阶段。显然，打赢脱贫攻坚战不是一吹号就能解决的。近期看，每年减少贫困人口1000万人以上，完成难度越来越大。从更长远看，到2020年解决目前5000多万贫困人口的脱贫问题，仅仅是解决了我国的绝对贫困问题，相对贫困问题依然存在甚至凸显，建成更高水平的小康社会还有很长的路要走，需要付出更艰巨的努力。从研究角度看，脱贫攻坚进程中必然出现各种各样的问题和挑战，针对这些需要解决的理论、实践问题，需要加大研究力度，着力发现规律、总结规律，为不断完善政策体系、提升扶贫脱贫成效提供决策参考。本文基于参与脱贫攻坚顶层设计研究以及大量的基层调研观察，从十个方面分析脱贫攻坚面临的前沿问题，以引起关注和重视。

一　关于扶贫开发的历史方位

全球200多个国家和地区有着不同发展道路选择。不同发展道路的选择都有其道理。中国既然选择了中国特色社会主义道路，“最硬”的道理就是能够让全体人民实现共同富裕。因此，如果在发展进程中，一些地方、群体已经发展起来，但是还有相当数量贫困人口，这就无法证明道路选择的正确性。

从历史方位视角看，推进扶贫开发、打赢脱贫攻坚战具有多方面意义。

一是消除贫困、改善民生，实现共同富裕，是社会主义的本质要求，是我们党的重要使命。这说明了扶贫开发的极端重要性。既然是社会主义的本质要求，走社会主义道路，建设社会主义社会，最本质的要求就是重视扶贫开发。中国共产党取得执政地位依靠的是广大人民群众的支持和拥护。成为执政党以后，如果有相当数量的人民群众没有分享到发展成果，就会影响到执政基础。

二是改革开放以来中国政府实施大规模扶贫开发，7亿多农村贫困人口摆脱贫困，取得了举世瞩目的伟大成就，谱写了人类反贫困历史上的辉煌篇章。这是人类发展史上值得大书特书的事件。从全球贫困情况看，目前还有8亿多的贫困人口。换句话说，如果没有中国7亿多人脱贫，全球的贫困状况要比现在糟糕得多。

三是党的十八大以来中国政府把扶贫开发纳入“四个全面”的战略布局，作为实现第一个百年目标最重要的工作，摆在更加突出的位置，大力实施精准扶贫精准脱贫方略，不断开创扶贫开发事业的新局面。习近平总书记做出了“我国扶贫开发已经进入了啃硬骨头攻坚拔寨的冲刺期”的重大判断，并强调指出，扶贫开发事业事关全面建成小康社会，事关人民福祉，事关巩固党的执政基础，事关国家长治久安，事关我国国际形象。这五个事关实际上很直观、很深刻地论述了扶贫开发、脱贫攻坚的极端重要性。

未来五年，5000多万人的脱贫将成为国家经济社会发展的重要内容之一。全党全国全社会将动员起来，为贫困人口脱贫、为贫困地区发展做出新的努力。加强贫困问题研究，需要从历史方位，从全球、全人类发展和国家整体发展视角来认识。

二　关于脱贫标准

2015年11月，中共中央、国务院印发《关于打赢脱贫攻坚战的决定》（以下简称《决定》），明确指出，贫困人口脱贫的标准是“两不愁，三保障”，也就是不愁吃、不愁穿，保障基本义务教育、基本医疗和住房安全。脱贫标准还有一个收入标准，就是农民人均纯收入以2010年不变价是2300元（加上物价指数到2015年年底是2855元）。从贫困标准确定方法看，达到了2800多元的人均收入，就基本上能够达到保障不愁吃、不愁穿最基本的要求。但是，贫困家庭人均超过贫困标准，这个家庭是否实现脱贫，还需要看其义务教育、基本医疗、住房安全是否有保障。只有实现了“两不愁，三保障”，贫困人口才能脱贫。这是全面建成小康社会对贫困群体最起码的标准和要求。贫困人口是不是脱贫，不能简单地说超过了2800块钱就算脱贫了，最终的衡量标准是“两不愁，三保障”。如果一个家庭小孩上不起学肯定就不能算脱贫。如果家里面有成员患大病没法就医，因病负债也不能算脱贫。没有安全的住房，同样不能算脱贫。

关于脱贫的标准有两个需要讨论的问题：一是我国现行的脱贫标准是否比国际标准高？二是现行的脱贫标准能否达到全面建成小康社会的

要求?

关于第一个问题。我国先后制定了三个贫困标准。1985 年制定第一个标准是农民人均纯收入为 206 元，加上物价的指数到 2000 年这个标准提高到 625 元，这一标准下的贫困人口是 3209 万人。为了更多的人纳入扶持的范围，2000 年确定低收入标准，农民人均纯收入 865 元，这一标准下的贫困人口为 9000 多万。2008 年，中国政府把两个标准合并为一个标准，农民年人均纯收入 1196 元，贫困人口 4688 万。自 2011 年以来，随着消费价格指数等相关因素的变化，国家统计局逐年更新的国家贫困标准分别为 2536 元、2625 元、2736 元、2800 元和 2855 元，相应地贫困人口数量分别降到 12238 万、9899 万，8249 万、7017 万和 5575 万。在逐年更新扶贫标准时，国家统计局并不是简单使用全国平均的 CPI，而是适当考虑其他因素。例如 2011—2014 年扶贫标准年均增加 125 元，年均提高 5.43%。2015 年的扶贫标准相对 2014 年仅增加 55 元，提高了 1.96%。

从 1991 年开始，世界银行根据全球最贫穷国家的贫困线，制定了以美元表示的国际贫困线，用于监测全球的极端贫困状况，并根据“购买力平价转换系数”进行更新。从世界银行 1991 年制定第一个国际贫困线 (1.01 美元) 到 2016 年，已经更新了三次。世界银行于 2015 年用 2011 年购买力平价，对制定 1.25 美元标准时的 15 个国家的贫困线的平均数重新计算，得到每人每天 1.9 美元的国际贫困线。世界银行采用购买力平价计算的人民币兑美元的换算系数近年大体保持在 1∶3.5—1∶3.6 之间。按此换算系数，我国 2014 年按现价计算的贫困标准为 2800 元/人/年，折合为 777.78—800 美元，每人每天为 2.13—2.19 美元。因此，按世界银行的标准，我国的农村贫困线实际上是高于它们提出的每人每天 1.9 美元的。也就是说，我国农村贫困标准实际上高于世界银行的每人每天 1.9 美元。这一点世界银行是认可的，也就是说中国目前的贫困标准高于世界银行提出的国际贫困标准。

关于第二个问题。我国现行的贫困标准可以满足贫困人口维持生存的基本需要，即每人每天摄入 2100 大卡热量和 60 克左右蛋白质的要求，在此基础上还能保障一定数量的非食品支出。加上国家近年来在城乡全面实施免费教育、义务教育，在农村全面建立新农合和新农保制度，因此，我国现行贫困标准所代表的实际生活水平大致能达到 2020 年全面建成小康社会所要求的基本水平。

三　关于精准施策

精准扶贫、精准脱贫的核心是精准施策。习近平总书记2013年11月3日首次提出精准扶贫思想。随后，总书记多次论述精准扶贫、精准脱贫。特别是2015年11月27日在中央扶贫开发工作会议上，总书记发表了长篇讲话，深入阐述了精准扶贫、精准脱贫的方略。指出，精准扶贫、精准脱贫要解决好四个问题：扶持谁？谁来扶？怎么扶？怎么退？提出了“五个一批”脱贫路径，通过发展产业脱贫一批，通过转移就业脱贫一批，通过教育脱贫一批，与生态保护结合脱贫一批，社会保障兜底脱贫一批。同时在反复强调“六个精准”：对象识别精准、项目安排精准、措施安排精准、资金使用精准、因村派人精准、脱贫成效精准。精准扶贫、精准脱贫的核心都是精准施策。

精准施策的关键在于精准配置扶贫资源，对各种不同类型的贫困人口采取有针对性的帮助措施。精准扶贫、精准帮扶是关键，要逐村逐户分析致贫原因，真正做到一村一策、一户一方，对症下药。要按照贫困地区、贫困人口的不同情况分类指导、分类失策。“五个一批”的核心也是如何做到一村一策、一户一法。各地情况千差万别，只有因地制宜，探索多渠道、多样化的精准扶贫、精准脱贫路径。

精准扶贫绝对不是简单地给贫困户分钱，扶贫开发项目模式依然要坚持下去。在发展特色产业脱贫方面，贫困人口不能受益的主要原因，是扶贫项目缺乏有效到达贫困户的机制。一些产业扶贫项目也往往因为贫困户的技术、能力、资金等多方面的限制难以覆盖贫困户。这就要探索如何将贫困户纳入现在产业链中，解决贫困农户所面临的困难。各地有很多好的办法，需要总结、研究。

精准施策要处理好精准帮扶和片区发展的关系。随着贫困人口分布及其特征的变化，过去的区域发展带动扶贫方式解决了一些贫困共性的问题，但是它确实出现了一些不精准的问题。比如，研究发现，近几年的一些扶贫政策更多的是改善了贫困地区一部分贫困家庭的收入状况，却对大部分贫困家庭影响不大。研究也发现，随着整个宏观经济环境的变化，特别是收入分配不平等程度的扩大，处于收入低端的贫困人口，越来越难以享受经济增长的好处。这就意味着经济增长的减贫效益下降，在经济增长减贫效益下降的背景下，就必须处理好贫困地区区域开发和贫困人口精准帮扶的关系，通过创新扶贫开发的路径，实现扶贫方式由大水漫灌向精准滴灌转变，对贫困人口实施更加有针对性的扶持。总的来看这些年大规模的区域开发，面向致贫的共性的因素确确实实是改善了。但是贫困个性原因的解决存在针对性不高的问题。在这种状况下，针对致贫原因更加个性化、复杂化的贫困人口，肯定不能用大水漫灌的粗放的方式来帮扶，必须对原来的一些做法进行反思和调整，完善扶贫方略，实现区域开发与脱贫更紧密的结合。区域开发不是不需要，但现阶段需要的是在区域开发的时候如何能够更有针对性的和每家每户的脱贫结合起来。要逐村逐户分析致贫原因，开准药方、对症下药，确实把脱贫攻坚转到精准扶贫的轨道上来，真正做到扶贫扶到人的身上，脱贫落到人的头上，提高脱贫攻坚的针对性、有效性。区域开发解决的是共性的贫困问题，精准扶贫到村到户解决的是个性的贫困的问题。只有这两者结合起来才有可能真正的让贫困人口脱贫。如果单解决个性的问题，共性的问题解决不了也没有办法实现根本脱贫。

四 关于扶贫开发和社会保障结合

实施精准脱贫，有劳动能力的可以通过发展产业，建立稳定的收入来源实现脱贫。部分贫困人口可以通过转移就业，找到更好更高收入的工作也能脱贫。对于生存在一方水土养不活一方人的地方，资源条件恶劣，灾害频繁，生态脆弱。这些地方的人口只有通过搬迁解决。此外，可以通过教育脱贫，通过生态保护、公益岗位、加大生态补偿力度，开发生态产业脱贫。对于没有劳动能力的家庭只能通过社会保障兜底脱贫。

摆脱贫困，要把提高扶贫对象的自我发展能力放在优先位置，要激发内生动力，把能扶的都扶起来，这是扶贫开发的根本目标，也就是说最优先的要把具有发展能力的贫困户积极性调动起来。对大多数贫困人口绝不能仅采取发钱养人的办法实现脱贫，必须让贫困人口通过劳动实现脱贫致富，才能过上有尊严的生活。如果能扶的不去扶，简单把这些人都纳入低保兜底扶贫范围，就很可能陷入福利陷阱。这样财政可能会难以为继，社会的活力、动力也会受到损害。

中央要求到2020年要使建档立卡贫困人口中大概5000万人通过产业

扶持、就业、易地搬迁、教育支持、医疗救助等措施实现脱贫。如何提高扶贫对象的自我发展能力，最关键的是要投资育人，要通过发展教育和卫生事业帮助贫困群众提高身体素质、文化素质和教育能力。一是彻底阻断因病致贫，因病返贫。关键是让农民看得起病，尤其是大病的时候也有救助。二是把提高人的素质作为脱贫减贫的治本之策。扶持要“扶智”也要“扶志”。三是提高贫困家庭劳动力的就业能力，这是帮助贫困人口摆脱贫困最见效的措施。

从每个贫困家庭致贫的具体原因看，在实施扶贫开发同时，需要尽快实现农村最低生活保障制度和扶贫开发政策的有效衔接。中央要求，大概有2000多万完全或部分丧失劳动能力的贫困人口，需要通过全部纳入低保覆盖的范围，实现社保政策兜底扶贫。

实践证明，开发式扶贫始终是正确的扶贫方式，也是我国成功减贫的最根本经验。开发式扶贫始终把贫困人口能力开发放在首位，这种能力开发不仅是产业开发，还包括贫困人口能力开发、人力资源开发。

五 关于扶贫开发与生态保护并重

对贫困地区而言这具有特殊意义。贫困地区往往是生态脆弱的地区，很多地区贫困是因为过去掠夺开发、过度开发，破坏了生态环境。推进扶贫开发必须牢固树立绿水青山就是金山银山的理念。把生态保护放在优先的位置，探索生态脱贫的新政策。多年来，我国实施的退耕还林、退牧还草、草原生态保护等生态修复工程，都是把生态保护和带动农民增收很好结合的生态脱贫政策。

加大探索生态脱贫新途径。比如加大贫困地区生态保护的转移支付力度，增加重点生态功能区的转移支付。国家财政已在逐步加大。我国划了四类功能区。禁止开发、限制开发的基本上都是重要的生态地区。这些地区主要是通过修复、恢复、保护性的开发，需要国家在转移支付上加大力度。

创新生态资金使用方式。利用生态补偿和生态保护工程的资金，使当地有劳动能力的部分贫困人口转为护林人员等生态保护人员。这也是一个路径和途径。当然在政策具体落实上、执行上怎么去安排，需要加强研究和设计。

完善森林草原湿地等生态补偿制度。提高补偿标准，让贫困地区农民生态在保护和修复中获得实惠。实际上这些处于保护区的，现在的补助标准非常低，所谓的补偿也主要是在制度上的一种设计。真正的实施当中实际上还有很多问题需要解决，有很多问题没有解决好。我国应对气候变化从总体上讲行动还是很积极的。但是出于方方面面的限制，对于更大的全球气候变化应对，各方面的力度还是非常有限。包括生态的补偿，跨区域的补偿，碳交易、碳税，等等。

一些贫困地区生态极度脆弱，不具备生存条件，在这类地区能够易地扶贫、移民搬迁是脱贫的最好办法，是最有效缓解贫困地区生态环境压力的战略举措。中央已经决定未来的五年要异地扶贫搬迁 1000 万人口。意味着大量的投资，按设计及多年经验，大概每个人人均投资在 6 万元左右。也就是说，仅就易地扶贫移民搬迁而言，未来五年需要投入 6000 亿元，投资主要是通过国家发行债券和地方债、金融债解决。

未来五年，脱贫攻坚资金的投入不是最主要的问题，最主要的问题是怎么能用好资金、怎么能够保证资金用到贫困人口的身上。比如，易地扶贫搬迁人均 6 万元并不是说每一个需要搬迁的贫困人口都是 6 万元，而是要根据不同的情况。资金使用既要保证建房不能让贫困人口负债。搬出来以后，基础设施、公共服务、产业扶持需要有相应的配套。中央明确，对居住在生存条件恶劣，生态环境脆弱，资源灾害频发地区的农村贫困人口要加快实施易地扶贫搬迁工程。扶贫搬迁往往是整村全部家庭的整体移民，涉及农户土地财产的利益关系调整，是一项极其复杂的系统工程。从全球看，主要是工程性的移民，而且移民后往往留下需要长期解决的后遗症。实际上移民是一种不得已的选择。从美国等发达国家移民历史看，一个移民家庭从移入，到真正融入迁入的社区，需要最少三代人的努力和适应。首先是经济上适应；然后是社会适应；再是文化适应；最后是心理适应。因此，移民搬迁扶贫，搬是容易，但是如何稳定下来需要一个过程。必须坚持群众自愿，积极稳妥的原则，因地制宜，选择搬迁安居的方式，完善搬迁后续扶持政策，确保搬迁对象有业可就，稳定脱贫。做到搬得出、稳得住、能致富。

移民搬迁是生态保护的一项重要举措。这个举措的实施如何与扶贫开发有机结合，需要加强研究，完善相关政策。

六 关于扶贫开发工作格局

所谓工作格局指的是脱贫攻坚是全社会的共同责任，需要强化政府的责任，引领市场、社会参与，政府、市场、社会协同发力。如果仅是政府起作用，那么这样的扶贫难以持续。只有政府、市场、社会协同发力，才能形成一个鼓励先富帮后富的氛围，构建专项扶贫、行业扶贫、社会扶贫互为补充的大扶贫格局。扶贫一方面是政府应尽的义务、责任。在市场经济条件下，仅仅是政府的帮助，往往容易成为纯粹的“输血”方式，难以形成扶持对象的造血功能，激发扶贫对象的内生动力。这就需要市场的参与，以激发扶贫机制的活力。同时，在政府很多力所不及的领域，需要各类社会组织参与进来，以弥补政府功能的一些不足。从而构建更完善的大扶贫体系。

毋庸置疑，各级政府必须在扶贫开发中发挥主导作用。必须强化政府脱贫攻坚领导责任制，实行中央统筹，省、自治区、直辖市负总责任，市、县抓落实的工作机制。在政府切实履行扶贫政治责任的同时，务必要发挥好市场的作用，通过建立有效的激励机制吸引更多的社会资源参与脱贫攻坚，走出一条靠市场，发展市场经济带动群众脱贫致富的好路子。

当然，在实践中如何构建一个新的工作格局，有很多需要研究的空白点。比如说东、西部的扶贫协作，过去国家采取的是不平衡的区域发展战略，在这种战略的指导下东部发展起来了，中、西部也有一些地方发展起来了。但出现的另一个问题是，过去鼓励一部分地区、一部分人先富起来，这是大局。但是，到了一定的时候，这些先富起来的地区、先富起来的人要帮助落后地区的发展，这是小平同志强调的另外一个大局。现在，在第一个大局已经实现后，必须推动“另一个大局”问题，否则就难以走共同富裕的道路。1995 年开始，国家推动东、西部扶贫协作，实际上就是两个大局的体现。

但是，东、西部扶贫协作缺乏刚性的约束。中央要求对东部地区帮扶投入的规模，由于没有量化要求落实并不理想。协作机制上也没有新的突破。中央打赢脱贫攻坚战的决定中提出，要强化以企业合作为载体的扶贫协作。那么，如何以企业为载体，在机制上怎么设计，在政策上怎么配套，等等，实际上也是很大的政策空间。再如，要更多发挥县市作用，启动实施经济强县市和国家扶贫开发工作重点县结对，实施携手奔小康行动。这是一个很美好的愿望，但如何具体推动，需要在研究基础上完善相关政策。

扶贫治困是中华民族的传统美德。怎么社会扶贫？怎么把社会动员起来一直是发展的一个短板。在未来的脱贫攻坚中怎么把这个短板补上来，同样也需要激活社会参与的活力。因此，需要构建一个好人好报的社会氛围，让参与社会扶贫的单位、企业、个人政治上有荣誉，事业上有发展，社会上受尊重。在过去两年，民营企业扶贫树立了两个样板：一是万达集团。大概投资10亿元在贵州丹寨县，整体帮扶该县整体脱贫。二是恒大集团。选择贵州的大方县，在未来五年将投入30亿元，也是整体解决这个县的整体脱贫问题。需要研究的是，这样的模式并不是说直接投钱，而是在探索、建立能够把外部支持和内部活力激发相结合的良性运作机制。实际上这种模式为民营企业、民营经济参与扶贫开发提供样板。国务院扶贫办、工商联联合推动民营企业“万企帮万村行动”，就是其中的例子。

七　关于扶贫资金投入保障

扶贫肯定离不开投入。既要增加投入，更要用好资金。中央财政专项扶贫资金总量实际上一直是在增加。2015年达到了467亿元人民币。今年增加了201亿元，是中央的预算支出中增幅最大的一项，与去年比增加了43.4%，体现中央对脱贫攻坚的决心。现在经济新常态，财政收入下降的幅度比较明显。在这种状况下，扶贫资金增加了200亿元，实属不易。从过去看，扶贫资金如果按照中央财政收入的比重计算，实际上这些年一直在下降。1986年到2014年从2.44%下降到0.67%。同期从占全国的GDP的比重由0.18%下降到0.07%。所以从资金总量投入看，实际上是很小的。如果按照大扶贫口径，直接对贫困地区、贫困村、贫困户的大口径，每一年投资大概4000亿元左右。与贫困地区和贫困人口发展需求相比，专项扶贫资金的投入仍然显得不足。尤其是各部门掌握的资金都是按各自的行业发展使用的。普遍存在“撒胡椒面”的现象，监管难度很大。一些资金的使用，对贫困地区和农村贫困人口的特惠倾斜也不够，无法有效形成合力。

扶贫资金量增加后，存在的最大问题就是分散使用。因为现在即便是按照最简单的“两不愁，三保障”的目标体系，只要是用于解决“两不愁，三保障”的资金，就是扶贫资金。如何能够按照真正最需要的领域投入，就需要整合。比如转移支付、各种民生专项支付、中央基建投资等，均需要向贫困地区倾斜。省级以下的各级政府在增加扶贫的投入时，需要下放资金管理审批权。

从投入来源看，金融是最具有活力、最可靠、最有可能大幅度增加投入的扶贫资金渠道。金融机构提供的普惠性金融服务依然不足，针对贫困人口的金融服务更加有限。真正的贫困户由于缺乏抵押、担保很难得到贷款的支持。贴息、贷款等政策优惠也难以惠及贫困农户。针对实际贫困地区贫困人口金融需求特点，金融服务机制也很难健全。这个现实不仅仅是我国存在，也不仅仅是贫困地区存在，而是广大农村地区、其他国家一样存在。道理很简单，银行本身是趋利的，肯定要考虑利益、利润，这无可厚非。那么，如何发挥政府的引导作用，特别是财政资金的杠杆和引导作用，撬动金融资金进入扶贫领域，这是顶层扶贫设计需要重点考虑的，因此，《中共中央国务院关于打赢脱贫攻坚战的决定》中关于金融扶贫的政策措施达到20条之多。其中，最核心的产品有三个：

一是扶贫小额信贷。对有发展产业意愿的建档立卡贫困户提供5万元以下、三年以内免抵押免担保贷款，中央和地方财政贴息，县建立风险补偿基金，乡村干部和驻村工作队帮助审核项目，建立信用环境。

二是扶贫再贷款。所谓再贷款就是从人民银行拿出来资金再贷给商业银行，商业银行以优惠利率贷给贫困地区、带动建档立卡贫困户脱贫的龙头企业，中央财政给予一定的贴息。

三是发行政策性的金融债。如2016年发行的金融债，包括3500亿元用于易地扶贫移民搬迁，主要由中国农业发展银行负责。下一步整村推进产业发展、贫困地区基础设施建设等，也可以通过发行金融债的方式解决资金不足问题。

总之，金融扶贫政策是充足的。关键是在基层如何落地？如何确保每一项政策真正能够落到贫困户身上。在金融资金传递链条每一个环节都可能出现问题、难题，如何解决，都需要通过观察、研究，为政策完善提供参考依据。

八 关于发挥两个优势

所谓两个优势就是政治优势和制度优势，也就是中国共产党的领导和社会主义集中力量办大事。脱贫攻坚是我国特定时间特定背景下必须完成的“硬任务”。历史经验表明，必须发挥我国独特的政治优势和制度优势。在中国，中国共产党的领导力、号召力是无可替代、无可比拟的。社会主义集中力量办大事的制度优势，也是完成艰巨任务的根本保障。潜在的风险在于，两个优势发挥如何更加科学，确保效果最大化，这就需要和国际治理体系、贫困治理体系完善相结合。

坚持党对脱贫攻坚的领导。具体是五级书记一起抓，发挥政府的主导作用。所谓五级书记一起抓扶贫是习近平总书记指出的，省、市、县、乡、村五级书记在中央领导下抓脱贫攻坚。在我国治理体系下，一个地方只要是一把手重视的事情肯定是能够做好、有办法做好的。当然，如何把这样的优势真正落实好，而不是盲目的落实，需要良好的制度设计。

落实好贫困县的主体责任。县委书记、县长对脱贫攻坚重视尤为关键。只要县委书记、县长把主要精力用在扶贫开发上，脱贫攻坚才有可能落地。因为县一级离贫困人口最近，最了解贫困人口的脱贫意愿和需求，知道如何组织好脱贫攻坚，如何把资源用好。为了让县委书记、县长把主要精力放在脱贫减贫上，国家设计了一系列制度，比如关于对县级主要领导和领导班子的政绩考核加大脱贫攻坚、民生比重的制度。再比如推行第三方的评估，脱贫成效不仅仅政府说了算，还需要群众说了算，社会认可，等等。这些过程，从研究角度讲，有很多观察、研究、总结的空间。

落实相关部门的行业扶贫责任。行业部门要把扶贫任务优先纳入行业规划并且优先实施。如果行业不积极，仅仅专项扶贫办是无法攻坚的。只有各行各业都在行业发展中，优先精准到村到户，优先把资源覆盖到贫困地区，优先把项目安排到贫困地区，才有可能形成脱贫攻坚合力。这就需要建立机制，需要贯彻治理理念和完善治理体系，也需要大量的基础性的观察、总结和研究。

落实驻村工作队和第一书记的帮扶责任。要求不脱贫不脱钩。中央组织向全国16万个村选派了第一书记，其中实现12.8万个贫困村全覆盖。驻村工作队和第一书记主要是和村“两委”一起加强对贫困村的领导、落实精准扶贫政策，确保精准脱贫取得更好成效。往贫困村派驻工作队和第一书记，不脱贫、不脱钩，就是政治优势，也是制度优势，是打赢脱贫攻坚战的重要保障。关键在于这些第一书记、驻村工作队如何更好地发挥作用。都是需要研究的前沿性问题。

九　关于扶贫开发能力建设

打赢脱贫攻坚战最关键的是要加强脱贫攻坚能力。需要注意的是，拖脱贫攻坚能力不仅仅是指扶贫系统的能力，而是指国家贫困治理的能力，也就是国家治国理政能力的重要组成部分。如果在治国理政中对贫困人群，对落后地区不能促进其加快发展，不能共享国家整体发展的成果，那么，这样的政策、治理体系就是不完美的，有重大缺陷。用体系视角，脱贫攻坚能力最少包含以下几个方面：

一是扶贫开发领导小组决策能力和监督管理能力。主要是如何更科学地发挥政治优势、制度优势，既要与减贫规律相适应，还要避免简单地运用行政方式、纯粹行政力量去推动，这就需要提高领导小组的决策监督能力，这实际上代表着国家对贫困治理方面的能力。

二是各级扶贫开发领导小组的成员单位，也就是各种行业部门扶贫项目管理、监测、评估能力。国务院扶贫开发领导小组成员共有46个部委，基本上所有重要的部门都是扶贫开发领导小组的成员。各个部门、各个成员扶贫能力如何全部激发出来，这是凝聚行业部门脱贫攻坚能力的基础。

三是基层扶贫部门和相关业务部门、乡镇政府的执行能力。就是说各种政策的落实，最终落实到乡到村，需要基层干部的执行能力。

四是村“两委”、驻村工作队、第一书记和建档立卡贫困户参与能力和自我发展能力。这应该是在脱贫攻坚中最需要建设的能力。如果仅有外界的帮扶，而没有把贫困村、贫困户的内生动力激发和内生动力培育放在突出位置，那么，最终长远看，这样的扶贫难以成功，不可持续，不稳固。

五是私营企业、社会组织，公民、个人参与扶贫专业的能力。大扶贫格局构建需要社会的广泛参与。扶贫本身也是一种专业，各个方面参与扶贫需要专业支持。比如企业履行社会责任，就有很多方式，给钱给物是最简单的方式，通过基金会运作实现扶贫治困也是一种方式。类似的扶贫参与均需要相应的专业能力建设。

十　关于精准扶贫方略的落实

打赢脱贫攻坚战必须全面实施精准扶贫、精准脱贫方略。精准扶贫、精准脱贫方略落实的抓手是建设五个平台、完善五个机制、开展十大行动和实施十项精准扶贫工程。

建设五个平台。一是建设国家扶贫开发大数据平台。大数据平台是精准扶贫、精准脱贫工作的基础和前提。要提高数据质量，切实解决好“扶持谁”的问题。二是指导组建省级扶贫开发融资平台。在省一级设立扶贫开发融资主体，筹集资金用于脱贫攻坚。三是建设县级扶贫开发资金项目整合管理平台。以扶贫规划为引领，以重大项目为平台，以县为单位，整合财政、金融、社会资金用于脱贫攻坚。加强扶贫资金的管理，完善项目资金公告公示制度，提高资金使用效益和透明度。四是建设贫困村扶贫脱贫工作落实平台。充分发挥第一书记和驻村工作队的作用，加强村“两委”班子建设，做强基层工作平台，确保中央决策部署落实到户到人。五是建立社会扶贫对接平台。建设社会扶贫信息网，运用信息化手段实现扶贫脱贫需求与社会资源有效对接。

完善五个机制。一是强化领导责任机制，不断完善中央统筹、省负总责、市县抓落实的工作机制，层层签订落实脱贫攻坚责任，五级书记一起抓。二是完善考核机制，落实省级党委和政府扶贫开发工作成效考核办法，制定东、西部扶贫协作、定点扶贫工作考核办法，指导地方完善对贫困县的考核办法；三是落实约束机制，从必须作为、禁止作为、提倡作为三个方面引导贫困县加强自我约束；四是建立贫困退出机制，对贫困人口、贫困县的退出制定具体办法，明确退出标准和程序，确保脱贫质量；五是建立脱贫成效评估机制，对脱贫攻坚政策落实和相关工作进行督查，开展第三方评估，发挥社会和舆论监督作用。

开展十大行动。组织动员行业部门，按照精准扶贫精准脱贫的要求，改进行业扶贫工作。一是教育扶贫行动。出台特惠政策举措，从学前教育到高等教育，让贫困子女都能享受到公平有质量的教育，发展职业教育，努力阻断贫困代际传递。二是健康扶贫行动。出台特惠政策举措，从防病到治病，从新农合到大病保险到医疗救助，从改善医疗设施到培养医疗人才，为贫困地区贫困人口编织有力的保障网，着力解决因病致贫、因病返贫问题。三是金融扶贫行动。出台系列特惠金融政策，努力化解贫困户、扶贫龙头企业贷款难、贷款贵问题，支持贫困群众通过发展产业脱贫。发行金融债券，支持地方政府集中力量办大事。四是交通扶贫行动。出台特惠政策举措，支持贫困地区重大交通项目建设，重点帮助贫困村全面解决通村路、村组路硬化问题。五是水利扶贫行动。实施农村饮水安全巩固提升工程，解决贫困人口饮水安全问题。进一步加大对贫困地区农田水利、水资源开发利用与保护、水土保持生态治理、农村小水电等的支持力度。六是劳务协作对接行动。出台特惠政策举措，支持贫困人口转移就业，鼓励东部地区和大中城市吸纳贫困劳动力就业，提供配套服务，促进贫困人口通过转移就业脱贫。七是危房改造和人居环境改善扶贫行动。加快推进贫困地区农村危房改造，提高补助标准。加大贫困村生活垃圾处理、污水治理、改厕和村庄绿化美化力度，继续推进贫困地区农村环境连片整治。八是科技扶贫行动。完善农村科技特派员制度，选派科研机构、高校的涉农涉贫专业人员，到贫困村开展帮扶工作，提供技术指导。九是百县万村行动。组织 68 家央企，改善 100 个贫困老区县基础设施，解决 10000 个贫困村贫困群众的水、电、路等问题，实现率先脱贫。十是万企帮万村行动。组织万家以上民营企业与贫困村建立结对帮扶关系，不脱贫、不脱钩。

实施十项精准扶贫工程。改革专项扶贫工作，因地制宜，因村因户因人施策。一是整村推进工程。改变建档立卡贫困村的基本生产生活条件，发展致富产业。二是职业教育培训工程。对参加中高等职业教育的贫困家庭子女加大扶持力度，提高转移就业成效。三是扶贫小额信贷工程。帮助贫困家庭发展生产。四是易地扶贫搬迁工程。解决一方水土养不活一方人的问题。五是电商扶贫工程。实施电商扶贫，打开贫困地区产品销路。六是旅游扶贫工程。将贫困地区的绿水青山变成群众增收的金山银山。七是光伏扶贫工程。增加贫困农户资产性收入，改善能源结构。八是构树扶贫工程。支持构树种植加工，大力发展草食畜牧业。九是贫困村创业致富带头人培训工程。加强培训，建设贫困村致富带头人队伍。十是龙头企业带动工程。支持龙头企业发展，建立企业与贫困户利益有效链接机制，促进贫困人口稳定增收。

参考文献：

［1］中共中央组织部干部教育局、国务院扶贫办行政人事司、国家行政学院教务部编．精准扶贫　精准脱贫［M］．党建读物出版社，2015.

［2］黄承伟．精准发力打赢脱贫攻坚战［J］．中国国情国力，2016（4）.

农民贫困心理的形成机理研究：扶持政策的限度*

——以陕西省焉头村为个案

张利明

（华中师范大学中国农村研究院　湖北武汉　430079）

内容提要： 贫困心理是农民贫困文化的一种表现形式，它主要是指在长期的贫困条件下，农民对外部因素和力量所持有的以“等、靠、要”为主要特征的心态和观念。目前，在国家一系列惠农政策及扶贫政策的扶持下，农民的物质财富有所增加，生活水平也逐渐提高，但农民的心理却逐渐“贫困”，其对政府的依赖程度也有所加深，而且这一心理逐渐成为农民的一种合理化诉求。文章选取陕西省焉头村为个案，以扶持政策下农民贫困心理的形成为线索，对农民为何不再相信自己的勤奋劳动而更倾向于依赖政府的扶持政策这一心理进行解释。文章从农民的视角出发考察国家政策对农民心理和观念的影响，通过农民贫困心理形成的微观机理的阐释，揭示扶持政策与农民贫困心理形成之间的关系。

关键词： 贫困心理　农民　扶持政策　机理

一　引言

（一）研究缘起

改革开放以来，以城乡二元结构为历史背景的“三农”问题日益凸显，为了化解“三农”问题，促进城乡均衡发展，国家不断加大对农村

* 基金项目：国家社会科学基金项目“公共治理视角下的扶贫资源配置与优化研究”（项目编号：16BZZ069）。

地区的投入和支持。以惠农政策和扶贫政策为载体的一系列扶持政策，对于促进农村经济社会发展和农民收入提高起到了重要作用。这些扶持政策的“下乡”不仅对农村地区的经济形态、社会形态和政治形态产生影响，也在一定程度上对农民的心理和观念造成冲击。

从传统意义上看，中国农民具有一种勤劳品质。尤其是在人多地少的情况下，由于受自然、技术等因素的制约，农民需要通过不断的劳动才能维持个人及家庭的基本生存，因此勤劳成为农民的必备素质。马克斯·韦伯认为：“中国人的勤奋与劳动能力一直被认为无与伦比。”① 约翰·戴维斯先生也曾指出“热爱劳动的品质是中国人最显著的特性之一”②。“中国农民可以说是世界上最为勤劳的群体，没有劳动时间限制和劳动条件要求。”③“勤劳致富”也成为农民的普遍心理和自勉的口号，农民认为依靠自己的辛勤劳动就可以养活家庭，可以“发家致富”。

2010 年至 2012 年期间，笔者三次前往陕西省焉头村进行实地调查，在与该村农民进行一系列的深入访谈后，笔者发现，农民勤劳致富的观念发生了变化，其“等、靠、要”的心理比较严重，对政府的依赖心理强烈，而且这一心理成为农民的一种合理化诉求，“不要白不要”成为农民的一种普遍观念。农民认为目前依靠自己的勤奋未必能够致富，而利用国家的政策扶持会更容易走向致富之路。这就与农民传统上勤劳致富的观念相矛盾，这一矛盾引发了笔者的思考。农民的这一心理变化是如何产生的？这一心理的产生又会对农民的行为产生何种影响？为此，笔者通过实地调研和深度访谈，通过与乡村干部、不同村民的访谈和回访，了解农民的所思所想，以期考察农民观念变化背后的影响因素和行为逻辑。

（二）相关研究综述

在问题意识的指引下，笔者试图对扶持政策和农民贫困心理的形成这两者之间的关系进行研究。在研究内容方面，扶持政策作为自变量，农民贫困心理的形成作为因变量，笔者的理论假设是扶持政策的限度导致了农民贫困心理的形成。在这一理论假设的前提下，笔者主要从以下两个方面

---

① ［德］马克斯·韦伯：《儒教与道教》，王容芬译，商务印书馆 1995 年版。

② ［美］阿瑟·史密斯：《中国人的性格》，徐晓敏译，人民日报出版社 2010 年版。

③ 徐勇：《农民理性的扩张：“中国奇迹”的创造主体分析——对既有理论的挑战及新的分析进路的提出》，《中国社会科学》2010 年第 1 期。

对已有的研究进行梳理。

1. 贫困心理与贫困文化的形成因素研究

美国人类学家刘易斯是贫困文化理论的奠基人，他以城市“贫民区”（或下层社会）的实证分析为基础，认为贫困者之所以贫困和其所拥有的贫困文化有关。刘易斯的贫困文化理论主要包含了穷人的社会关系、社会参与、经济生活以及个人心理等方面的描述。① 而关于贫困心理与贫困文化形成因素的研究，刘龙、李丰春从传统和现代两个视角来分析贫困文化的形成因素。② 传统角度而言，人们受土地的束缚和约束，具有封闭性、隔离性和排外性。这为贫困文化的产生创造了土壤，进而促进乡土观念和落后观念的形成。另外，城乡二元体制的发展是贫困文化形成的制度性因素。就现代性而言，主要体现在市场经济对农村经济社会的冲击，在市场经济的浪潮中，部分贫困农民陷入破产境地，由此而依靠贫困文化进行防御。穷人将贫困文化视为一种自我保护机制，从而陷入更为深层的贫困之中。彭振芳、林秀梅从两个方面提出贫困文化的成因，一是贫困生活条件是贫困文化产生的重要原因；二是代际传递是贫困文化延续的重要途径。③ 这些关于贫困文化成因的研究，多是从逻辑推理和宏观研究的角度来进行阐述，而缺乏实证分析和微观研究，这对于理解贫困文化的产生具有一定的局限性，尤其是对于农民贫困心理、心态、观念产生的微观机制缺乏实证性和理论性的阐释。这些研究均无法解释个案村庄农民贫困心理何以形成这一问题。因此，需要以新的视角和方法对这一问题进行研究。

2. 国家制度（政策）与农民行为选择的关系研究

关于国家制度（政策）与农民行为选择的关系研究，目前主要有“理性选择”论、“冲击—回应”论这两种视角。

一是“理性选择”论。该观点主要是以假设农民的自主理性出发，将制度（政策）因素作为外生变量，认为面对制度约束，农民可以根据自身的偏好理性做出选择。从分析内容看，主要是以农民的经济行为为主，忽视外在制度（政策）因素对农民行为的影响。其代表人物主要有

① ［瑞典］冈纳·缪尔达尔：《世界贫困的挑战》，北京经济学院出版社 1991 年版。

② 刘龙、李丰春：《论农村贫困文化的表现、成因及其消解》，《农业现代化研究》2007 年第 5 期。

③ 彭振芳、林秀梅：《论农村贫困文化及其扬弃》，《安徽农业科学》2006 年第 12 期。

舒尔茨、波普金、马诺孟、索尔塔克斯等。

舒尔茨以西方经济学的“经济人”假设为基点，认为小农与市场中的企业家类似，具有理性和追求最大化的特点。[①] 波普金在《理性的小农》一书中指出农民是理性的个体，以追求家庭福利最大化为目标，在面临制度或政策约束时，可以做出符合自身最大化效用的选择。[②] 国内一些学者也以农民理性为假设前提来进行研究。徐勇教授指出，农民也是会算计的。他们遵循损失最小化或收益最大化原则，来满足自身及整个家庭的生存和需求。农民理性是农民在长期的农业生产环境中形成的意识、态度和看法，它们不是来自于经典文献，而是来自于日复一日的日常生产和生活。[③] 郑风田在综合西蒙有限理性假说以及新制度经济学派理论的基础上，提出了制度理性假说，认为“中国农民的经济行为主要受制于制度因素，适宜的制度导致农民的理性供给行为，制度悖论或不适宜制度导致农民的非理性行为发生”[④]。

“理性选择”论主要是从农民的自主理性出发考察农民的选择，它过于强调农民的理性行为而忽视制度（政策）因素的约束和影响，因而具有一定的局限性。从个案村庄的调查来看，农民贫困心理和依赖心理的形成，一方面是出于现实利益的考虑，受理性因素的强烈影响；另一方面，正是由于制度（政策）的异化，农民在利益的驱使下做出行为选择。因此，仅从理性选择出发，无法有效解释农民的这一动机和行为。

二是“冲击—回应”论。该观点主要是以制度（政策）为出发点，将农民作为政策推行的被动接受者，农民在面临制度约束时无法自主做出选择。其代表人物主要有杜赞奇、萧凤霞、戴幕珍等。

杜赞奇主要是从制度（政策）渗透的角度出发，认为20世纪前期的国民党政府在国家建设过程中，国家制度不断下沉，向乡村社会渗透，以此来统治乡村社会。[⑤] 萧凤霞从制度（政策）控制论的角度出发，通过对广东新会的实证研究，阐述了国家制度和政策下沉至乡村社会并逐步建立

---

① 舒尔茨：《改造传统农业》，商务印书馆2006年版。

② 仲亚东：《小农经济问题研究的学术史回顾与反思》，《经济史》2009年第2期。

③ 徐勇：《农民理性的扩张：“中国奇迹”的创造主体分析——对既有理论的挑战及新的分析进路的提出》，《中国社会科学》2010年第1期。

④ 郑风田：《制度变迁与中国农民经济行为》，中国农业科技出版社2000年版。

⑤ 杜赞奇：《文化、权力与国家：1900—1942年的华北农村》，江苏人民出版社2006年版。

控制的过程。[①] 戴幕珍从制度（政策）依附论的角度出发，以粮食征购制度这一关键因素，解释了集体化时期农民对制度的依附关系。[②] 无论是制度渗透论、控制论还是依附论都将国家制度（政策）作为出发点，农民只是作为政策推行的回应者被动地进行行为选择。这种理论亦无法对农民贫困心理的形成进行有效解释。

从以上梳理可以看出，关于农民行为与制度（政策）方面的研究，要么是以农民为中心，侧重对农民的具体行为和选择进行分析，要么是以制度（政策）为中心，重点强调某一制度（政策）对农民心理和行为的影响，但是对制度（政策）推行与农民选择之间微观机制的分析却比较缺乏，本研究试图对这一联接机制进行探讨。

（三）个案村庄简介

本文研究的焉头村隶属于陕西省绥德县，笔者曾于2010年至2012年期间，前后三次进行实地调研和跟踪调查，为期一个多月。该村村庄面积3.75平方公里，耕地面积约1800亩，均属于山地，有荒山拧条地480亩。村庄2011年人口共有145户，578人，其中男性377人，女性201人。村庄为典型的黄土高原地貌，沟壑纵横，植被稀疏，水土流失严重。气候干旱，降水稀少，“十年九旱”给当地的农业生产造成了很大困难。由于植被破坏严重，水土流失现象普遍，村庄所在的区域生态环境很差。以前有些山体之间是相连的，户与户之间是可以相通的，但现在却被巨大的深沟所阻隔。在这一地形限制下，大多数农户与农户之间，农户与耕作地之间只能通过狭长的小道相连。

由于黄土高原独特的地理位置和地质地貌，村庄的交通比较闭塞，直到2008年由县里投资全面硬化了穿山公路，使村庄的交通条件得到了一定改善。村庄的闭塞使农民与外界的交流相对较少，农民普遍比较淳朴，待客热情。在调研的过程中，笔者也深切感受到了该村农民的淳朴和好客，三年的调查，使笔者逐渐由“陌生人”变为“熟人”，因此能很好地融入村民的日常生活中。黄土高原独特的地理位置不仅在生产和生活中影

① 李善峰：《20世纪的中国村落研究—— 一个以著作为线索的讨论》，《民俗研究》2004年第3期。

② 郭正林：《当代中国农村政治研究的理论视界》，《中共福建省委党校学报》2003年第7期。

响这里的农民，也在一定程度上塑造着农民的心理和观念。如果没有外来因素的影响，农民的观念和意识或许会一直维持，很难发生变化。这就为笔者问题意识的发现奠定了一个基础。

二　补贴政策与等待心理的萌发

新时期以来，随着惠农政策和扶贫政策的不断深入，国家和政府对于农业、农村和农民的补贴及补助也不断加大，在一系列补贴政策的作用下，农民的生产和生活条件得到了改善，也对农民的心理和观念产生了影响。

（一）“懒汉”的出现

传统意义上，中国农民是一个非常勤劳的群体，农民“日出而作、日落而息”。但是偶然间与一些村民的谈话，使笔者感到意外，也引发了笔者的思考。2010 年，笔者初次到访焉头村，当第一次和 68 岁的刘建武老人访谈时，他的一句调侃之语引起了笔者的兴趣。“现在村里外出打工的年轻人多，农闲的时候村子差不多就剩下‘三汉’了，以前是‘老三汉’，现在是‘新三汉’了”。所谓“老三汉”是指老汉、愣汉和傻汉，“新三汉”是指老汉、愣汉和懒汉。

从老人的聊天话语中笔者了解到了“三汉”出现的原因。由于村庄交通不便，经济条件落后，许多村民都认为只靠种地务农不能维持家里的开支，因此部分年轻农民常年外出打工，还有许多农民农忙时在家，农闲时出去打工。由于老人年纪大，身体等各方面的条件不允许，所以只能待在村子里；“愣汉”和“傻汉”主要是指在智力等方面不健全的人，因为缺乏劳动能力也只能留在村里。“老三汉”的出现折射出了整个乡村社会的变迁，这一人口现象的产生是农村地区市场化和社会化进程不断加快的必然趋势，是一种可以预测的结果。

而“懒汉”加入“三汉”的行列，成为“新三汉”的重要一员则引起了笔者的疑惑和不解。这里的“懒汉”又分为两种：一种是指那些整天无所事事、游手好闲的人，因为他们即使出去打工，但因为工作散漫懒惰，一般也无法在外面生存，只能留在村里；还有一种“懒汉”是指借助国家的惠农政策而干吃补贴的人，“这年头国家的政策好，种一亩地补贴 35 块钱，退耕还林一亩地给 160 元，有些农民家里有十几亩地，再算上其他的各类补贴，一个月补贴400多块钱，一年下来差不多四五千块钱，光吃国家的补贴就够了，所以就懒了，就不种地了”。

老人的这番话引发了笔者的思考，当前国家和政府通过推行一系列的惠农政策和扶贫政策，加大对农村地区的投入，以期改善农村生产条件，增加农民收入。从农民的视角来看，国家扶持政策的初衷是惠民、利民的，但令笔者感到意外的是，扶持政策在惠农的同时，竟在一定程度和一定范围内起到了“养懒”的作用。“养懒”现象的出现体现了在惠农政策和补贴政策的大背景下，农民心理观念以及行为方式的一种变化。在补贴力度越来越大的情况下，部分农民对国家政策补助产生了等待心理，坐等政策补助来维持生存和生活。

（二）低保户的期待

农村最低生活保障政策是国家为保障贫困农民基本生存和生活所采取的一项“兜底”政策。焉头村2011年享受低保的家庭有40户，人数有58人，低保户占到全村总户数的27.6%，人数占到全村总人口的10%。在笔者调查的15户农户家庭中，有2户为低保户，分别是刘建武老人家和霍俊章老人家。

2010年的时候，刘建武老人和婆姨（陕北方言，某某的妻子被叫作某某的婆姨）郝桂英老人一起居住，是个空巢家庭。在享受低保之前，两位老人的生活非常艰苦，因为孩子不在村里，老人看病花费比较大，所以生活非常艰苦。低保政策的享受给两位老人减轻了一点负担，但也增加了老人对政策的等待和依赖。“现在基本上没有收入，不过国家政策好，吃上了低保，每年都等着发低保金维持家用”。当笔者询问低保金是否能够解决家里的基本生活问题时，老人表示对政策满意，但也产生了更大的期待，“不是看病吃药的话，低保差不多够用了，如果补助提高点那更好”。

对于村里的许多低保户而言，由于自身经济收入很低，劳动能力较为缺乏，低保政策的推行对于解决其基本生存和生活具有很大的帮助，在此情况下，部分村民会对这些补助和其他的政策补贴产生一种等待心理，当习惯了政策补贴的作用后，农民可能会对政策产生更大的期待。

从最低生活保障制度的设计来看，其考虑更多的是如何科学、有效地将贫困人群纳入低保系统。但是从案例中可以看出，低保政策往往容易陷入两难境地，一方面，出于人道主义和互帮互助的社会传统，需要对这部分群体进行救助和扶持，以维持其基本生存。另一方面，随着补助和扶持力度的不断加大，如果救助的期限和金额超过一定的界限，则可能产生相反的结果，使得贫困群体对扶助政策和资金产生等待和依赖心理。

（三）政策补贴下农民等待心理的萌发

“懒汉”现象的出现和低保户的期待反映了农民“等待政策补助”的心理。在以往没有外力扶助的情况下，农民更多的通过自己想办法、想主意来解决所面临的生存和生活难题，因此面对问题，农民往往不会“坐以待毙”，等待状态变得越来越糟，而是会凭借自身和家庭的力量来维持生存。在惠农补贴的大背景下，农民在各个方面获得政府政策和资金的补助，这一方面改善了其生存状况；另一方面也可能对其生存心理和观念产生影响。在政策力度的不断加大下，目前的惠农政策涵盖了粮食补贴、退耕还林补贴、低保补贴、老年人补贴，以及其他补助等各个方面的资金补贴，由于政府政策补助的长期性和持续性，部分农民可能会存在“坐享其成”“坐等补贴”的心理，他们更多地等待这些补贴来维持生存和生活。在这一心理和观念的作用下，贫困农民的劳动的主动性和积极性会有所降低，甚至存在只靠补贴过日子的现象。

三 惠农政策与依赖心理的成长

美国社会学家埃弗里特·罗吉斯等人在其《乡村社会变迁》一书中指出，依赖心理是农民贫困文化的一种表现形式。在他们看来，由于农民认识到自身的自助能力较低，因而对政府的依赖增强。[①] 农民的依赖心理主要是指农民缺乏改变自身生存及发展状态的信心、积极性和主动性，而更多地将生存与发展的希望寄托于外在力量的援助和帮扶，从而产生一种惰性心理现象。

（一）从“受苦人”到“受益人”

1. 自然条件约束下的“受苦人”心态

整个调研过程中，“农民就是受苦人”成为笔者听到次数最多的话语。由于独特的地理位置和自然条件，长期以来，焉头村农民的生产和生

① ［美］埃弗里特·罗吉斯、拉伯尔·伯德格：《乡村社会变迁》，王晓毅、王地宁译，浙江人民出版社1988年版。

活条件都很差，“靠天吃饭”成为农民的唯一选择，如何解决温饱问题成为这里农民的最大问题。由于长期的经济贫困，这里的农民都有一种深深的“受苦人”心态。无论走访到哪一户，“受苦人”或“苦命人”都会出现在农民的话语中。“农民的代号就是受苦人，天好了就收入点，天不好了就没有收入”，“农民嘛，就是受苦人，活事多，常熬着呢”。

这些话语从字里行间都体现了农民的“受苦人”心态，农民把种地称为受苦，把种田者叫作受苦人，这种心态一直根植在农民内心。而为了摆脱“受苦”的状态，村里的农民一直以来都勤劳耕作，在农民眼中只有靠勤劳才能养家糊口，只有勤劳才能发家致富。而从农民一个个鲜活的案例中更能反映出在农民在“受苦”状态下勤奋劳动的经历。

由于黄土高原独特的地理位置和气候条件，农民的“受苦人”心态更加明显，而这种自然条件约束下的“受苦人”心态也进一步催生了农民的勤劳品质。长期以来，村里农民所受的约束很多，因此选择空间非常狭小。就土地约束而言，农民只能在小片土地上进行一家一户的小农生产，人地关系紧张；在资本约束方面，农民大多比较贫穷，缺乏可支配的收入；对于技术而言，农民的知识和素质都有限，技术水平较低。在这些约束条件的限制下，农民可配置的资源唯有劳动力。在外部依靠因素缺乏的状态下，农民只有依靠勤奋劳作来维持生存，维持“活路”，所以，农民起早贪黑地从事农业劳动，这也造就了其勤劳的品质。

2. 惠农政策下的“受益人”心态

一方面，村里的农民有一种深深的“受苦人”心态；另一方面，在国家惠农政策不断普及和推行的背景下，农民的“受益人”心态也非常明显。在问及农民对惠农政策的整体评价时，农民均对此持肯定态度。“如今国家政策好啊，种地有补贴，病了有保险，老了还发养老金，以前什么都没有，现在受益多啊”；“给老年人的待遇好啊，岁数大的给养老保险，去年领了1200块钱，国家好着呢，给零零碎碎的补助，以前什么都没有”；“国家政策像太阳，照到哪里哪里亮”。从这些朴素的话语中，笔者深切感受到农民的知足和感恩心理，有一种明显的“受益人”心态。由于生活的长期贫困和对外界自然条件的无助，因此这里的农民对国家惠农政策下乡的感受也更加强烈。在农民眼中，惠农政策和扶持政策是国家的一种恩惠，农民因此而受益。

从受益的具体内容来看，在村庄层面上，无论是出行的道路，日常的饮水、还是土地的整理、电网的改造，或是村庄学校的建设和发展，这些都靠政府的主导作用来不断改善。在农户层面上，种粮补贴、退耕还林还草的补贴、家用沼气和太阳灶的安装以及看病医疗的补助、贫困户、五保户的补助，这些都是村民受益的内容。从受益的方式来看，有资金补贴、有实物补助还有政策优惠。由于惠农政策的覆盖范围广、优惠领域多，这一方面改善了村民的生产和生活条件，也在一定程度上减轻了村民负担，但是村民在不断的享受政策优惠的同时，也在不知不觉间加大了村民对于政府政策的依赖。

（二）"靠政府才有出路"

20 世纪 80 年代之前，焉头村是一个无路、无水、无电，信息闭塞，种地完全靠天吃饭的贫困村庄。自然条件差，农民祖祖辈辈一直"种地上山头，吃水下深沟"，"担一回水少说也得四五十分钟，如果再遇到下雨天，道路泥泞，路更是难走"。焉头村地处山区，70 年代虽然通了一条路，但是只能走驴拉车。外面的物资进不来，村民的农副产品出不去，村民是"歉收了急，丰收了更急"。无论是出行、吃水，还是用电、耕种，对村里农民而言都比较困难。而政府对村里各个方面的投资建设，一方面改善了村庄和村民的生活条件，也逐渐使村民对政府政策产生依赖。农民依赖心理的成长伴随着政府对村庄一项项扶持政策的开展。

政府在对村庄各个层面的投资建设，一方面改善了农业生产条件，方便了农民的生活，农民逐渐改变"靠天吃饭"的状态，在更好的条件下从事农业生产和销售，一定程度上增加了农民的收入。另一方面，在这一次次的投资建设过程中，农民不断感受到政府对村庄条件和农民生活的影响，在此基础上，农民的心理也一步步发生变化。农民发现不仅仅"只有靠天才能吃饭"，在农民心里逐渐增加了一个依靠的力量，也就是政府的力量，政府的政策和资金投入，而且在政策的不断影响下，村民认为只有靠政府才有出路。"现在村里的农民没技术、没文化、年龄又老化，靠自己根本发展不起来，只有靠国家扶持才行"。

（三）惠农政策下农民依赖心理的成长

在工业反哺农业，城市支持农村发展战略的指导下，国家先后出台了一系列惠农政策。惠农政策作为政府提供给农村社会的一项重要公共产品，其本质属性是为了增进农民利益，增加农民福利。惠农政策制定的出发点和最终目的是维护农民利益。但是通过文章的分析可以看到，惠农政策也在一定程度上促使农民依赖心理的成长，使农民对政府政策的依赖有所加强。

在村民从“受苦人”心态逐渐变为“受益人”心态，而且“受益人”心态愈发加深的过程中，农民对政府的依赖心理也逐渐成长。从心理层面来看，农民更多的是想“靠政策”。在农民“等、靠、要”的心理上，更多体现着农民“靠”的心理，即对政府政策的依赖心理。由于惠农政策的面广而且力度大，可能使部分农民对政策的依赖心理不断加深。在这一心态的作用下，农民在遇到困难时可能更多地转向依靠政府，而降低了自身的自主性。同时，由于依赖心理的影响，农民可能会对新事物和新技术缺乏兴趣和积极性，不愿意采用新技术来提高生产和生活能力，这会在一定程度上限制农村地区新技术的推广和应用。

四　扶持政策与贫困心理的形成

前面笔者通过对农民从“受苦人”到“受益人”心态的变化以及“靠政府才有出路”观念的不断加深阐述了农民依赖心理的成长。在扶持政策一步步深入村庄的过程中，农民心理、心态和观念也逐渐发生着变化。接下来笔者将重点阐释扶持政策与农民“要政策”心理的形成。

（一）“贫困村”的诱惑

为了缩小城乡差距，促进贫困地区农村的发展和农民生活条件的改善，国家通过扶贫政策，不断加大对贫困农村和农民的扶持和补贴力度。让贫困地区“脱贫致富奔小康”成为国家和政府政策层面上的一大目标，国家也通过设立“贫困县”“贫困村”等，加大扶贫政策，实行重点扶持。而由于政策制定与执行上的一些漏洞和问题，目前争做“贫困县”、“贫困村”，争戴“贫困帽”的现象时有发生，这些现象不仅有违国家政策的初衷，也从侧面反映了国家政策在基层的“异化”。

1．“小康帽”的产生

在进入村庄调研之前，笔者对“贫困村”“贫困县”这些说法有所了解，对“小康”亦比较清楚，但对“小康县”和“小康村”这些说法并不清楚。在第一次与村支书的深度访谈中，笔者听到了“小康村”“小康县”这些说法。据书记介绍，从20世纪90年代后期开始，焉头村就被评为“小康村”，直到2009年，持续了十年有余的时间。这引起了笔者的极大疑问，在刚开始的几天调研过程中，笔者虽未走访完每家每户，但对村庄的整体情况以及村民的情况有了大致的了解。在笔者的印象中，该村与附近村相比虽然整体条件好一些，但无论是从村庄的角度还是村民的角度看，焉头村都未达到小康水平。那为何在十多年之前村庄就被评为“小康村”呢？

通过书记的介绍，笔者对村庄如何被评为“小康村”有了清楚的认识。“那时我们绥德县要评‘小康县’，就要求找一些村子当‘小康村’，焉头村就被选中了，成了‘小康村’”，这就是村庄“小康村”的由来。书记表示“当时上面吹，下面也要跟着吹，没办法”。至于评价的方法，当时只发给村里一个表格，按照县里说的标准，填上村里的收入和村民的人均收入，就这样焉头成了“小康村”。从书记的介绍中可以看出，村庄成为“小康村”并不是自主的选择，而是一种处于无奈地“被小康”。

2. “小康村”和“贫困村”的政策对比

在与村干部和村民的谈话中，笔者发现“小康村”的产生，不仅未给村庄和村民带来扶持政策和资金，与此相反，村庄和村民还因此减少了补贴，加重了负担，这由此对农民的心理和观念产生了一定冲击。通过对农民关于“小康村”和“贫困村”的政策介绍，笔者将从沼气建设、土地整理和太阳灶安装这三个方面对两者之间的差别进行论述。

第一，沼气建设方面。从农民资金承担来看，作为“小康村”，焉头村的村民建造一个沼气池及其配套设施需要向县里缴纳720元的安装费，而对于附近的“贫困村”，每个农民只需缴纳320元就可以实现全套安装，就安装费一个方面，两者之间就相差400元钱。

第二，土地整理方面。由于高山深沟的阻隔限制了村民的农业生产和日常生活，为了改变生产条件，需要对土地进行改造，将土地推平。2003年的时候，焉头村开始进行土地整理，当时推平一亩山地需要花费近千元，作为“小康村”，政府对焉头村一亩补助200元，剩下的由村民负责，政府负责的部分不足30%，七成多的费用需要村民集资。对于附近的“贫困村”来说，当时政府一次性提供25万元的无偿补助供村庄推平土地，建设水平梯田。而且由县里提供推土机供贫困村使用，村庄不但不用掏一分钱，而且无须负责推土人员的伙食，基本上是完全由政府负责。

第三，太阳灶安装方面。在焉头村，基本上每户农民家里都安装有一个简易的太阳灶，在夏季气温高的时候，村民用来烧开水或是做稀饭，用起来方便而且环保。当第一次见到的时候，笔者从太阳灶上面看到一张标识“榆林市扶贫开发支持项目”，由于是扶贫项目，因此笔者了解到在2008年之前焉头村民并不能安装，而附近的“贫困村”村民均可以安装。安装一个太阳灶的成本很低，村民只需要缴纳40块钱，县里就会派人到村里安装。

3. 农民眼中的“小康村”和“贫困村”

从上述三个方面可以看出，与“小康村”相比，“贫困村”的农民享受到了更优惠的政策待遇，无论是从资金补助还是实物补贴方面，“贫困村”的农民都享受到了更多，相对而言作为“小康村”的村民，不仅获得补助较少，而且承载的负担更重，而这两者之间的差距也造成了村民极大的心理落差。“小康都是上面吹的，越吹越大，现在吹爆了，都变贫困了”。从“小康村”与“贫困村”的政策对比中，村民从现实利益的角度来考虑，由于在不同条件下，农民获得的政策扶持有较大的差别，因此在农民眼中，“小康”和“贫困”只是一个代号，一种“虚名”，村民追求的更多是这些“符号”背后的现实利益和眼前利益。对于村民而言，由于“贫困村”可以得到更多，而“小康村”却得到很少或者付出更多，因此村民更愿选择“贫困村”的好处，而不愿选择“小康村”的虚名。在这一情况下，未享受到政策优惠和补助的村民希望可以享受到扶贫政策的待遇，从而导致“要政策”心理的产生。

（二）扶持政策下农民贫困心理的形成

从上述案例分析中可以看出，政府政策作为一种外部因素和力量，其作用的发挥不仅从物质层面改变了村民的生活，而且对村民的心理、观念和意识也产生了影响。在扶持政策的影响下，村民更多地从现实利益和现实逻辑出发来考虑问题，对于村民来说，政府的政策对于自身而言都是需要的，既然其他农民个体或者群体获得了政策实惠，那么自己也需要加入扶持和受惠的行列中。在政策不断推进的过程中，农民对政府的依赖心理渐渐加深，而且逐步合理化，同样是作为政府服务的对象，政府的政策也需要惠及自身。从心理层面来看，这主要体现了农民“等、靠、要”心理中的“要”，即在没有获得某项政策优惠或是补贴时农民要求获得政府的政策扶持和支持。在看到其他农民或是群体享受到某种优惠政策或是补助而自己却没能享受时，部分农民会产生要求政府给予同样政策或补贴的心理。这种“要”的心理在一定程度上加深了农民对政府的依赖，是一种更深层次的依赖。

通过以上的论述，笔者分别从政策“养懒”中农民所表现的“等”政策，“受益人”心态中的“靠”政策，以及本部分中的“要”政策这三个层面论述了扶持政策对农民心理的影响，在政府扶持政策不断加深的过程中，农民“等、靠、要”的心理不断加深，从而促使了农民贫困心理的形成。

五　结论与思考

21 世纪以来，国家通过惠农政策、扶贫政策等多种渠道和方式对农村地区尤其是贫困农村地区进行政府扶持和保障。随着政策的全面展开，其力度和广度也越来越大。这在一定程度上改善了农民的生产、生活条件，但同时也可能使贫困农民产生了一定的依赖心理，激发其“等、靠、要”的贫困心理。

从历史角度，国家与农民之间的资源配置关系可以分为三个阶段：一是自给自足阶段；二是资源汲取阶段；三是资源反哺阶段。在第一个阶段，国家与农民之间的资源联系弱化，农民以自给自足的方式来进行生产和生活，其既不需要国家或政府的资源依靠，也很少对国家进行资源付出，农民主要依靠自身的力量维持家庭的生存。第二个阶段是农村社会纳入国家政权体系之后的一段时期，这个阶段，国家依靠政权力量向乡村社会索取资源，农民需要向国家缴纳税费或者提供其他资源，随着国家汲取力量越来越大，农民所承担的资源压力也越来越大，对国家和政府的付出也越来越大。第三个阶段是取消农业税以及各项惠农政策和扶持政策不断普及和推广的阶段，这个阶段，农民不仅不需要承载资源付出者的角色，而且成为政策资源不断反哺的受益者。基于历史发展的轨迹可以看出，从第二阶段到第三阶段，国家与农民之间的资源配置关系从“大取”一下子进入到“大予”，国家从“汲取者”变成了“反哺者”，农民则从“付出者”变成了“受惠者”。

可以看出，从“大取”到“大予”之间，国家和农民之间的资源配置关系缺乏一个过渡和缓冲阶段，政府的政策也缺少一个衔接阶段，这就可能使政策陷入了两个极端，农民在这两个极端之中生存，势必会对其心理产生冲击，促使其观念发生变化。农民在经过高强度的“汲取”之后，又突然面临大范围的“反哺”，在这一过程中，可能造成农民对政府政策的极大依赖。

（一）农民贫困心理的产生机理

本文从公共政策的角度来探讨扶持政策与农民贫困心理产生之间的逻辑关系。从政治学角度看，扶持政策属于公共政策的范畴，它是国家和政府所制定和实施的一种公共政策。美国学者戴维·伊斯顿认为公共政策就是对社会利益的权威性分配。① 从公共政策的逻辑起点来看，它是市场失灵之后的一种选择。扶持政策作为公共政策的一种表现形式，其主要功能是为了解决市场失灵所带来的收入差距扩大和公共产品供给问题。这也是扶持政策的效度，即有效性的表现。从政策效度角度看，农村地区所推行的扶持政策在促进农村和农民发展的过程中无疑发挥了重要作用。从笔者调研中的焉头村也可以看出政策扶持对整个村庄和村民的积极影响。

另一方面，公共政策也有一定的局限性，即具有一定的限度。公共政策限度的逻辑起点是政府失灵，它在一定程度上会带来负的外部性，存在政策失效的问题。在农村地区所推行的惠农政策和扶持政策，也在一定程度上存在着限度或是政策失效问题。从文章的案例中可以看到政策失效的表现形式以及由此所引发的结果。无论是“养懒”现象的发生，还是合作社的“异化”，都体现了政策的限度和失效问题。

而通过文章的论述可以发现，农民贫困心理的产生主要源于扶持政策的限度。由于扶持政策在目标的设定、实施的力度、执行的环节等方面的局限性，在政策推进的过程中，一步步促进了农民“等、靠、要”这一贫困心理的产生。

从理论分析的角度看，农民目前对国家的惠农政策和扶持政策存在着以下三种心态：第一种是信任逻辑，代表性的心理是“只要是国家的政策就是好政策”，它体现出农民对于政府政策的积极态度和信任态度；第二种是现实逻辑，代表性的心理是“只要是对我有好处，就是好政策”，这体现出农民从现实利益和眼前利益出发来看待和评价政策，体现出农民的现实逻辑；第三种是失望逻辑，代表性心理是“政府的政策都不好，都没什么用”，这体现出农民的极度消极心态和失望逻辑。

而通过本文的分析可以看出，农民对政策更多的是采取一种现实逻

① ［美］戴维·伊斯顿：《政治生活的系统分析》，华夏出版社1999年版。

辑，大多是从现实利益和眼前利益出发来进行考量和选择。村民不仅把扶持政策作为一种工具和手段，而且把这一工具的利用加以合理化。在此基础上，农民逐渐形成了一种贫困心理。这种心理主要表现“等政策”、“靠政策”、“要政策”这三个方面，即等待国家补助资金，依赖政策补助，要政策补贴和优惠这些心理。

一是“等政策”。这主要体现在第一部分中所论述的“懒汉”现象的出现。在这个层面上，反映的是农民“等待政策补助”的心理，由于惠农政策涉及粮食补贴、退耕还林、低保金，以及其他补助等各个方面的资金补贴，而且这些政策补助具有长期性和持续性，部分农民存在“坐享其成”的心理，依靠这些补贴来维持生活。在这一心理影响下，贫困农民的劳动的主动性和积极性会有所降低，甚至存在只靠补贴过日子的现象。

二是“靠政策”。这主要体现在农民对政府和政策的依赖心理上。由于扶持政策的面广而且力度大，可能使部分农民对政策的依赖心理不断加深。在这一心态的作用下，农民在遇到困难时可能更多地投向依靠政府，而降低了自身的自主性。同时，由于依赖心理的一步步加深，农民可能会对新事物和新技术缺乏兴趣和积极性，不愿意采用新技术来提高生产和生活能力。

三是“要政策”。在看到其他农民或是群体享受到某种优惠政策或是补助而自己却没能享受时，部分农民会产生要求政府给予同样政策或补贴的心理。目前在社会上所出现的“争当贫困县”、“争戴贫困帽”的现象是这一心理的典型反映。由于扶持力度很大，“贫困村”、“贫困户”受到的补贴和优惠更多，因此对于那些处于贫困状态但没享受到政策的农民来说，政府也应该给予自己同样的补助，这种“要”的心理在一定程度上加深了农民对政府的依赖，是一种更深层次的依赖。

（二）贫困心理下的农民行为逻辑

政府不断实施的惠农政策和扶持政策，改善了农民的生产和生活条件，也在一定程度上形塑了农民“等、靠、要”的贫困心理，在这一心理的影响下，农民从现实利益和现实逻辑出发，通过利用扶持政策来实现自身的眼前利益。由于贫困心理的影响，部分农民利用政府的扶持政策，但却违背政策设计和执行的初衷，在行为上产生“逆向选择”和“败德行为”。这种“逆向选择”和“败德行为”主要反映在政策制定和实施过程中，由于政府和农民之间信息的不对称，农民可能从自身利益出发做出违背政策意图的行为。农民这些行为的选择和发生从根本上说受贫困心理的影响，在把政策作为工具的心理作用下，农民从现实逻辑出发做出自己的行为选择。

另外，在“等、靠、要”这一贫困心理的影响下，农民将自身的生存和发展更多地寄托于外在的力量和帮助，而对于自身的状态缺乏信心和积极性、主动性。对于政府的扶持政策而言，其扶持对象贫困心理的产生违背了政策的目标和初衷，与扶持政策之间会形成强大的“二律背反”效应。一方面，政府希望通过扶持政策来提高扶持对象的生存条件和劳动积极性，从而提升其发展能力；另一方面，扶持政策的不断推广造成扶贫对象“等、靠、要”心理的加深。由于贫困心理的存在，扶持对象会产生一种惰性，这样扶持工作就单单变成了政府的职责，而与扶持对象自身无关。在扶持外力的作用下，农民的贫困心理可能不断加深，一旦这种外部支持消失，农民可能陷入更加艰难的境地。

（三）贫困心理下扶持政策的再思考

由于扶持政策的限度导致了农民贫困心理的形成，而在这种贫困心理的作用下，农民可能会利用政策实施和执行过程中的漏洞追求自身的眼前利益，从而违背政策的目标和初衷。因此，就需要对扶持政策进行进一步的反思，确保政策的实施既能符合农民的意愿和利益，又能达到政策的预期目标。

笔者认为在政策制定和推行过程中，一方面要充分保障农民合法权益；另一方面要保障政策的高制度化水平，防止“逆向选择”和“道德风险”行为的产生。在此，笔者拟采用两个指标作为衡量政策有效实行的标准，一是“合益化”程度，即满足农民利益的程度；二是“合制化”程度，即满足制度化水平的程度。不同的组合方式会产生不同的效应（见下页图）。

（1）“双高”状态，这是一种最优状态，此时在符合农民意愿的前提下，政策既能很好满足农民利益，又有高水平的制度化预防政策的异化，从而可以使其按照目标顺利实施。（2）“双低”状态，此时政策将无法实施，使其推行伊始就受到阻滞。（3）“合益化”程度低、“合制化”程度高，此时虽有一系列配套的机制和措施来推行政策，但由于无法满足农民利益，可能引发农民冷漠和不配合，使政策依然难以推行。（4）“合益化”程度高、“合制化”程度低，此时由于利益诱导，农民的积极性会较高，但由于制度化程度低，可能引发政策执行的异化和扭曲，从而引发农民的“逆向选择”和“败德行为”。

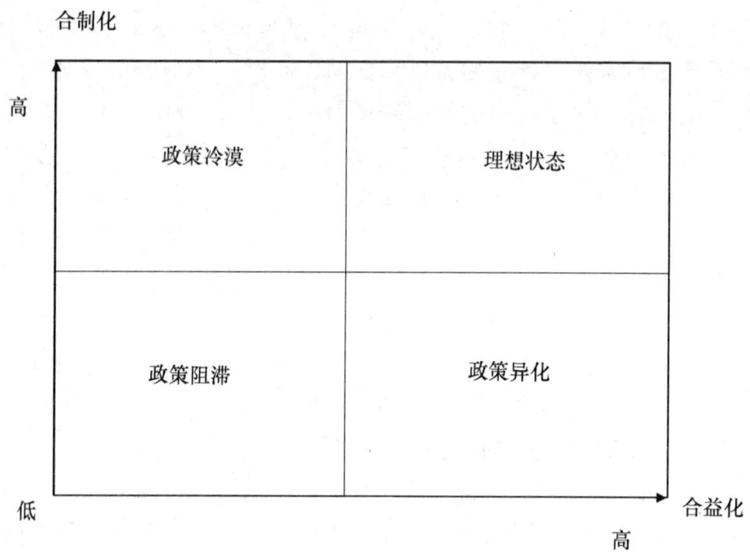

基于以上分析可以看出，在国家惠农政策和扶持政策实施的过程中，需要站在科学的角度对扶持政策进行反思和认识。一方面，需考虑政府政策应在多大程度和多大范围内进行配置；另一方面，需要从农民的视角出发，反思如何发挥农民的内在动力和自主性。同时，对于政策的实施过程和方式也需要进一步的思考，不仅要符合农民的利益，也需要高制度化的执行机制。

在现代化的大背景下，国家实施的惠农政策和扶持政策的一个重要目的就在于促进农村、农业和农民的现代化。但是目前的政策更倾向于促进农民物质和技术层面上的现代化，而忽视农民心理层面的现代化。在政策推行过程中所形成的“等、靠、要”的贫困心理是与现代化目标相悖的。诚如英国学者英格尔斯在《人的现代化》一书中所言，“那些先进的现代制度要获得成功，取得预期效果，必须依赖运用它们的人的现代人格、现代品质。无论哪个国家，只有它的人民从心理、态度和行为等都能与各种现代形式的经济发展同步前进，相互配合，这个国家的现代化才能真正得以实现。”① 因此，在解决农村问题，促进农村发展的道路上，一方面需要通过科学、合理扶持来促进物质和技术层面的现代化；另一方面也需要注意对农民贫困心理的改造，消减农民“等、靠、要”心理的不良影响，从而为实现现代化奠定社会和心理基础。

参考文献：

著作类：

［1］马克斯·韦伯．新教伦理与资本主义精神［M］．上海：上海人民出版社，2010.

［2］马克斯·韦伯．儒教与道教［M］．北京：商务印书馆，1995.

［3］萨缪尔·亨廷顿．变化社会中的政治秩序［M］．上海：上海人民出版社，2008.

［4］冈纳·缪尔达尔．世界贫困的挑战［M］．北京：北京经济学院出版社，1991.

［5］阿玛蒂亚·森．贫困与饥荒［M］．北京：商务印书馆，2001.

［6］速水佑次郎．发展经济学：从贫困到富裕［M］．北京：社会科学文献出版社，2003.

［7］埃弗里特·罗吉斯，拉伯尔·伯德格．乡村社会变迁［M］．杭州：浙江人民出版社，1988.

［8］叶普万．贫困经济学研究［M］．北京：中国社会科学出版社，2004.

［9］英格尔斯．人的现代化［M］．成都：四川人民出版社，1985.

［10］阿瑟·史密斯．中国人的性格［M］．北京：人民日报出版社，2010.

［11］马若孟．中国农民经济：1890—1949年河北和山东的农业发展［M］．南京：江苏人民出版社，1999年。

［12］詹姆斯·斯科特．农民的道义经济学［M］．南京：译林出版社，2001.

［13］舒尔茨．改造传统农业［M］．北京：商务印书馆，2006.

［14］李丹．理解农民中国［M］．南京：江苏人民出版社，2009.

［15］杜赞奇．文化、权力与国家：1900—1942年的华北农村［M］．南京：江苏人民出版社，2006.

［16］杨念群．中层理论：东西方思想会通下的中国史研究［M］．南昌：江西教育出版社，2001.

① 英格尔斯：《人的现代化》，殷陆君编译，四川人民出版社1985年版。

[17] 徐勇．现代国家乡土社会与制度建构［M］．北京：中国物资出版社，2009.

[18] 徐勇．乡村治理与中国政治［M］．北京：中国社会科学出版社，2003.

[19] 郑风田．制度变迁与中国农民经济行为［M］．北京：中国农业科技出版社，2000.

[20] 谢立中．结构—制度分析，还是过程—事件分析［M］．北京：社会科学文献出版社，2010.

[21] 翟学伟．中国人行动的逻辑［M］．北京：社会科学文献出版社，2001.

[22] 戴维·伊斯顿．政治生活的系统分析［M］．北京：华夏出版社，1999.

[23] 托马斯·戴伊．公共政策分析［M］．北京：中国人民大学出版社，2011.

[24] 弗里德曼．自由选择［M］．北京：商务印书馆，1982 年．

[25] 迈克尔·卡特．理性预期：80 年代宏观经济学［M］．上海：上海译文出版社，1988.

[26] 布坎南．自由、市场与国家［M］．上海：上海三联书店，1989.

期刊类：

[1] 徐勇，邓大才．社会化小农：解释当今农户的一种解释［J］．学术月刊，2006（7）．

[2] 徐勇．农民理性的扩张："中国奇迹"的创造主体分析——对既有理论的挑战及新的分析进路的提出［J］．中国社会科学，2010（1）．

[3] 翁贞林．农户理论与应用研究进展与述评［J］．农业经济问题（月刊），2008（8）．

[4] 郭正林．当代中国农村政治研究的理论视界［J］．中共福建省委党校学报，2003（7）．

[5] 宋圭武．农户行为研究若干问题述评［J］．农业技术经济，2002（4）．

[6] 吴理财．论贫困文化（上）［J］．社会，2001（8）．

[7] 吴理财．论贫困文化（下）［J］．社会，2001（9）．

[8] 李丰春．当前农村贫困文化的成因及其消解［J］．现代农业，2007（11）．

[9] 王兆萍．贫困文化的性质和功能［J］．理论研究，2004（12）．

[10] 王培暄．来自传统观念的阻力：论欠发达地区农村商品经济发展中的几种思想障碍［J］．南京大学学报（哲学社会科学版），1994（1）．

[11] 赵秋成．对贫困地区人口文化贫困的研究［J］．西北人口，1997（3）．

[12] 倪虹．中国贫困文化初探［J］．社会，1995（5）．

[13] 付少平．贫困文化与文化扶贫的战略选择［J］．西北农林科技大学学报（社会科学版），2001（1）．

[14] 刘龙，李丰春．论农村贫困文化的表现、成因及其消解［J］．农业现代化研究，2007（5）．

[15] 彭振芳，林秀梅．论农村贫困文化及其扬弃 [J]．安徽农业科学，2006 (12).

[16] 林松龄．贫穷问题 [J]．唯实，1998 (4).

[17] 章国卿．贫困、贫困文化与价值观念的转型 [J]．唯实，1998 (4).

[18] 穆光宗．论人口素质和脱贫致富的关系 [J]．社会科学战线，1995 (5).

[19] 李善峰．20 世纪的中国村落研究—— 一个以著作为线索的讨论 [J]．民俗研究，2004 (3).

[20] 仲亚东．小农经济问题研究的学术史回顾与反思 [J]．经济史，2009 (2).

[21] 宋圭武．农户行为研究若干问题述评 [J]．农业技术经济，2002 (4).

[22] 傅晨，狄瑞珍．贫困农户行为研究 [J]．中国农村观察，2000 (2).

[23] 冯久先，晏萍．惠农政策使农民的心态及行为发生了积极变化 [J]．调研世界，2005 (7).

农村教育贫困的产生机理与政策思考*

——基于冀南孔家寨村的调查与研究

陈爱青

（武汉市蔡甸区蔡甸街道办、华中师范大学中部地区减贫与发展研究院　湖北武汉 430100）

内容提要：教育在当代农村的现代化过程中扮演着十分重要的角色，然而当前农村却普遍出现了教育贫困的状况，主要表现为教育资源分配不均衡、教育条件设施落后、低入学率、高辍学率等现象。本文以冀南村庄为个案，针对孔家寨村教育贫困的现状来探讨影响村庄教育贫困的因素。孔家寨村教育贫困不仅仅是孔家寨村农民基于自身文化水平较低、见识短浅、经济条件限制而做出选择的结果，而是在综合了社会的宏观环境、村庄的中观环境以及家庭的微观环境三个约束环境下产生的。在此基础上得出结论，孔家寨村的教育贫困并非农民“非理性”的抉择，而是农民在各种约束条件下基于综合考量的“理性”选择。在分析教育贫困的产生机理的同时，笔者从一般意义上给出了相关的政策启示，如改革教育体制，教育资源分配要更倾向于农村；培养良好的农村教育环境，形成重学爱学的教育氛围等政策。通过实施具体的措施，期望能够对冀南区域、对全国范围内教育状况类似于冀南区域的一些地方政府提供些许的改善农村教育贫困的政策导向。

关键词：教育贫困　教育逻辑　产生机理

---

* 基金项目：国家社会科学基金项目“公共治理视角下的扶贫资源配置与优化研究”（项目编号：16BZZ069）。

一 导论

“百年大计，教育为本”，教育是为培养新生一代从事社会生活的过程，同时也是继承发扬人类社会生产经验的重要环节。我国自古以来就有重视教育的传统。新中国成立以来，也将教育放到很重要的位置，九年义务教育政策在全国的实施、对教育投入比重的提高等都显示了我国政府对教育的重视。改革开放以来，随着经济发展和教育投入的增加，我国居民的受教育水平逐年提高，文盲半文盲人口也大幅度减少，2006 年 3 月 14 日第十届全国人民代表大会第四次会议批准的《中华人民共和国国民经济和社会发展第十一个五年计划纲要》更是规定：“保证财政性教育经费的增长幅度明显高于财政经常性收入的增长幅度，逐步使财政性教育经费占国内生产总值的比例达到 4%。”①[1] 教育是人们在知识社会获得财富的必要手段，平等地接受教育是法律赋予公民的基本权利。国家和社会对教育的关注程度以及对教育所寄予的厚望充分反映了教育正在成为个人改变自身命运的重要方式和途径。

（一）田野调查与研究缘起

选择“教育贫困”作为本文的选题除了教育对农村所起的重要作用之外，与笔者两次参加华中师范大学中国农村研究院的“百村十年观察”项目②组织的暑假调研更是密切相关。笔者调研的孔家寨村位于河北省南部的巨鹿县，距离县城约 7.5 公里，属于典型的农业经济村，该村经济形式单一，以种植金银花、玉米等作物为主。种植金银花的收入基本为家庭务农的全部收入，而金银花价格受市场影响较大，导致农户收入并不稳定。2011 年该村的农民人均纯收入 3100 元，其整体经济状况在 2011 年全国农民人均纯收入 6977③ 元的水平上来说算是中下水平。就调研孔家寨村的村庄状况来讲，孔家寨村与其他类似农业村庄没有太大差异，然而

---

① 《中华人民共和国国民经济和社会发展第十一个五年计划纲要》第七篇第八章第四节（http：//news. xinhuanet. com/misc/2006 -03/16/content_ 4309517_ 1. htm）。

② “百村十年观察”项目系华中师范大学中国农村研究院科研项目，该项目在全国 31 个省市近 300 个村庄进行长时期的跟踪调查，主要是为了反映农村现实、发现农村问题进而推动农村发展。

③ 中华人民共和国国家统计局：《中国统计年鉴 2012》，第 1—2 页。

唯独在教育方面，孔家寨村的初中辍学率接近50%，高中的毛入学率只有31.6%①，较国家2011年84%②的毛入学率低很多。孔家寨村作为当地的一个普通村庄，经济社会等因素与其他村庄并无太大差距，然而其教育的现状却与其周围村庄的差距较大，这也成为启发笔者探讨其背后教育落后原因的起点。

笔者认为，教育贫困的含义不仅仅包括低入学率、高辍学率的现象，其内涵较为复杂，但是孔家寨村低入学率、高辍学率是教育贫困的一个重要的指标，因而在本文的研究中，更多的是将孔家寨村教育贫困的研究限于对孔家寨村低入学率、高辍学率教育落后状况的研究。就目前的教育现状来看，九年义务教育在当前出现了地区性严重失衡的状况。根据21世纪教育研究院院长杨东平发布的《农村教育布局调整十年评价报告》显示"2000—2010年十年期间农村小学减少22.94万所，减少了52.1%。教学点减少11.1万个，减少了6成。农村初中减少1.06万所，减幅超过1/4……农村小学生减少了3153.49万人，减少了37.8%，农村初中生减少了1644万人，减少了26.97%。农村初中就读的学生减少了约22%，农村小学就读的学生减少了11.5%"③[2]。有些地区甚至出现了极端的不合比例的教育落后状况，农村劳动力中未完整接受基础教育的比例仍然较高，低入学率、高辍学率等现象并存，该报告还显示了贵州晴隆县江心布依族村的168名适龄儿童中，116名（70%）失学辍学的状况。

这种现象将会使由经济带来的贫富分化状况进一步加剧，一些人被剥夺了平等受教育权，实质上也等同于被剥夺了其发展权。再次审视农村的教育，农民是处于社会底层的弱势群体，更是急切想通过教育实现向上层流动的人群，但是现实的经济差距、教育的不平等状况严重影响了农民对教育的信任和信心，影响了农村的现代化，乃至整个社会和国家的稳定及

① 根据辍学率和入学率的相关定义，我们定义一个村庄的辍学率为一个村庄在小学或者中学的辍学人数占该阶段学生数量的比例，孔家寨村2011年中学在读人数为33人，辍学16人，辍学率约为48.5%。在计算毛入学率时，我们定义村庄的高中毛入学率为考入高中在读学生当年人数占该村高一适龄人数，2011年，孔家寨村在读高一人数为4人，适龄人数为19人，如果排除2人进入技校学习，孔家寨村普通高中毛入学率约为23.5%，高职之类的计算在内毛入学率为31.6%。

② 教育部：《2011年全国教育事业发展统计公报》，第3—4页。

③ 21世纪教育研究院：《农村教育布局调整十年评价报告》2012年。

发展也会受到很大挑战。另外，教育的均衡协调发展、教育资源的合理分布，通过对人力资本的有效配置，能够对经济增长、收入分配、社会福利产生深远的影响，进而影响一个国家或地区的长期发展和繁荣。因而，对一个地区教育落后的研究也就有了很现实的意义。

（二）研究思路

1. 研究相关假设和界定

孔家寨村产生教育贫困的现象与笔者在调研中所发现的农民选择让子女辍学的决策是直接的因果关系。农民作为主体的“人”做出这种决策又受到各种因素的影响，我们将孔家寨村做出这些决定的主体定义为在教育观念上的“穷人”。何谓“穷人”，一般而言，穷人指“贫穷”的人。所谓“贫穷”，从发展经济学角度讲，贫穷是缺乏生活机会，有以下5个维度：经济的、人类学的、政治的、安全相关的、社会文化的，从这5个维度出发的贫穷，是以是否“足够”为标准，然而单纯的“足够”不能进行量化，各个人的理解就不能得到统一的标准[3]。本文在这里结合调研村庄的情况以及定义贫穷的相关维度，从两个方面定义孔家寨村的“穷人”。一是经济上的贫穷，主要指家庭收入较低，经济收入状况居于村庄整体平均水平之下的“穷人”；二是精神上的贫穷，也将其限定为一种“观念”上的贫穷，是在子女读书方面选择让子女辍学的“观念”，或是由于父母本身受教育水平较低，思想认识不足，或由于其他因素所导致的这种“贫穷”。

从这两个方面出发，笔者将孔家寨村的“穷人”分为三种类型：一是经济和“观念”同时贫穷的“穷人”；二是经济上贫穷但“观念”上并不贫穷的“穷人”；三是经济上富裕但“观念”上却贫穷的“穷人”。笔者在对孔家寨村的调研过程中也注意针对这几种类型的“穷人”进行分类调研，通过这几种类型的“穷人”在投资子女教育上的思维逻辑，探讨孔家寨村出现教育落后现象的原因，了解作为主体的“穷人”做出这种决策的背后逻辑，进而探讨孔家寨村出现教育贫困的机理。

2. 具体的分析思路

从“穷人”主体本身出发，在梳理了主体决策背后的各种因素之后，本文从自身的分析路径出发，对这种行为背后的逻辑进行了分类。分类的过程则是由外到内的过程，从其所受到的外部社会环境再到村庄环境进而到家庭环境层层展开。在探讨的过程中，笔者将社会环境定义为宏观环境、将村庄环境定义为中观环境、将家庭环境定义为微观环境。外部环境涵盖了社会环境、村庄环境以及家庭环境，内部环境则是“穷人”主体自身的“过程”。这种过程既包含了主体自身因为一些客观条件所受到的限制，也包含了主体自己的“思维”过程。探讨的过程除了探讨主体所受到的这三个方面具体的因素，更重要的是探讨教育贫困的背后孔家寨村教育落后的特殊原因，是否有某些因素是其他村庄所没有的而导致了这种教育的贫困。

（三）研究方法

1. 文献研究

本文通过整理当前对农村地区教育落后状况原因分析的研究，试图找到符合可能的属于本论文所研究地区的状况。在整理文献的基础上，对各种研究进行分类，同时形成研究问题的方向与要研究的主要内容。

2. 实证研究

在通过大量文献研究的基础上，针对笔者所探讨的问题来设计深度访谈的思路，选取访谈对象，对村庄的教育现状和原因进行深度访谈。在设计的问题思路之外，笔者尽可能尝试更全面的调研方法，进行材料搜集，最后结合相关理论，对问题形成自己的实证分析。①

二　教育贫困产生的社会宏观环境分析

“穷人”主体做出选择总是基于一定的宏观环境和背景，这种环境可能是隐性的，无形的对主体的选择产生影响，农民做出决策和选择也是基

① 抽样的说明：本调查对访谈对象进行了分类抽样，以尽可能的涵盖我们所提到的三种类型的“穷人”。除了对村书记的访谈，我们在调研过程中抽取了十六户作为访谈对象，十六户农户的分布如下：八户是家庭有两个子女全部辍学的情况，经济状况多在村庄属于中等或偏上水平；两户属于中等偏下水平；三户是有三个子女其中只有一个在读学生，其他子女辍学，家庭状况是中等水平；三户是只有一个子女父母选择让其辍学的，其中两户经济状况处于村庄较低的水平一户属于中等水平；此外还有一户是有三个子女，其中两个都已经考上大学而剩下的一个还在读高中，家庭状况属于中等水平，针对这一户当然不能算是我们所认为的“穷人”造成村庄教育贫困的家庭，而应该是作为对比研究中分析其与村庄大环境所不同的缘由。我们在访谈过程中，主要是针对本身已经做出子女辍学决定的家庭，视角的研究也仅仅局限于解答是什么原因让这些家庭做出这种决策，而没有更多的精力将这些“穷人”与那些仍然选择让子女读书的农户进行对比，这也是研究的不足之处。

于一定的宏观背景。正如斯科特在《弱者的武器》中分析马来西亚的塞达卡农村的一些农民行为的时候所提到的农民适应和做出选择时的“中间背景”① 十分重要，诸如政府活动的范围和性质的变化、过去十年的经济和社会事实等，都会对农民的选择产生重要影响[4]。我们总结孔家寨村所处社会宏观结构的背景，认为孔家寨村“穷人”教育逻辑的背后社会宏观环境主要是指教育体制所带来的教育资源的非均衡分布。

资源指一切可被人类开发和利用的物质、能量和信息的总称，它广泛地存在于自然界和人类社会中，是一种自然存在物或能够给人类带来财富的财富。在《经济学解说》中将“资源”定义为“生产过程中所使用的投入”，反映了“资源”一词的经济学内涵，各种各样的资源之间相互联系，相互制约，形成一个结构复杂的资源系统。按照常见的划分方法，资源被划分为自然资源、人力资源和加工资源，或者将人力资源与加工资源并称为社会经济资源，是直接或间接对生产发生作用的社会经济因素[5]。这种资源的划分包含了人类社会的所有种类，本文将教育资源限定为一类是政府在教育投入中的显性资源；另一类是教育中存在的城乡差距，包括了教育环境（教学质量、教学方式等）、招录制度等的不同所带来差距的隐性资源。前一种“显性”资源带来的是明显的教育资源的城乡分配不均，后一类“隐性”的教育资源差异更多的是一种宏观的社会背景，一种无法有效满足农村社会教育需求的“隐性”差距。

（一）教育体制中“显性”资源分配不均

笔者将“显性”资源界定在由于教育体制的不均衡所带来的农村教育成本的上升，通过调查，这种显性资源分配的不均主要体现在两个方面：

1. 撤并高中使额外成本增加

访谈过程中，村民说得最多的是关于“撤并高中”“借读费”以及“打工”等字眼，正如笔者访谈对象中一个很典型的回答“为何不让子女选择去县城继续读高中”。

---

① ［美］斯科特：《弱者的武器》，郑广怀、张敏、何江穗译，译林出版社 2011 年版，第 58—59 页。

上高中？他要愿意上肯定让他上，砸锅卖铁也供他，关键不是这料，像咱村能进县城高中的还是少数，不像以前，乡镇有高中的时候好上。那时候不管考多少分一般都能进，也都能读个高中，现在高中并掉了，去县城上高中比以前难多了，名额很少，竞争太大了。

从进一步的访谈中笔者发现，撤并高中所带来的第一个直接结果便是教育成本的增加，正如我们在下文提到撤并高中前很多的额外支出是不需要的，如住宿费、交通费等，然而撤并高中以后，高中就读于县城所带来的第一个问题便是成本增加。成本的增加对农民来讲是一种显性的成本增加，是一种能够“看得见”的家庭支出成本的扩大，对一般的农村家庭带来一定的经济压力。

2. 高额的“借读费”

高额的“借读费”是笔者访谈过程中发现的另外一个教育体制给农村带来的资源的不公。“借读费”简单来讲是指那些没能达到县城高中的招录分数线者如果要进入高中学习，需要另外收取一定费用。在当地，借读费从三千元一直上涨到了现在八千元。笔者在调研过程中深刻感受到了当地农民在这方面感觉所受到的不公。正如一个访谈对象谈道：“要是考不好还有借读费，现在高中的借读费很高啊，考不好，差不多半年收入都搭进去了。”

在借读费面前一个家庭所受到的经济压力也是很迫切和现实的。笔者在访谈中遇到的一个家庭，说“三个孩子，老大没考好，交了钱；老二没考好，又交了钱；到老三不让上了。两个孩子读高中学费、生活费之类的一年一万五六，他家又没啥收入，基本是靠务农，种点金银花啥的，一年下来也就两万块钱，全家每年都得借点外债”这种情况下，选择辍学也未必是“非理性”的行为。

从这里可以看到，目前的高中政策以及撤并学校的举措也在一定程度上影响了人们的选择。通过这些直白以及跟另外“穷人”主体的访谈笔者从社会宏观环境的两个方面探讨孔家寨村所面临的整个教育体制的不完善。撤并高中所带来的对农村学生受教育成本的上升以及目前县城所实行的高中招生对达不到要求的学生实行借读费政策，从表面上看是为了教育资源更好的得到集中和利用，但实际上是教育体制中城乡教育资源分配不平等的表现。这种不平等表现在撤并高中带来的是农村教育成本额外的增加，这种额外增加不仅对不算贫困的“穷人”带来一定的家庭支出上升的压力，更是为经济上更为贫困的“穷人”的家庭带来额外债务。此外，当前实行的借读费政策表面上看是对城市和农村“一视同仁”的为激励和选拔更优秀学生的政策，实际上无论从城乡家庭的支付能力还是从实际城乡的升学率方面来说，对孔家寨村的教育资源来说都是一种变相的剥削。

（二）教育体制中“隐性”资源分配不均

“隐性”资源的分配不均主要表现为一种观念上的差异，这种观念上的差异来源与社会宏观环境的各个方面，其中最为重要的在笔者访谈中所遇到的应该是由现行职业教育体制中无法有效满足社会需求所带来的“读书无用论”对农民思想上的影响。

1. 读书是否真的无用

“穷人”选择让孩子辍学并不仅仅是对子女未来无望，是否存在针对读书或者说“知识”本身的怀疑可能也是造成父母选择让孩子辍学的又一因素，笔者在访谈中发现当前农村教育观念的形成并不是单一的读书无用论所能够解读的，正如一个访谈对象对我们讲“无用倒也并不是真的无用，多读点书总得有点好处，但关键是辍学后到一般厂子里面打工对文化程度要求不高。”

因而读书是否有用的关键不在于读书本身，而在于能否读到最好的那个层面，文化程度在当前农村的影响力日渐变小，如一个访谈对象所说：

> 文化程度我看其实在农村这里作用不大，啥样大学出来的都是大学生，找工作也都差不多，几千块钱的工资，其实没多大差别，要是北大清华，出来说不定还能是个干部。现在的读的都不知道是什么学校，出来也都是一般的小职工，跟高中没多大差别。

社会的一些现实，让孔家寨村的父母多认为目前的大学教育对子女打工来说是没有多大需要的，读书是否有用，看的不是你的综合素质能有多高，而是你出来后的实际工作。这种环境对农民来讲，更注重眼前的实际利益。

2. 专职教育不能带来显著的差异

当前孔家寨村的辍学学生大多选择去外面打工而并非进一步去学习一

项职业技能，因为觉得“不需要”与“不相信”。“高职？还不如跟个师傅”，这是笔者在访谈中所发现的另外一个重复率比较高的对当前专职教育的评价。之所以形成这种评价，大多数农民所抱有的观点是现在的专职教育基本都是以“骗钱”为主，又学不到东西，说包分配，最后也只是进个很一般的厂子，甚至找到的工作都和学习的专业没有关系。大多数去学习的人甚至在工资水平以及能力上都不如那些自己单干或跟着村庄里成熟的亲戚出走打工。

“不需要”是觉得孩子初中毕业去应对当前打工的环境已经足够，当前的专职教育并不能带来显著的不同；“不相信”是不信任现有的技校包分配的承诺及教育内容。“不需要”与“不相信”实际上反映了教育体制结构与当前社会需求的不适应，主要表现为当前职业教育不能有效适应和满足农村辍学子女的需求。孔家寨村在笔者的调研中或许是普通的村庄之一，但其所形成的“穷人”教育逻辑的背后也存在着教育体制结构不合理的影子。

三 教育贫困产生的村庄中观环境分析

孔家寨村“穷人”主体所处的村庄环境，笔者定义为主体做出选择所面对的中观环境。中观环境分为两个部分，一是所面对的安逸的“乡土”环境，主要是指基于相对稳定和不流动的农业村庄所面临的“安逸”社会生存环境；二是教育传统和氛围薄弱的文化环境。

（一）村庄安逸的社会生存环境

前面已经大致介绍过孔家寨村的基本村情，孔家寨村是一个较大的自然村，人口较多。居住虽然较为集中但没有特别的规划，呈现一定的散乱状态。村庄只有一条公路，其他道路为比较狭窄的土路，人们之间的联结也基本是由这些土路构成的网络。此外更为重要的是孔家寨村是一个传统的农业村，有外出务工的村民，但多到县城或者附近的城市。也正是由此，孔家寨村虽然距离县城不远，但其流动性很小，较为封闭，从县城去孔家寨村不存在城乡客车。打车到孔家寨村问师傅，师傅说以前有过但由于村民极少出村，后来这条线就断了。孔家寨村目前是一个姓氏较为复杂的居住村，但也有几个大姓在村庄内部占据主导地位，村内政治基本是由几个大姓来主导，但村庄因没有大的利益纷争，也较分散，所以村庄环境相对安静。村干部与村民之间的关系一般，既有行政上的权威与服从又有村民之间的相对平等。孔家寨村的经济以传统农业为主，没有形成特色的产业，也没有其他可以带动村庄集体发展的企业。除了偶尔的少数人跑运输或做些小生意，村庄的整体收入差距较小。传统村庄的稳定性、封闭性、自足性在这里得到了相对完整的阐释。

费孝通在其《乡土中国》中提到，中国的乡土社会有一种“土气”是不流动的，“直接靠农业来谋生的人是黏着在土地上的”，也正是由于这种“土”情结，乡土社会的生活是富于地方性的，“乡土社会在地方性的限制下成了生于斯、死于斯的社会，常态的生活是终老是乡”①[6]。虽然说早已进入了21世纪，但孔家寨村目前的状态和费孝通提到的“乡土中国”是很接近的，“乡土”的很多象征在这里依然可以看到影子。也正是由此，孔家寨村目前的社会状态是处于一个相对“安逸”的农业社会，这种农业社会在没有外在强有力的冲击的情况下，结构具有很强的稳定性，也就极易培养人们安于现状的心态，而这种心态的来源又与当前孔家寨村的传统农业的相关特征有关。生活在传统农村，一个人的生存一般只需要两个方面：一是满足物质生存需求的农业生产；二是满足社会需求的日常的“熟人”交往。阿尔文·托夫勒曾经在其论述中认为力量有三种形式：权力、财富和知识，在权力和财富占主导的社会，人才自然很难受到重视[7]。现实的孔家寨村虽然不能说是一个权力与财富占主导的社会，但我们从其生存需求的两个方面即农业生产与“熟人”交往中分析出，这两个方面并没有在特定程度上产生对教育的需求，教育不受重视也就成为一种常态。

孔家寨村的农业生产主要是种植金银花和玉米、棉花。金银花的种植在当地已是一个传统，各方面的技术与经验经过历代的传承已经相当成熟，从开花到采摘到加工到销售都已经形成了一定的模式。当地的金银花并不具有如山东临沂、湖南隆回等地的特色金银花种植有较高的产量和质量，子辈传承父辈的经验通过观察和模仿能够轻易地获得，并不需要科学的金银花种植知识。玉米棉花等农作物的种植更是如此，如同全国各地的玉米棉花种植一样，没有特色之处，也无须特别的知识。在社会交往方面，孔家寨村正如前面提到的，仍处于一个比较“乡土”的社会当中，

① 费孝通：《乡土中国》，人民出版社2008年版，第3—4页。

由于交通不便，面积较大，居住较为分散，这种“乡土性”又得到了更为明显的验证。人们之间的交往并不是广泛的、开放的，而是局限于自己的生活圈，局限于自己的“熟人”社会中。这样的一个“熟人”社会正如费老提到的是不需要“法治”的，每个人从出生到死都是在一个“熟人”的环境下生长，在熟悉基本“礼俗”的情况下，不需要更多书本知识或者更好的受教育水平。

一个相对封闭的村庄、一个以务农为主的农村、一个安逸的社会生存环境，整体上与外界缺乏有效的交流，看不见未来及更广阔的外面世界对知识的需求，不能肯定的说是农民整体的短视，只是这种情况下短期的生存成本需求可能超过了对未来教育的投资预期。

（二）村庄“轻教”的社会文化环境

一个村庄的社会文化环境从一定意义上来讲又是一个村庄的文化资本，是一个村庄潜在的财富。法国学者布迪厄将资本区分为三种形式：即经济资本、文化资本和社会资本，文化资本以三种形式存在：具体的状态，以精神和身体的持久“性情”的形式；客观的状态，以文化商品的形式（图片、书籍、词典、工具、机器等），这些文化商品是理论留下的痕迹或理论的具体显现，或是对这些理论、问题的批判等；体制的状态，以一种客观化的形式，这种形式赋予文化资本一种完全原始性的财产[8]。孔家寨村的教育环境或者说教育传统也可以称作文化资本的一部分，而这种资本的薄弱成为孔家寨村主体“穷人”做出决策和行动的又一影响因素。

孔家寨村不重视教育的氛围在很大程度上并不是一种传统所致，而是基于一种社会的现实。在当前的孔家寨村，掌握农村生活中的技术不需要特别的教育，只要向别人询问或者简单的模仿就可以了，较多的知识对孔家寨村的生产生活来说是不需要的。此外，当前我国仍处在工业化的初期阶段，制造业特别是初级产品的加工制造在整个世界范围内占到很大的比重，所谓的“世界工厂”也不过是给别人加工而缺乏那种需要更高知识水平、更多创新性的环境，而这种制造业更是不需要多么高的教育水平。正如访谈中父母提道，“初中出去打工应付这些行业足够了”。在这种环境下，孔家寨村的生产生活对那些接受了更高教育的“人才”来说很容易产生“养猪不如嫂子，干活不如老子”的现象，如此不仅受更多教育的比较优势无法显现，受更多的教育反而可能被别人耻笑。

在第一部分探析子女求学心理的论述时，子女辍学的心理大多受到了同龄人特别是周围玩伴的影响，而本文的另一研究表明父母选择让子女辍学的行为也多发生在同一个社会活动圈内。费孝通在《乡土中国》中提到“中国的乡土社会是一种礼俗社会”①，中国的乡村具有地方性，地方性是指活动范围有地域上的限制，在区域间接触少，生活隔离，各自保持着孤立的社会圈子，也由此，这种地方性具有一定的同化作用[9]。孔家寨村的社会生活也是如此，由于前面提到的自然条件和社会条件，孔家寨村每个人的活动范围呈现很大的“地方性”，他们的活动局限于自己所处的“周围”，有各自的活动圈以及各自的活动影响力。孔家寨村不重视教育的“氛围”，可能一开始只是一小部分，但通过地方性、“差序格局”等“乡土性”影响扩展到全村，从而形成村庄整体对教育的不重视，进而影响到“穷人”在各种条件的约束下更轻易地选择让子女辍学。

孔家寨村教育氛围薄弱，一定程度上又影响着孔家寨村“穷人”对子女期待上新的思考，诸如传统的养老送终、继承家业等价值观对父母一代带来更为直接和迫切的需求。例如在访谈中随处可见这样的观点：“不管怎么说，你如果考不到好的大学那还是注定待在农村，这样早点下来去闯荡一下生活，将来也好在村子里面立足”、“养儿防老，现在咱们大部分还是这样的观点，你还是不见得有哪家的儿子倒插门的吧，上的好随他，上不好在家里就这样过日子，等我们老了，把家里有的都给子女，也轻松几年，挺好。”

村庄教育氛围薄弱不仅在一定程度上影响着村庄“不重视”教育的环境，也在一定程度上塑造着村庄更加封闭与自足的“乡土社会”，所有这些都可能又进一步导致村庄的“教育贫困”。

四　教育贫困产生的家庭微观环境分析

从上面的分析来看孔家寨村仍然是一个相对“传统”的农村，这种“传统”不是村庄的“一成不变”，除了其相对的封闭性和地方性，孔家寨村也如同其他村庄一样经历着当前中国市场经济、工业化的冲击，在这种冲击下同样具备一些新的特征。这些特征中最为明显的是笔者在分析村

① 费孝通：《乡土中国》，人民出版社2008年版，第1—2页。

庄家庭所面临的微观环境时，所感受到的市场经济带来的每个农户的相对“个体化”，这种“个体化”表现为一个家庭以实现家庭经济效益的最大化为目标。家庭微观环境是教育贫困产生的直接“缔造者”，其中构成的主体包括了父母和子女两个方面。这里主要从三个方面来探讨“穷人”主体所面临的家庭微观环境。

（一）子女求学的心理

在访谈了许多辍学的子女之后，笔者试图解答的是这些子女自己辍学的主观意愿是什么？孔家寨村为何出现“规模性”的辍学？他们是基于什么样的想法选择辍学？这种辍学行为是否就如父母所说是自己“自愿”的？抛开访谈中那种在普遍意义上由于家庭经济状况而自愿选择辍学打工为父母减轻负担的因素，这种现象的出现也是一种教育体制中“隐性”资源分配不均的表现。

1. 求学动力不足

求学动力不足来源很多方面，正如在访谈中所接触最多的说法便是“不想继续读书”。追问更深层次的原因，并非原来所假定的是子女本身非常厌学、好玩、不思进取，更多的是求学的动力不足，而动力不足又来源于自己学习上长时间的不适应，这种不适应既有学习方式上的不适应也有学习内容上的不适应，更有对教学方式的不适应。笔者曾问及一个学生为何在学不会的情况下不请教老师，他回答笔者：

> “没有，大家都不问，自己也就不好意思问了。”“是觉得有点丢人?”“可能有点吧，再说后来看村上的一个个同伴都不上了，比自己小的出去都能赚钱，自己也就更没动力了，就开始想着早点熬完初中算了，不上学了出去打工去”。

另外对很多学生来说父母基本都是采取了“无为”的做法，“不管，想怎么学就怎么学，大家都不学，一块玩也就这样了”成为大多数辍学子女共同的教育环境。在子女内在的学习兴趣不是很强烈的情况下，没有更多的外在动力与压力也是导致子女求学动力不足的重要原因，其中很重要的便是父母的教育。不能说父母在这方面是多么的不“理性”，不懂得教育子女要珍惜受教育机会，父母和子女方面本身便是一个相互影响的过程。这些也构成教育体制中一种隐性资源的分配不均。

2. 外界诱惑因素强烈

大多子女选择辍学还有一部分原因便是外界的诱惑太多，而目前自己又没有独自营生和赚钱的本领，无法去很好的“享受”那些诱惑，诸如网游的“诱惑”、城市生活的自主、都市的繁华等，这些都诱使他们产生“希望能早点走出学校，到外面的世界去看看，去闯闯，城市有很多生机，只要努力去干，赚到钱还是可以做自己想做的事情的”的想法，出去打工赚钱也变成了辍学的一个很好的“诱因”。访谈中有一个辍学的学生曾经很认真的和笔者说“学校太枯燥无聊了，将来我赚钱了一定先给自己买一台电脑然后连上网，想怎么玩就怎么玩，至少都不用担心上网吧每天被老师查”。而辍学中另一具有共识性的问题是女孩在这方面的心理，她们多是向往漂亮的衣服、昂贵的化妆品等。同龄女孩外出一年所带回来的各种变化成为她们决定早点辍学出去的很大诱因，正如一个16岁的女孩对笔者说：“那些跟自己一般大的在外面待一年回来后又是高跟鞋又是漂亮衣服，肯定让自己心动了，她们能这样打扮，自己为什么还天天穿成这样呢?”从这里大致可看到，外面世界的“诱惑”对一部分的学生来说成为辍学的很大动力。

3. 集体辍学现象带动

在上面的访谈过程中，也已经多少的涉及了这方面的原因，如在动力不足的情况中，子女在学不会的情况下，之所以不去选择请教老师或同学是因为“觉得这样有些丢人”，看到周围自己认识的同伴一个个的辍学，正如一个辍学学生跟自己说“都不上了，跟自己玩得好的都不上了，自己也就觉得没意思了，学习又不好，跟那些学习好的也没啥交集，自己干脆也不上了”辍学的学生趋同于谋求同同伴之间的一种认同。

这可以说是村庄集体辍学现象所带来的盲从心理。孔家寨村选择辍学的子女一般都有一个交友圈，在类似于费孝通的《乡土中国》中的“差序格局”[①]，只不过这种“差序格局”并不是以血缘为主，而是以学生个人的社交关系为主，以个人为核心，以交友关系的远疏为界限，形成波浪形的“差序格局”，而在最内部自己为核心的交友圈不怎么好学又同时选择了辍学外出打工，那么个人为核心就可能在受到孤独、在寻求认同感的带动下选择辍学。

---

① 费孝通：《乡土中国》，人民出版社2008年版，第14—15页。

（二）满足家庭生计成本的最小化

1. 成本的计算

访谈中，农户跟笔者详细计算了一个成本账目表，“账单”明细：

以前子女在镇上读高中，住宿费、交通费、伙食费以及额外的生活开支基本是没有的，现在在县城读高中住宿费一学期200块钱，交通费一月20块钱，伙食费现在一个月300块钱都是少的，就按300块钱算，再加上额外的生活开支，买个衣服或者吃点好的，跟同学一块出去玩一下，一年也得1000块钱吧，这样算起来里里外外的就要比以前多出4800块钱。一般家庭有两个孩子，而且基本是同时在读，这样一年时间（不算家里孩子可能考得不好的还要交一笔借读费）也得是将近10000块钱的开销。再看一下我现在的收入，种一亩金银花产量好一年有两三百斤，一斤二十几块钱，能有个七八千块钱的收入，两亩玉米一年两千块钱，整个务农下来也就一万块钱，这还是得看老天爷的脸色，其他的收入就是偶尔打个临时工一年四五千块钱，一年满打满算也就不到15000块钱的收入。如果两个孩子都在上这就去掉10000块钱的收入，另外我还得有其他开支，每年随礼一两千，烟酒下来一千，油啊肉啊一千，煤电之类的一千，这还不算万一再有个病，我这一年下来可能还要负债些钱。再说说孩子读书，这个孩子要是想读书，能读好，负债几千块钱也没啥，三年把孩子供出去，能考个好大学也就值了。可问题的关键不在这儿啊，你想想我三年把孩子供出来，家里负债不说，还不知道能考成啥样。就县城一中一年学生有一千多人，高考考个一本、二本以上的能够有二百多个？这样小的可能，现在孩子又学习不好，根本表现不出来能考个啥样的学校，三年下来好的学校没考上，结果还在高中耽误了三年。初中毕业到附近打工或者自己想去学门手艺都足够了。三年的时间自己慢慢磨炼，家里不指望他能赚多少钱，但至少不用花家里的钱也能学好一样本事，三年后不管是处事还是在工资水平上都要比待在高中半死不活的出来要好……

2. “理性”还是“非理性”

孔家寨村的“穷人”首先是作为一个“个人”存在，经济学中对人的行为动机的基本假设是“经济人假设”，是指追求自身利益或效用的最大化，个人在选定目标后对达成目标的各种行动方案根据成本和收益做出选择。弗鲁姆的期望理论认为一种激励所具有作用的大小，是由个人对某种激励因素实现的期望和目标，对本人效价之大小来决定的，激励水平取决于期望值和效价的乘积，即 $M = VE$。M 代表动机的大小；V 代表效价，即实现某一目标满足个人需要的价值；E 代表实现目标得到效用的可能性。V、E 任何一方面低都会导致 M 低，只有当两者都高时，M 才会高①。对于孔家寨村的“穷人”来讲，子女受教育的目标是考上理想的大学，走出农村，实现向上的社会流动，即效价 V 的值高，但是对于实现目标，考上理想大学的可能性却又很小，即期望值 E 低，那么总体选择让子女上学的动机 M 也就是低的。

在考察了“穷人”所面临的各种社会与村庄环境后，笔者发现，直接影响孔家寨村“穷人”做出让子女辍学选择的依旧是“穷人”为笔者展现的自身的经济状况。正如上文在访谈中提到的“他自己都不愿意上了，家里面又没多少钱供他耗这几年，不上也就不上了”。孔家寨村的“穷人”在面对教育的进一步投资时，权衡了成本与未来预期效益之间的关系后，选择实现整个家庭成本的最小化，放弃高的未来可能的预期效益。让子女辍学的选择很大程度上不能说是“穷人”主体的一种自愿抉择。减少当下教育投资，以满足当前家庭的需求，是当下“穷人”很现实的选择，体现的也是一种家庭环境所处的无奈，既有经济上的亦有精神上的，“理性”与“非理性”之间对“穷人”来说或许本身就是一个伪命题。

（三）实现家庭收益最大化

1. 社会化的小农

孔家寨村的“穷人”除了作为“个人”存在，也是作为当今中国现代化进程中的“小农”存在，因而做出选择也在很大程度上受制于“小农”视野。徐勇、邓大才在《社会化小农：解释当今农户的一种视角》中提到的解释当前农民行为的一种新视角，也就是社会化小农，社会化小农理论的小农要具备三个特征：一是社会化程度高；二是经营规模比较

① 来源：维克托·弗鲁姆“期望理论”，百度百科 http：//baike. baidu. com/view/326 6295. htm。

小；三是一个独立的生产形态，具有与其他发展阶段不同的特质[10]。当前的孔家寨村是基本满足这三个方面的，诸如在访谈中提到的各种日常消费、教育、医疗等的社会化，小规模的田地种植，小规模的外出务工，较为独立的家庭生产单位等。如果说孔家寨村村庄的自然与社会环境保留了较大程度上的“乡土”色彩，那么孔家寨村农业生产的商品化等与外界的沟通交流所带来的社会化则体现了村庄新时代的“社会化小农”的特征。

2. 家庭效益的最大化

初中阶段的孩子可以承担一定的家务和生产劳动，在一定程度上已经成为现实劳动力，而社会化小农的“社会化”是以货币为基础，认为货币收入的最大化、满足家庭与发展需要是小农的行为动机，孔家寨村主体“穷人”在这方面亦有较为充分的体现。在孔家寨村，“穷人”普遍以为初中毕业的子女足够应对当前社会诸如技能的培训、打工等情况，当面对教育投资的成本与未来的预期效益之间不能达成有效的平衡，家长就会对是否再让孩子继续上学产生思想变化。家长认为读书不能提高其生存能力和未来生活质量，便较早的选择让孩子外出务工。一方面降低家庭支出的成本；另一方面能够实现家庭货币收入的最大化。外出务工即便像有些父母给笔者提到的“不能赚钱，至少也能得到锻炼，练好一门手艺，三年出来可以赚更多的收入”，也能够为家庭的货币减少支出，同时能够增加未来家庭货币收入增长的预期，如此对孩子辍学往往采取放任的态度，这也是“穷人”实现家庭效益最大化的抉择。

（四）小结：教育贫困分析模型

通过以上对孔家寨村教育贫困的探析，进一步厘清了孔家寨村“穷人”的教育逻辑的思路。宏观的社会环境也就是整个教育体制中教育资源的非均衡分配，所产生的两个后果直接或间接的影响到了“穷人”主体所在的村庄中观环境和家庭微观环境，诸如资源的非均衡所产生教育成本的上升、子女求学心理的变动等，都在很大程度上影响着家庭微观环境中父母所考虑做出决定时的“过程”。村中的中观环境又直接或者间接的影响到了家庭微观环境，诸如村庄安逸的“乡土”环境、文化环境等给主体因为这种村庄文化资本的稀缺而带来决策的“随从性”。家庭的微观环境更是直接影响到了“穷人”主体做出决策时的现实约束和要求，经过一定的思考和“算计”最终做出行动和决策，而这种决策和行为则直接导致了孔家寨村教育贫困的现实。笔者将所讨论的“穷人”的教育逻辑以较为清晰的图表格式展现出来：

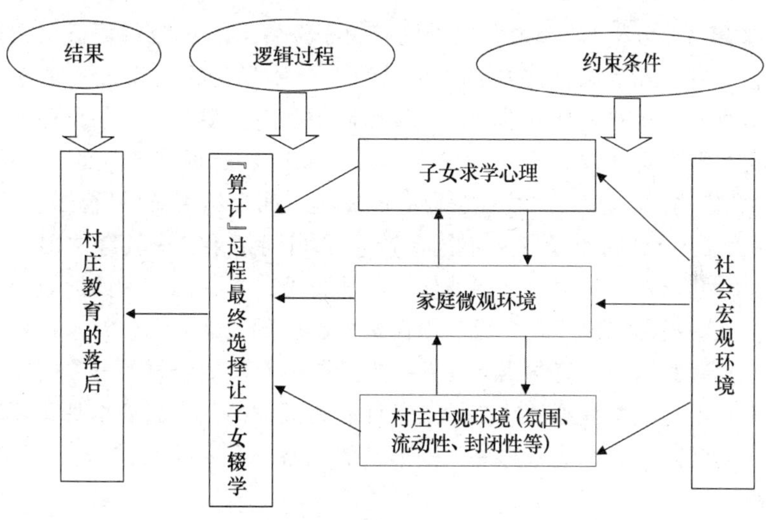

“穷人”的教育逻辑图

综上可以看到，孔家寨村“穷人”的教育逻辑不是简单的一种理论所能解读的。“穷人”的教育逻辑是一个综合了各种约束条件后所形成的选择。其中，家庭环境、村庄环境与村庄外部社会环境四个部分的约束条件不是孤立的。另外之所以将子女求学心理作为单独的要素进行分析，是因为作为宏观社会背景影响下的一个部分贯穿于村庄环境和家庭环境之中，既受到了这三个大的因素的影响又在很大程度上影响着父母的抉择。最后，在笔者的分析路径所运用到的系统分析模型中，四个约束条件视作对“穷人”主体的输入约束条件亦即“要求”和“支持”，经过“穷人”自身的思考逻辑，在“算计”家庭经济状况之后，最后输出一定的决策和行动，而这些决策和行动反过来又进一步“反馈”到环境当中，成为新的“输入”和“要求”。正是选择让子女辍学这一看似不理性但却可能合乎“穷人”教育逻辑的选择，产生了孔家寨村教育贫困的最终结果。

五　改善孔家寨村教育贫困的政策启示

综合以上分析，“穷人”当中既有由于经济上的“穷”而做出无奈的选择，也有非经济条件之外，精神上的“穷”所做出的看似不理性却对他们本身而言相对理性的选择。教育体制中教育资源的不均衡分配、村庄教育文化资本的薄弱、子女的求学心理、适应家庭现实条件的“经济理性”、孔家寨村“穷人”教育逻辑的形成是由四个约束条件所导致，不同的“穷人”受到约束条件的不同却产生了相同结果——教育贫困。就全国来说，孔家寨村的教育贫困非偶然、非特殊，在中国广大的区域当中类似于孔家寨村的状况不在少数，因而提出相应的政策启示，对于在更广泛意义上解决我国的教育贫困问题有一定的借鉴意义。农村教育贫困在一定程度上来说是上文提到的几个约束条件制约的，而约束条件本身又环环相扣，因而问题的改善或者解决不是单一的策略，需要的是制度性、系统性的策略。

（一）改革教育体制，教育资源分配更加倾向于农村

在教育体制改革中，如何使教育资源分配进一步在农村与城市之中得到均衡，甚至在当前阶段应该使教育资源的分配更加倾向于农村，如何改善孔家寨村当前教育资源投入不足的困境，主要有以下几个方面：

1. 完善县城高中的招录制度

县城高中选择择校费首先是不断扩大的生源；其次是教育成本的上升，针对这种状况县城高中在招录制度中选择高额的“培养费”制度，既可能是有其自利的一面也可能是面对现实的无奈选择，然而无论背后原因如何，都提高了农村子女考入高中并选择就读的难度。针对这种状况，国家对这种招录制度进行改革，适当提高农村子女的入学比例，对县城高中予以一定补助，适当降低县城高中的教学成本，降低甚至取消“培养费”制度，进而营造一个农村子女升入高中并能够完成高中学业的良好环境。

2. 定向补助，加大财政投入中农村教育投入的比重

财政投入不应该仅仅面向农村修建一些形象工程。正如我们在调研中发现，对农村教育投入的类型中应尽可能因地制宜，当地教育的困境在哪些方面，财政投入的方向应该着重于改善或者解决这些问题。孔家寨村教

育资源投入的不足主要体现在，撤销了乡镇高中所带来的教育成本的提升、县城高中的农村与城市的招录比例不一致、高额的择校费等。针对这些，财政投入应该适当倾斜于这些方面，乡镇高中的撤销是一个无法避免的事实，而高额的择校费也是由于县城高中教育水平的不足，因此针对这些，采取诸如对农村考入县城高中的子女采取定向的补助以弥补教育成本的上升等针对性措施更能合理有效的利用教育投资。

3. 完善农村乡镇学校教学体制，提高教学质量

这一政策的落实仍然需要国家的各项政策的支持，除了财政上的投入，也需要国家对农村教育在制度上进行改革和重视。农村乡镇学校体制的改革主要应该体现在以下方面。首先，教师队伍的选择应该对农村教育引入更多的更高水平的教师，这样既能提升教学质量，也能在很大程度上减少学生可能由于教师的原因而产生的厌学心理。其次，教学内容上应该既能应对当前我国的中考制度，又能在教学内容和方法上进行创新。内容上能够更多贴近实际生活的需求，这样可以提高学生的学习兴趣，降低辍学率，也能够提升农村学生的整体素质和水平，为他们的未来增加信心。

（二）培育良好的农村教育环境，形成重教爱学的教育氛围

在第一个部分中，无论是财政投入比重的提升，还是对农村教学体制的完善都离不开国家的大力支持，也可以说是形成一个良好的外部环境，然而除了形成良好的外部环境面对孔家寨村的教育现状之外，还需要一个较好的村庄内部重视教育、热爱学习的教育氛围。教育氛围的培养不是一朝一夕所能完成的，也不是国家采取了哪项制度政策所能引导的，这种氛围是一个历史积淀的过程，是一个地方或者说村庄传统的延续。虽然孔家寨村目前缺乏这种氛围，也缺乏这种传统，但任何传统都是逐渐形成的过程，我们从一开始设计相应的制度或者采取某些策略会有利于这种氛围的形成。

1. 形成良好的经济环境

这种经济环境主要是指为“穷人”构建良好的经济条件，关于农村发展与农民致富的政策措施已经多如牛毛，在这里不再进行更加细致的探讨，但这种经济制约却是影响“穷人”逻辑选择至关重要的条件。面对这种状况，除了国家的政策措施，更重要的是能够为农村的未来发展形成一个路径，无论是依赖精英致富还是依赖村庄集体，“穷人”经济上不再“穷”是子女上学的最基本的物质保障。

2. 形成良好的社会文化环境

村庄对能够顺利完成学业（初中或者高中）以及学习成绩较好的学生采取物质和精神奖励，对其父母也进行一定的表彰。村庄作为一个奖励主体对村民来说是一个重视教育的信号，这种奖励除了是作为对上学子女的一种鼓励之外，也可以作为对某些穷困家庭的补助。目前实施的村民自治让村庄形成一个自治单位，设立这种奖励本身是一个村庄软实力的提升，当然这种奖励本身虽然数额不会太大，一般的村庄财政能够支付，但对相对落后的村庄来说，形成这种制度性的奖励也需要国家或者地方政府的资助。对子女、对父母的表彰在一定程度上也会对村庄的教育形成一个竞争态势，逐步形成重视教育的传统，培育良好的家庭教育环境以及热爱学习的学习氛围。

（三）改善家庭微观环境，形成利于学习的家庭氛围

家庭微观环境需要长时期来改善，子女的求学心理、父母的理性计算，都是在社会宏观环境以及村庄中观环境的相互作用之下形成的，改善的根本是三者之间形成良性的互动。

1. 提高家庭收入

家庭收入的提高不是由某一项政策所能带来的，它依靠很多方面。在当前农村教育所面临的种种困难之中，家庭收入是改善教育贫困所面临的困局的一个重要方面，至少作为教育贫困决策的制定主体“穷人”们可以不用再在经济条件方面为子女是否上学产生后顾之忧。家庭收入的提高依赖于国家惠农、扶农政策的贯彻落实，依赖于农民自身素质和水平的提高，依赖于农民能否真正适应市场经济从而抓住有利时机发展生产。

2. 改善家庭教育环境

家庭教育环境的改善很大程度上取决于父母自身教育水平、认识水平的提高，取决于子女的思想认识水平以及所处交友环境。在改善家庭教育环境的对策上，一是父母应该更多的认识到教育对未来子女个人素质的提高、认识能力、解决问题能力的提高等方面的重要性，从而能够树立起积极的子女教育观念。鼓励子女读书，激发子女求学的兴趣。二是从子女角度来看，应接触更多学习积极性强的同学，特别是要学会同老师进行沟通交流。在生活学习中遇到困难，要善于向老师、父母以及学习成绩好的同学寻求帮助，这样在不断学习中培养自身的学习兴趣。同时扩大自己的交友圈，增长自己的见识，增强对外界诱惑的抵制力。

“十年树木，百年树人”，教育作为中国传统不老的话题已经延续了千年，教育在中国社会、人全面发展上都起着不可估量的作用。农村教育更是如此，自古以来，农村便视读书为“鲤鱼跃龙门”的唯一跳板，一跳不仅可以成龙成凤，更重要的是可以借此光耀门楣。因此，农村重教的传统更成为乡村社会的共识。当下农村正在努力实现现代化，农业的现代化、农民的现代化、农村的现代化，教育在这场现代化过程中无疑起着十分重要的作用，但是与此同时我们也要看到，农村普遍存在的同城市之间在教育方面的差距呈现扩大的趋势，农村的教育贫困对农村的现代化产生着十分不利的影响。此次调查研究的目的也是希望通过个案的研究，为当前农村教育贫困的现状找到一个解释的视角，进而能够为区域性的教育贫困、教育的城乡差距提供一些政策的启示。

参考文献：

[1] 中共中央、国务院：《中华人民共和国国民经济和社会发展第十一个五年计划纲要》，2006 年 3 月。

[2] 21 世纪教育研究院：《农村教育布局调整十年评价报告》，2012 年 12 月。

[3] 张培刚、张建华主编：《发展经济学》，北京大学出版社 2009 年版。

[4] [美] 詹姆斯·斯科特：《弱者的武器》，郑广怀、张敏、何江穗译，凤凰出版传媒集团、译林出版社 2011 年版。

[5] [英] 彼得·蒙德尔等：《经济学解说》，经济科学出版社 2000 年版。

[6] [9] 费孝通：《乡土中国》，人民出版社 2008 年版。

[7] [美] 阿尔文·托夫勒：《力量转移——临近 21 世纪时的知识、财富和暴力》，新华出版社 1991 年版。

[8] [法] 皮埃尔·布迪厄：《实践与反思——反思社会学导引》，李猛、李康译，中央编译出版社 1998 年版。

[10] 徐勇、邓大才：《社会化小农：解释当今农户的一种视角》，《学术月刊》2006 年第 7 期。

农地流转与农户行为

◆ 农地确权政策对农户农地流转决策行为的影响分析

土地制度改革是农村改革的核心。作为激活农村土地这一重要发展要素的基础性政策，近年来农村土地确权被寄予了最大关注和期望，甚至被称为“二次土改”。为从农户层面考察农地确权政策对农地流转行为的影响，本文基于农户问卷调查数据，采用 Heckman-Probit 两阶段选择模型，实证分析了农地确权政策对农户农地流转决策行为的具体影响。研究发现，农地确权政策确实对农户农地流转决策行为的发生起到了积极的促进作用，而且农民对于细化的土地产权结构还有更深层次的需求；其他控制变量中，年龄、文化程度、外出务工经历、非农收入比重、是否购买社会保险、所在村庄距离县城距离都对农户农地流转行为决策起到了正向显著影响。在此基础上，提出了相应的对策建议。

◆ 农村土地流转中农民土地承包权益研究

农村劳动力转移规模扩大引发农村土地抛荒，土地抛荒为推动农村土地流转创造条件，劳动力和土地的自由流动有利于生产要素优化配置，提高农业劳动生产率，加快农业现代化进程。为了把握农村土地流转过程中农民土地承包权益状况，通过访谈和问卷调查相结合的方式，调查隆回县土地流转过程中土地权益的认知、执行和纠纷情况。调查发现，农民对土地承包权益的认知度较高，但纠纷频发，被调查样本中有四分之一的农户遭遇过土地纠纷。隆回农村集体土地所有权登记发证、土地流转信息平台建设为减少纠纷并为纠纷公正仲裁提供依据。在此基础上为加快隆回土地流转保护农民土地承包权益提出应对之策。

◆ 回溯与反思：乡村土地实践的社会逻辑

新中国成立后的中国农村改革是一部农村地权变迁史，其背后是土地制度调整要不断适应于乡村土地实践的演进。乡村土地实践的演进不仅仅是一个物质（经济资本）实现再生产的过程，也是一个非物质（关系、文化、规则）的社会要素再生产过程，这要求从经济、关系、文化、规则四个维度对以农民为核心的各土地纠纷主体心智世界进行全面审视。审视结合实地研究发现，土地实践主体分别从国家与社会的意识对立、制度与实践的身份认定、契约与人情的“交易”规则三个角度来实现自我利益，其中乡村精英和乡村“灰社会”两条路径又是对土地实践场域中实践主体的日常逻辑的很好印证。

农地确权政策对农户农地流转决策行为的影响分析*

——基于津鲁两地农户调查问卷的实证研究

许恒周　张中举　田浩辰

（天津大学　管理与经济学部　天津　300072）

内容提要：土地制度改革是农村改革的核心。作为激活农村土地这一重要发展要素的基础性政策，近年来农村土地确权被寄予了最大关注和期望，甚至被称为“二次土改”。为从农户层面考察农地确权政策对农地流转行为的影响，本文基于农户问卷调查数据，采用 Heckman-Probit 两阶段选择模型，实证分析了农地确权政策对农户农地流转决策行为的具体影响。研究发现，农地确权政策确实对农户农地流转决策行为的发生起到了积极的促进作用，而且农民对于细化的土地产权结构还有更深层次的需求；其他控制变量中，年龄、文化程度、外出务工经历、非农收入比重、是否购买社会保险、所在村庄距离县城距离都对农户农地流转行为决策起到了正向显著影响。在此基础上，提出了相应的对策建议。

关键词：农地确权　农地流转　决策行为　影响

一　引言

农地流转是当前农村土地改革中的重要内容，国家也从政策层面不断引导农村土地流转健康进行，但相关制度的不合理性特别是农地产权

---

* 基金项目：国家自然科学基金“农民分化视角下农民养老保障与农地流转：互动机理、影响效应与政策创新”（编号：71203157）、国家自然科学基金“基于农户行为的耕地质量与粮食生产能力空间分异研究”（编号：41101537）、国家社会科学基金“长三角地区农地流转的社会风险及治理研究”（编号：13CJY068）。

模糊等缺陷阻碍了流转的顺利进展。由于集体土地产权主体虚置，农民集体土地权利结构不完整，在一定程度上导致了农地流转速度缓慢。对此，国家也不断进行农村土地制度的“增量改革”以健全农民土地权能，加快农地流转市场化步伐，建立健全高效、公平、规范的农地流转市场体系，实现农业适度规模经营，尤其是2010年中央“一号文件”首次明确提出，加快农村集体土地所有权、宅基地使用权、集体建设用地使用权等确权登记发证工作。2013年和2014年的中央“一号文件”都明确提出要抓紧抓实农村土地承包经营权确权登记颁证工作。可见，国家期望通过明确农村土地权利归属、权利结构等来促进农村土地流转，形成适度规模经营。

实际上，一直以来，国内学术界也对农地承包经营权流转的动因、影响因素、模式、机制、存在的各种问题及对策等各方面开展理论和实践上的探索。近年来，不少学者开始关注农民分化①、村级流转管制②、产权认知和产权强度③、交易费用④等因素对农地流转的具体影响。其中一个焦点是农地产权或地权稳定性对农地流转及其市场的影响。从理论上来讲，产权的界定将有利于资源配置效率的提高。在存在一定的交易成本状况下，产权界定得越明晰，资源就越能够不受外部性的影响，进而能够自发进行资源配置以至于达到帕累托最优；与此同时，产权界定的越明晰，其所花费的交易成本就越小。而在农地流转过程中同样如此，农户土地承包经营权的明晰确定将会提高农地产权的稳定性，进而使农地的转入和转出双方都增加了对土地投资的预期，并且在实际流转过程中以产权为严格的法律依据，节省交易费用，从而提高了土地的资源配置效率。有关实证研究也表明，提高土地产权的清晰性和稳定性将

① 许恒周、石淑芹：《农民分化对农户农地流转意愿的影响研究》，《中国人口·资源与环境》2012年第9期，第90—96页。

② 郜亮亮、黄季焜、冀县卿：《村级流转管制对农地流转的影响及其变迁》，《中国农村经济》2014年第12期，第18—29页。

③ 钟文晶、罗必良：《禀赋效应、产权强度与农地流转抑制——基于广东省的实证分析》，《农业经济问题》2013年第3期，第6—17页。

④ 冀县卿、钱忠好、葛轶凡：《交易费用、农地流转与新一轮农地制度改革——基于苏、桂、鄂、黑四省区农户调查数据的分析》，《江海学刊》2015年第2期，第83—90页。

有助于农地流转的实现[①②③]。然而，并非所有的学者都认为中国的农地制度阻碍了农地使用权市场的发育[④]，稳定的土地产权不能促进农地流转的原因在于当前农村社会保障体系的不健全[⑤⑥]。但以上研究结论都是在农地确权政策实施以前得出的，而对于当前实施的农地确权会对农户的农地流转决策行为产生什么影响？目前并没有文献对此进行系统的实证研究。所以，为深入推动农地确权政策的实施及农村土地有序流转，有必要深入分析农地确权政策对农户的农地流转决策行为会产生何种影响，以便为今后农村土地制度改革提供一定的科学依据和借鉴。

因此，本文基于津鲁两省市 1254 份农户问卷调查数据，采用 Heckman-Probit 两阶段选择模型，实证分析农地确权政策对农户农地流转决策行为的具体影响，以期为下一步的农村土地产权制度改革提供政策参考。

二　研究方法与数据来源

（一）模型设定及变量选取

农户对农地确权政策的农地流转行为响应实际上是两阶段决策过程的有机结合。首先是农民对农地确权政策有认知，只有感知到农地确权带来的各种影响变化，才会对该政策做出的相应的农地流转决策。因此，农地确权政策对农户的农地流转行为决策是两个有先后顺序并且相互依赖的阶

① 钱忠好：《农地承包经营权市场流转：理论与实证分析——基于农户层面的经济分析》，《经济研究》2003 年第 2 期，第 83—91 页。

② 叶剑平、丰雷、蒋妍、罗伊·普罗斯特曼：《2008 年中国农村土地使用权调查研究——17 省份调查结果及政策建议》，《管理世界》2010 年第 1 期，第 64—73 页。

③ 马贤磊、曲福田：《新农地制度下的土地产权安全性对土地租赁市场发育的影响》，《中国土地科学》2010 年第 9 期，第 4—10 页。

④ 姚洋：《中国农地制度一个分析框架》，《中国社会科学》2000 年第 2 期，第 54—65 页。

⑤ 田传浩、贾生华：《农地制度、地权稳定性与农地使用权市场发育：理论与来自苏浙鲁的经验》，《经济研究》2004 年第 1 期，第 112—119 页。

⑥ 温铁军：《农民社会保障与土地制度改革》，《学习月刊》2006 年第 10 期，第 20—22 页。

段，如果只选择那些感知到农地确权的农户作为样本，可能会导致样本的选择偏差，而采用 Heckman-Probit 两阶段模型可避免样本选择的偏差。在 Heckman-Probit 两阶段选择模型中，首先考察哪些因素影响农户对农地确权政策的感知；然后对于感知到农地确权带来变化的农户而言，其农地流转行为决策取决于哪些因素进行分析。

1. 认知模型

农户对农地确权政策感知的影响因素模型如下：

$$P(y = 1 \mid x) = F\left(\alpha + \sum_{j}^{n} \beta_j x_j\right) \tag{1}$$

式（1）中，因变量为农户对农地确权政策的感知状况，为了得到农户对农地确权政策感知的相关信息，问卷中设计的问题是“与农地确权前相比，您感觉现在您对土地产权的信心或家庭福利是否有变化?”，如果回答有变化，其因变量取值为“1”，否则为“0”。x_j 是影响农户对农地确权政策认知的因素；F 是标准正态分布函数且对所有实数都有$0 < F(\cdot) < 1$。

2. 行为模型

农地确权对农户农地流转行为决策的影响因素模型如下：

$$y^* = F\left(\alpha + \sum_{j}^{n} \beta_j x_j\right) + \varepsilon \tag{2}$$

其中，x_j 是第 j 个影响农户农地流转决策的因素；ε 是随机误差项；y^* 是潜在变量。被观察数据 y 与潜在变量 y^* 的关系如下：

$$y_i = \begin{cases} 0 & y_i^* \leqslant 0 \\ y_i^* & y_i^* > 0 \end{cases}$$

对于因变量，农户进行了农地流转行为，则其值为“1”，否则为“0”。

3. 变量选择

根据本文研究目的和已有研究成果，将影响农户农地确权感知和流转决策行为的自变量分为以下几方面：一是农户个人特征变量，包括年龄、文化程度、是否是村干部、外出务工经历；二是农户家庭特征变量，包括家庭供养比、非农收入占比、是否有家庭成员城镇定居、是否购买社会保险；三是外部环境特征变量，包括村庄离县城距离、村庄类型；四是农地确权及产权认知变量，包括确权政策了解程度、土地产权排他能力认知、土地产权交易能力认知、土地产权处置能力认知、是否同时拥有土地承包经营权证和合同。

在农户产权认知变量中，由于农地确权主要是赋予农民更加安全和完整的土地权利，增强农民对土地产权的安全感和信心。基于此，结合产权内涵（排他权、交易权、处置权），我们主要从农户对确权政策了解程度、对土地产权的排他能力认知、交易能力认知、处置能力认知和是否同时拥有土地承包经营权证和合同等方面来衡量农地确权对农户农地流转行为的影响。排他能力是指农户对土地产权权属和收益的排他占有能力，涉及的是农户间或农户与其他行为主体间对产权权益的控制和争夺。处置能力定义为农户实施农地用途配置权的能力，涉及的是产权主体自身对农地使用用途的处置。交易能力是指农户实施土地转让交易权的能力，涉及的是农户与其他市场交易主体间土地产权权利的交易和转让。所有变量定义及预期作用方向见表1。

表1　变量定义

变量名称		变量定义	预期作用方向
农户个体特征	性别	女 =0；男 =1	不明确
	年龄	20－29 =1；30－39 =2；40－49 =3；50－59 =4；60 及以上 =5	负向
	文化程度	文盲 =1；小学 =2；初中 =3；高中或高职 =4；大专及以上 =5	正向
	是否是村干部	否 =0；是 =1	不明确
	外出务工经历	无 =0；有 =1	正向
农户家庭特征	非农收入所占比重	非农业收入占家庭总收入比重	正向
	是否有家庭成员城镇定居	无 =0；有 =1	正向
	家庭供养比	家庭非劳动力人数与劳动人数比值	负向
	是否购买社会保险	否 =0；是 =1	正向

续表

变量名称		变量定义	预期作用方向
村庄类型	村庄类型	普通乡村 =1；乡镇驻地 =2；城郊接合地 =3；既是乡镇驻地又是城郊接合地 =4	不明确
	村庄距县城距离	村庄距离县城的实际距离（km）	负向
农地确权及产权认知	农地确权政策了解程度	没听说过 =1；听说过一点 =2；一般 =3；基本了解 =4；非常了解 =5	正向
	土地产权排他能力认知	无作用 =1；较弱 =2；一般 =3；较强 =4；很强 =5	正向
	土地产权处置能力认知	无作用 =1；较弱 =2；一般 =3；较强 =4；很强 =5	正向
	土地产权交易能力认知	无作用 =1；较弱 =2；一般 =3；较强 =4；很强 =5	正向
	是否拥有土地承包经营权证和合同	无 =0；是 =1	正向

（二）数据来源及描述性统计

本文所使用的数据来自课题组于 2014 年 7—8 月和 12 月在天津市宝坻区、武清区和山东省临清市、冠县所进行的农户调查，调查问卷主要包含农户的基本信息、家庭特征、农地确权及产权认知等内容。为保证问卷数据质量和样本的代表性，在每一个调查地区首先从乡镇政府部门了解农地确权政策实施的总体情况，每个样本乡镇中随机选择 2—3 个村庄，以入户访谈形式进行调查。经过筛选分析，剔除不符合要求的样本问卷，共获取 1254 份有效样本数据，有效率为 89.57%，样本基本情况见表 2。

表 2　　调查农户基本特征描述

统计指标		比例（%）	统计指标		比例（%）
性别	男	68.50	是否村干部	是	7.74
	女	31.50		否	92.26
年龄（岁）	20—29	8.93	文化程度	文盲	7.81
	30—39	25.20		小学	29.67
	40—49	37.24		初中	53.43
	50—59	22.81		高中或职高	8.13
	60 及以上	5.82		大专及以上	0.96

三 实证结果分析与讨论

运用 Heckman-Probit 模型进行回归，其模型估计结果详见表 3。Rho 值显著不为零，都在 5% 显著性水平上通过检验，Wald chi^2 在 10% 显著性水平上通过检验，表明样本的确存在选择偏差，农地确权对农户流转行为的两阶段决策存在相互依赖，所以运用 Heckman-Probit 两阶段模型是合适的。

表 3　　Heckman-Probit 选择模型估计结果

自变量	认知模型		行为模型	
	系数	Z 值	系数	Z 值
性别	0.086 *	1.417	0.073	0.824
年龄	-0.351 **	-2.633	-0.204 *	-1.526
文化程度	0.076 **	2.203	0.155 **	2.853
是否是村干部	0.264 *	1.538	0.073	0.765
外出务工经历	0.047	0.726	0.082 *	1.743
非农收入所占比重	0.129	0.472	0.264 *	1.545
是否有家庭成员城镇定居	0.067	0.254	0.148	0.379
家庭供养比	-0.205	-0.281	-0.063	-0.280
是否购买社会保险	0.094	0.576	0.127 *	1.439
村庄类型	0.178	0.643	0.085	0.714
村庄距县城距离	-0.263 **	-2.107	-0.092 *	-1.690
农地确权政策了解程度	0.481 *	1.462	0.253 *	1.389
土地产权排他能力认知	0.172	0.557	0.174 *	1.452
土地产权处置能力认知	0.204	0.461	0.078	0.185
土地产权交易能力认知	0.358	0.279	0.173 ***	3.262
是否拥有土地承包经营权证和合同	0.067	0.284	0.243 **	2.394
常数项	-17.634	-32.176	-25.306	-16.274
总样本	1254			
Rho	0.384 **			
Wald chi^2	386.327 *			

注：*、**、***分别代表在 10%、5%和 1%水平上通过显著性检验。

（1）农户个体特征变量的影响。根据回归结果可知，性别在认知模型中通过了显著性检验，这主要与中国农村传统家庭中一般都由男性掌握家庭决策权有关，但在行为模型中不显著。年龄在认知模型和行为模型中都通过了显著性检验，且与预期方向一致，说明农户的年龄越大，理解和接受新政策的能力越差，因此越不愿意进行农地流转。文化程度在两个模型中都通过了显著性检验且系数为正，与预期相符。表明农户的文化程度越高，感知农地确权政策就越明显，进行农地流转行为决策的概率越高。原因在于：文化程度对土地流转具有收入效应和替代效应，可以把文化程度的增加看成为财富的增加，收入效应是由于农户文化水平的提高，掌握了较高的科技知识，可以通过农用地的流转转入土地进行适度的规模经营，提高经营的效率和效益从而获得较高的农用地经营收入；替代效应则是指当农户文化水平提高到一定程度的时候，对农用地流转的认知度和接受度增强，可以将农用地流转出去，减小依附在农用地上的时间和精力，从而用更多的时间来从事非农工作从而增加非农收入。相反若农户文化程度较低，受传统“土地就是命根子”思维的影响，他们有着浓厚的恋土情结，因而较少有转出土地的意愿；同时由于缺乏科技知识，多采用低投入、低产出的粗放经营方式，无法采用科技手段和机械化生产模式来提高土地规模经营的能力，转入土地的意愿也低。是否是村干部变量的系数为正，且在认知模型中通过了显著性检验，表明村干部在农地确权和农地流转过程中起着一定的模范带头作用。外出务工经历变量在行为模型中通过了显著性检验，这表明农民外出务工时间越长，对农地或农业的依赖越小，所以越倾向于进行农地流转。

（2）农户家庭及村庄特征变量的影响。根据回归结果可知，非农收入比重变量在认知模型中没有通过显著性检验，而在行为模型中则通过了10%水平上的显著性检验。这表明，非农收入越高的农户，其对土地的依赖性越小，因此，更愿意进行土地流转。农户是否购买社会保险对农户土地流转决策行为的影响为正，回归系数通过了10%水平下的显著性检验，表明农户购买社会保险后，土地流转的概率越大。在农村社会保障普遍较低的情况下，以均分土地为特征的平均主义农地制度，是一种现金型社会保障的有效替代。土地不但能满足农户的生存需要，而且能提供就业机会，在一定程度上起到养老保险的作用。土地对于农户而言，心理的保障作用远远大于经济保障功能。因此，购买社会保险的家庭，土地的保障功能可能有较大弱化，从而农地流转的概率增大。所在村庄距离县城距离在认知模型和行为模型中的系数符号都为负，与预期方向一致，且分别通过了5%和10%的显著性检验，可能的解释在于：离县城越近，农民对土地资产价值的期盼越强烈，从而对农地确权认知比较敏感；而且由于距离县城较近，其非农就业机会相对较多，所以进行农地流转行为决策的概率也就越高。

（3）农地确权及产权认知特征变量的影响。根据回归结果可知，农地确权政策了解程度在认知模型和行为模型中都通过了10%的显著性检验。这表明随着对确权政策的理解加深，农户对政策有着很好的预期和信心，所以会提高其进行农地流转的概率。土地产权排他能力认知和土地产权交易能力认知都在行为模型中对农户的农地流转决策行为具有显著影响，这表明，一方面，如果农户认为他们具有较强的土地产权排他能力，从而可以避免非公益性质的土地征用等行为，对土地产权有着较高的稳定及安全预期。另一方面，较强的土地产权交易能力认知对于以农业为主的农户而言，可以在当前提倡农业适度规模、培育新型农业经营主体的背景下，具有较强的转入农地的内在激励，农地流转的概率较高，对于以非农为主的农户而言，如果在产权交易安全的情况下，他们会通过转出土地，获取租金，使土地的资产价值显现，农地流转概率也较高。

是否拥有土地承包经营权证和合同对农户的农地流转意愿具有显著的正向影响。这说明，农户还是比较注重土地产权的稳定性和安全性，他们并非如经典经济学所描述的追逐收益减成本后的利润最大化方案。由于社会保障制度不健全，以及长久以来“守田为安”传统观念的影响，风险规避成为了农户决策中本能的考虑，如果没有承包经营权证书或合同会对农户的农地流转产生抑制作用。同时，流转过程中引起的纠纷、不公平待遇等也会在一定程度上抑制农地流转意愿。在调查中也发现，愿意流转的农户更愿意在流转过程中签订流转合同来规避流转风险。同时，拥有证书或合同在一定程度上也反映了农地流转市场的规范程度，市场越规范，农户参与市场流转的概率就越高。

四 结论与政策启示

（一）研究结论

本文基于津鲁两省市 1254 份农户问卷调查数据，采用 Heckman-Probit 两阶段选择模型，实证分析了农地确权政策对农户农地流转决策行为的具体影响，研究结果表明：

（1）农地确权政策确实对农户农地流转决策行为的发生起到了积极的促进作用，而且农民对于细化的土地产权结构还有更深层次的需求。首先，农地确权政策了解程度与农户农地流转概率呈正相关。这表明随着对确权政策的理解加深，农户对政策有着很好的预期和信心，所以会提高其进行农地流转的概率。其次，从不同类型农户来看，较强的土地产权交易能力认知对于以农业为主的农户而言，可以在当前提倡农业适度规模、培育新型农业经营主体的背景下，具有较强的转入农地的内在激励，农地流转的概率较高，对于以非农为主的农户而言，如果在产权交易安全的情况下，他们会通过转出土地，获取租金，使土地的资产价值显现，农地流转概率也较高。此外，是否拥有土地承包经营权证和合同对农户的农地流转意愿具有显著的正向作用。这说明农户还是比较认可有法律保障的农地产权安全性，而不是单单靠传统的非正式制度来约束。

（2）其他控制变量中，年龄、文化程度、外出务工经历、非农收入比重、是否购买社会保险、所在村庄距离县城距离都对农户农地流转行为决策起到了正向显著影响。这些因素都为今后促进农户农地流转规模提供了政策改进方向。从实证结果可以看出，农地确权对农户农地流转概率总体上是具有促进作用的，这说明当前国家通过农地确权政策来明确农民对土地的承包权、放活经营权对今后进一步推进农地流转具有积极影响。当前，应该针对农户对农地确权的认知及响应，结合不同类型农户，不断细化农地产权结构、满足不同农户的产权需求是提升农地流转规模的主要方向。

（二）政策启示

基于以上研究结论，可以得出如下几点政策启示。

第一，进一步明确和界定土地产权结构，提高土地承包经营权的灵活性，满足农民多样化的产权需求。

根据实证分析结果可以发现，对产权交易能力认知对农户农地流转决策的影响显著。所以，一方面，农地产权要实现“三权分离”，关键是分离的产权能否交易。如果不能交易，再明确的产权也没有价值。从现实实践来看，农民进行流转和抵押的基本是土地经营权或使用权。也就是说，在农村土地“三权分离”后，能够进行市场交易的，只有土地经营权，不包括土地承包权。对于想转出土地进城务工或定居的农户来讲，如果其土地承包权不能得到很好的处理，就很难轻易放弃这种权利，进而就会始终游离于城市和农村之间。所以，应逐步解除土地使用权、收益权的“非转移性”及封闭性，鼓励有条件和能力的农民“市民化”。另一方面，党的十八届三中全会和2014年中央“一号文件”明确提出，赋予农村土地承包经营权抵押、担保权能，允许土地承包经营权向金融机构抵押融资，这就赋予了承包地新的权能。但从实际调研来看，由于存在产权抵押缺乏制度设计、产权价值难以评估、缺乏可操作的产权交易平台及产权担保缺乏有效监督机制等问题。因此，应该进一步细化和明确“三权分离”，充实和完善每一种权能的内涵和权益实现机制，以便和农业经营规模、新型城镇化、农业人口转移同步。

第二，进一步培育和增强农户的资源禀赋优势，为促进农地流转提供良好的政策环境。根据实证分析结果发现，文化教育程度对农地流转决策行为具有正向影响，所以应该加大对农民的人力资本投资，进一步提高包括正规教育和非正规教育在内的农民受教育水平，加强对在业或转业农民的技术培训，提高他们的从业技能和从业资质；应破除社保制度、户籍制度对农地流转的束缚作用，通过有效政策组合来降低农村人口向城市完全迁移的障碍，并创造条件保证农地产权稳定和农民的土地权益。健全农村养老保险和失业保险等社会保险体系，形成对家庭收入风险的有力规避，减轻农户因农地流转带来的不利影响，从而提高其效用和福利水平。

第三，加大对农地确权政策的宣传力度，让农户对农地确权的内涵及目的有完整和正确的认识。根据实证分析结果发现，对农地确权政策的了解程度也是影响农户农地流转决策的重要因素。在实际调查中发现，农地确权政策宣传力度不够，很多基层的农民群众并不明白为什么要进行农地确权，很大一部分农民认为该政策只是国家为了加强对农村土地的控制和管理。因此，应全面组织和开展对农地确权政策的宣传和发动工作，让广大群众全面认识到农地确权的重要性及必要性，确保做到使农地确权政策的宣传家喻户晓，宣传到每个村组以及农户，帮助他们了解农地确权的主要目的、内容以及相应的配套政策，要积极争取广大群众对农地确权的理解、支持和真心拥护，使农民认识到农地确权的核心是还权赋能，有利于明晰农村土地的产权归属，保护农民的土地财产权和减少土地纠纷，这将直接关系到他们未来的生计和生活质量。

参考文献：

[1] 许恒周、石淑芹．农民分化对农户农地流转意愿的影响研究［J］．中国人口·资源与环境，2012，22（9）：90—96.

[2] 郜亮亮、黄季焜、冀县卿．村级流转管制对农地流转的影响及其变迁［J］．中国农村经济，2014，（12）：18—29.

[3] 钟文晶、罗必良．禀赋效应、产权强度与农地流转抑制——基于广东省的实证分析［J］．农业经济问题，2013，（3）：6—17.

[4] 冀县卿、钱忠好、葛轶凡．交易费用、农地流转与新一轮农地制度改革——基于苏、桂、鄂、黑四省区农户调查数据的分析［J］．江海学刊，2015，（2）：83—90.

[5] 钱忠好．农地承包经营权市场流转：理论与实证分析——基于农户层面的经济分析［J］．经济研究，2003，（2）：83—91.

[6] 叶剑平、丰雷、蒋妍、罗伊·普罗斯特曼．2008年中国农村土地使用权调查研究——17省份调查结果及政策建议［J］．管理世界，2010，（1）：64—73.

[7] 马贤磊，曲福田．新农地制度下的土地产权安全性对土地租赁市场发育的影响［J］．中国土地科学，2010，24（9）：4—10.

[8] 姚洋．中国农地制度一个分析框架［J］．中国社会科学，2000，（2）：54—65.

[9] 田传浩、贾生华．农地制度、地权稳定性与农地使用权市场发育：理论与来自苏浙鲁的经验［J］．经济研究，2004，39（1）：112—119.

[10] 温铁军．农民社会保障与土地制度改革［J］．学习月刊，2006，（10）：20—22.

农村土地流转中农民土地承包权益研究*

——基于湖南西部隆回县18个乡镇的调查

贺文华

（湖南区域经济研究中心、邵阳学院经济与管理系

湖南邵阳　422000）

内容提要：农村劳动力转移规模扩大引发农村土地抛荒，土地抛荒为推动农村土地流转创造条件，劳动力和土地的自由流动有利于生产要素优化配置，提高农业劳动生产率，加快农业现代化进程。为了把握农村土地流转过程中农民土地承包权益状况，通过访谈和问卷调查相结合的方式，调查隆回县土地流转过程中土地权益的认知、执行和纠纷情况。调查发现，农民对土地承包权益的认知度较高，但纠纷频发，被调查样本中有四分之一的农户遭遇过土地纠纷。隆回农村集体土地所有权登记发证、土地流转信息平台建设为减少纠纷并为纠纷公正仲裁提供依据。在此基础上为加快隆回土地流转、保护农民土地承包权益提出应对之策。

关键词：农村土地流转　土地承包权益　土地政策　法律法规　纠纷仲裁

---

* 2015年度湖南省社科基金西部项目立项课题“基于农业现代化视角的湖南西部县域农村土地流转研究（15YBX055）”、湖南省教育科学“十二五”规划2015年度一般资助课题“新型城镇化背景下职业农民培育机制研究（课题批准号：XJK015BZY003）”的研究成果。参与调研人员：谢恒教授、博士；李新平教授、博士；马骥副教授、博士；王周火副教授。课题组对隆回县县委组织部、农业局、林业局、国土局、三阁司镇、滩头镇、南岳庙镇、小沙江镇等单位及参与研讨的人员表示感谢。

一 引言

农村联产承包责任制改革以来，农民的生产积极性得到极大释放，粮食产量连年增加。但随之而来的卖粮难挫伤了农民的种粮积极性，大量农民加入外出打工的队伍，农村土地抛荒日益严重。农村土地抛荒为农村土地流转创造了条件，劳动和土地等生产要素的自由流动有利于生产要素的优化配置，提高农业生产经营效率，为扩大农业经营规模，发展现代农业创造了契机。但在土地流转过程中，土地权益纠纷也呈频发之势，在土地流转规模日益扩大的过程，如何使土地流转规范有序并进而保护农民土地承包权益日显重要。

国内外学者对土地流转中的土地承包权益进行大量研究，获得丰硕的研究成果。在国外，农村贫困者、妇女等弱势群体的权益颇受关注。在国内，由于流转土地类型多样化、流转方式复杂化、参与主体多元化，农民权益状况也随之发生变化，农村土地流转制度对农民权益的保护逐步成为学术界关注的热点。但国内学者更倾向于关注农民整体权益。

国外学者的相关研究主要是在土地市场这一大框架下展开的，将耕地流转、土地租赁制度和发展中国家的共同产权市场与包括农民、妇女在内的弱势群体的权益保护相结合进行研究。Diana Kopeva（1994），Rawalv（2001）等对市场条件不太成熟的发展中国家的研究发现，促进发展中国家的土地流转能有效提高耕地的利用效率，并能提高贫困者的信用水平[1-2]。Sevkiye Sence Turk（2005），Jonathan Rigg（2006），Anneette Hurrelmann（2008）等研究发现，发展中国家的土地市场运行存在信息不对称、信用体系脆弱、政府干预过度等问题[3-5]。Klaus Deininger（2003），SongQing Jin（2008），Eduarao Zegarra（2009）等研究发现，印度的土地市场是限制性最强和最无组织性的市场，但土地租赁制度能有效保护出租者和承租者的利益[6-9]。Bina Agarwal（2003）研究发现发展中国家只有极少的妇女拥有并控制土地[10]。Nicola Yeates（1999）分析了爱尔兰共和国住房权利的性别结构，并探讨了妇女获取和控制经济资源或资本的手段[11]。Keera Allendorf（2007）研究发现女性拥有土地与获得家庭中的决策权具有显著的正相关关系[12]，但也有结论完全相异的研究成果，Nitya Rao（2006）的研究结果显示印度农村妇女并没有因获得土地权益而使她们在家庭中的地位得到提高[13]。国内学者的研究主要集中于农村土地流转过程中的土地权益研究，李钢（2009）等阐述了土地使用权流转中农民权益受到的各种损害，并分析了农民权益受损的原因，因而必须坚持农民“自愿、有偿、依法”的原则，有效保护农民权益[14]。沈茂英（2008）提出了让农民能够从土地流转中获得充分的发展权利的途径[15]。周玉（2009）等认为我国农地流转的制度安排存在损害农民土地权益的可能性[16]。王民忠（2002）等对集体建设用地流转制度设计进行了研究，明确强调了保护农民的土地财产权[17]。吴丽梅（2004）等研究了集体建设用地流转的收益分配，明确提出以保障农民利益为出发点，明晰土地产权关系[18]。黄庆杰（2007）等研究发现，集体建设用地流转在增加农民收入和保障农民以土地参与工业化、城市化的权利等方面有积极作用[19]。嵇金鑫等（2008）从保障农民集体利益的角度，提出了集体建设用地流转价格的评估方案和完善流转价格评估的建议[20]。陈会广、刘忠原（2012）等的研究发现土地权益对农民工城乡迁移有重要的影响，尤其是土地保险机制作用的发挥影响农民工的城乡迁移决策[21]。何一鸣、罗必良（2014）等发现若要有效保护农民的土地权益，则必须提高农民获取土地潜在净租金的权利强度[22]。韦彩玲（2015）认为土地发展权的制度安排可以通过发展权转移、发展权补偿等适当机制保障农民的土地权益[23]。近年来，妇女群体的土地权益保护备受学者关注。课题组为了把握湖南西部区域土地流转中的土地权益状况，以国家扶贫重点县隆回县为调研对象。

2013 年 4 月 3 日隆回县农村集体土地所有权确权登记发证项目发出竞争性谈判邀请。项目涉及辖区 2871 平方公里，1005 个行政村，约 9498 个村民小组，以村民小组为单位与投标人谈判单价，最高上限不超过 1000 元/组。该项目将全县乡镇分南北两个标段，北标段包括小沙江镇、虎形山乡、麻塘山乡、金石桥镇、鸭田镇、司门前镇、大水田乡、羊古坳乡、高平镇、罗洪乡、六都寨镇、七江乡、荷田乡、西洋江镇 14 个乡镇，总面积约 $1604km^2$，村民小组 4220 个；南标段包括荷香桥镇、石门乡、横板桥镇、南岳庙镇、三阁司镇、山界回族乡、北山乡、周旺镇、雨山铺镇、滩头镇、岩口镇、桃洪镇 12 个乡镇，总面积约 $1266km^2$，村民小组约 5278 个。成交供应商为湖南省建设工程勘察院，成交金额 788 万元。由于地形错综复杂，确权登记难度大，在完成了农村集体土地所有权确权外业调查、业内数据处理等系列工作后，为确保土地权属合法、界址明晰、面积准确，乡镇国土资源中心所坚持“公平、公开、公正”原则，迅速把确权登记审核结果“成果图”张贴至村人口密集区，注重掌握各村反馈来的异议情况，尤其是争议地、飞地、插花地等情形，及时收集整理公示反馈信息，并将反馈信息统一汇报到县发证办处理，形成全县农村集体土地所有权数据库。

课题组在湖南省隆回县调研期间得到隆回县相关职能部门的大力支持，以访谈和问卷调查相结合的方法研究隆回县的土地流转以及流转过程中农户土地承包权益状况。自 2015 年 4 月至 2016 年 5 月，多次去隆回县调研，在调研过程中，共发放问卷 600 份，收回 402 份。问卷的发放特别要感谢隆回县委常委、组织部长、统战部长周玉祥的大力支持。由于周部长的支持，问卷遍及隆回县 18 个乡镇的 212 个行政村。收回的 402 份问卷中因有些问卷空白太多，考虑问卷分析结论的可信度和可比性，从中选取了 277 份有效问卷。

二 隆回县土地流转现状

隆回县现有耕地 49.62 千顷，粮食种植占总种植面积的 66.5%。县境南面种植双季稻、烟草、油菜、花生等，北面则以林业、中药材（小沙江种植的金银花占全国总产量的 50% 以上，隆回被誉为金银花之乡）为主。全县土地总面积占邵阳市土地总面积的 13.78%，人均土地面积 0.26 公顷。隆回的地理特征是北面山区、南面丘陵，成片面积不大，总的情况是人均耕地面积不足 5 分，水田少于 3 分。在已利用的土地中，林地和耕地合计占全县面积的 67.9%，其中林地占 50.6%，耕地占 17.3%。人均耕地面积 0.05 公顷，即 0.75 亩。在土地利用结构中耕地面积所占比重偏低，人地矛盾突出。隆回县土地流转规模不大，已流转耕地占总耕地面积的 20%，正处于培育典型阶段，有产业支撑且规模最大的达 6000 亩。邵阳市的武冈市、洞口县、邵阳县都已有了上万亩的流转规模，其中武冈有 2 万余亩的规模。

隆回县土地流转规模存在南北区域差异，南面的土地流转已初具规模，而北面只是零碎的分散的土地流转。在调研过程中，选取南面的三阁司镇和滩头镇两个镇进行实地调查和访谈，其他乡镇则用发放问卷的方式进行调查。

（一）三阁司镇和滩头镇的耕地流转状况

三阁司镇位于隆回县南面，距县城 10 公里，辖 52 个村，3 个居委会，492 个村民小组，总人口 7.2 万。耕地总面积 43250 亩，其中水田 28580 亩，旱地 14667 亩，人均耕地约 0.6 亩，人均水田面积约 0.4 亩，农业生产经营收入是农民收入的主要来源。三阁司镇有 11 个村集中流转土地面积 4535.05 亩，发展家庭农场 1 个。引进农业产业化龙头企业 6 家。三阁司镇以“建设幸福美丽三阁司，打造隆回城市后花园”为目标，相继建起了以优先、红光为核心的 4000 亩连片双季稻种植示范基地；打造了以龙拱、大磨为中心的万亩油菜花海，形成了以广茂园林、中洲农业科技为轴心的农业生态产业观光园，凸显农业的特色亮点。三阁司镇以分期分批的土地流转项目区招商的方式推动土地流转。2014 年 8 月三阁司镇实施第二期土地流转项目区招商（见表 1），后续项目有三阁司安乐农林生态园区项目、第三期（沙坪村、狮子村）土地流转项目、第四期（五里村）土地流转项目。2015 年进入推动 S219 沿线土地流转项目的招商工作，实现打造 S219 沿线 10 里花卉长廊的规划设想。2014 年 2 月 19 日，隆回县三阁司镇中洲村村委会与中洲农业科技有限公司签订土地流转合同，涉及农户 200 余户，共流转土地 566 亩，其中水田 506 亩，旱地 60 亩，流转期限 30 年，用于种植美国柚子、罗汉松、葛根等果木，打造果木观光休闲园林。土地租金以水田 400 斤/年/亩、旱地 350 斤/年/亩，或按国家中稻收购保护价折算人民币，在每年公历 12 月底前付清下一年租金。除中洲村外，三阁司镇的安乐、沙坪、石岭 3 个村的 1200 多亩土地完成了土地承包经营权的有效流转。西坪、早禾田、烟塘等村的土地集中连片稳步推进，确保土地流转无插花、承包价格适中、流转期限适当。2014 年 7 月 1 日起，安乐村千亩生态农林基地项目在全国各大招商网站进行为期 1 个月的招商宣传，经实地考察、专家评审、招商谈判后，8 月 25 日安乐村正式与广东韶关市浈江区徐记花木场签约，引进资金 5000 万元，规划用地面积约 1000 亩，建设特色名贵花卉苗木栽培种植基地 600 亩、有机农业种植基地 200 亩和农业生态旅游基地 200 亩。为推动当地经济发展，增加社会就业起了十分重要的作用。2014 年 8 月前三期土地流转已完成 3000 余亩，第四期土地流转的 8 个村中的龙拱村已率先完成土地流转 600 亩，第四期预计土地流转 3000 亩。至 2014 年 11 月，三阁司镇土地流转规模突破5000亩，引进资金超2亿元。2015年1月三阁司镇土地流转规模突破6000亩，达6028.57亩。其中：西坪村108.73亩、五里村1307.85亩、龙拱村593.83亩、旱禾田村和烟塘村合计2200亩、香花村246.79亩、中洲村566亩、大磨洲村214.97亩、狮子村108.29亩、安乐村1171.28亩、红光村104.66亩。2015年4月第三期项目中的沙坪村完成土地流转530亩，2015年三阁司镇的土地流转达千亩以上，按照土地流转功能分区，引导相关产业向苗木花卉、特色药材、传统农业、瓜果蔬菜等产业区投资聚集，全力构建S219沿线十里花卉走廊，重点推广三阁司花卉世界，积极建设田坝农业产业园，突出打造赧水河沿线千亩特色果蔬基地，实现“新常态”下的农业产业升级提质。

表1　　三阁司镇第二期土地流转项目区基本情况

标段序号	面积（亩）	地类	项目小地名	项目所在村	主要地形和优势	发展规划
标段一	320	一级良田	龙拱垅里	三阁司镇龙拱村	项目区位于紫龙公路旁，交通方便，水利设施贯穿整个项目区，土质优良，地势平坦，沙质土壤，抗旱能力强	富硒水稻、特色瓜果蔬菜等
标段二	120	一级良田	依洲垅里	三阁司镇龙拱村	项目区位于紫龙公路旁，交通方便，水利设施贯穿整个项目区，土质优良，地势平坦，沙质土壤，抗旱能力强	富硒水稻、特色瓜果蔬菜等
标段三	150	水田、旱土、山林	石柱山	三阁司镇龙拱村	项目区紧邻紫龙公路，交通较为方便，土质优良，斜坡地势	名优水果、名贵药材等
标段四	110	水田、旱土、山林	张公岑	三阁司镇西坪村	项目区位于隆回县与武冈市双牌乡接壤处，S219省道线穿村而过，交通便捷，区位优势明显。2000年前该片土地为柑橘场，土质优良，地势呈梯形坡状，排水条件好，抗旱能力强	名优园林花卉、特色瓜果蔬菜等

滩头镇位于隆回县东南方，地处隆回、邵阳和新邵三县交界地，距县城22公里、上瑞高速隆回周旺出口4公里。滩头镇辖87个村，3个居委会，671个村民小组，18974户，农业人口7.41万人，总面积198.32平方公里，耕地62846亩，其中水田43689亩，旱地18906亩。

人均耕地 0.85 亩，人均水田 0.59 亩，人均拥有耕地和水田面积比三阁司镇略高。2012 年，万顺植保专业合作社在三面村租赁土地 300 亩建成蔬菜基地。2014 年种植大户胡仙在金湖村、石陂村等村租赁土地 800 亩。其中 300 亩由种植大户免费提供种子、肥料和技术支持，农户实行分散经营，稻谷统一回收，无论收益如何每亩按不低于中稻 1000 斤产量 4 元/斤的市场价支付给农户；三面村等村依托三面玉米专业合作社发展订单农业，按照“合作社 + 农户”的模式建成 3000 亩高产玉米基地，该基地由合作社向农户免费提供种子，按高于市价 20% 的价格收购，促进了农业产业化进程。引进业主罗路军大力发展优质高产葡萄，在青龙村建成 300 亩葡萄基地。青龙村村支书介绍说，全村 600 余人，水田 150 多亩，人均不足 3 分，很多人都外出打工。每流转一亩土地，罗路军给村民 400 元补偿。大家自愿把土地流转出去。2014 年 8 月，滩头镇三溪茶油开发有限公司投资 600 万元兴建油茶基地，基地占地 600 亩，位于三溪村，其中荒岗坡地种植 500 亩，平畈地种植 100 亩。除去有机肥、平整土地等成本和人工管理费 2000 元，按亩产值 3000 元计算，每亩可获纯利 1000 元，远高于传统经济作物的生产效益。至 2014 年底，滩头镇土地流转面积 5693 亩，涉及农户 1790 户，分别占承包面积和承包户数的 9.1% 和 9.4%。2015 年 8 月，滩头镇柏水村的肖洪华回乡投资，发展瑶家蜜梨套种迷迭香特色果田 300 亩，迷迭香 2015 年 10 月投产，蜜梨 2017 年投产。截至 2016 年 3 月，耕地流转面积 12570 亩，占家庭承包耕地面积的 23.2%，30 亩以上规模流转面积 2700 亩，百亩以上规模经营主体 8 个。全镇有各类农业合作社 13 个，初具形态的家庭农场 70 个，全镇烤烟种植面积 4100 亩。土地集约化、农业现代化、农民专业化的新型农业经营模式不断显现。滩头镇出现了多样化的土地流转模式，转包模式流转 2256 亩，涉及农户 705 户，占总流转面积的 39.6%；租赁模式流转 1530 亩，涉及农户 447 户，占总流转面积的 26.8%；转让模式流转 108 亩，涉及农户 32 户，占总流转面积的 1.8%；代耕代种模式流转 1799 亩，涉及农户 606 户，占总流转面积的 31.6%。代耕代种模式主要是农户将种不了或不愿种的土地转包给愿意种的农户，这种承包关系多发生在兄弟姐妹、亲戚朋友之间，一般为无偿转包，集体与原承包户经营权关系不变。土地流转过程中农业生产实现多样化经营，同时也出现了农户种植的“去粮化”行为。

但流入资金与劳动和土地优化配置，在增加就业的同时也提高了农民收入水平。

提高农业生产效率，发展现代农业是实现农村经济发展以及进而达到城乡协调发展的必由之路，现代农业的重要特征是优化配置劳动、土地等生产要素，适度规模经营，获取规模收益。农地规模化流转一般建立在国家土地整理基础上，打破农户承包耕地的田埂界限，与农户原先承包耕地难以对应，仅表现为账册上的田亩数据，淡化农民与土地的联系，与货币相似，农民土地也出现“电子”化趋势。项目区田块整理因政府投入大量资金，使得代表承租大户与村民谈判流转事宜的乡村组织变得强势，农户谈判地位弱化，易引发违背农户意愿的行为，如土地租赁价格偏低，代签合同和层层转包，租赁期过长而调租期偏短等。有些农民虽然签订了土地流转合同，但因法律意识淡薄，易出现干预承租大户经营的行为。因早期土地流转多在亲戚、邻里之间进行，只有口头协议，没有合同文本，土地转出后容易收回，流转是可逆的。但土地流转进入规模化阶段后，则有地方政府有形之手的干预和引导。一旦有地方政府的强力干预，土地流转往往是单向的不可逆的，农户流转出去的土地难以收回。若给予农户更多的选择空间，农户可随时收回，则影响农业经营的稳定，无法实施规模经营发展现代农业[24]。但若经济发展不稳定，城市用工环境恶化，土地流转农户失业或非农就业收入下降，或因年龄偏大而不再适宜在城市打拼，农民工如何退守农村是必须面临的一个现实问题。在社会保障依然没有覆盖农村，土地依然承担“养家活命”的社会保障功能背景下，农户若难以要回土地，则会激化社会矛盾，影响社会稳定。因而，农地适度规模化流转要以保护农民土地承包权益为前提。

三 隆回县农村土地流转中农民土地承包权益状况

课题组以问卷和访谈相结合的方法进行调研，调查样本为隆回县 18 个乡镇的 212 个行政村，南面 9 个乡镇为南岳庙、西洋江、六都寨、周旺、荷田、荷香桥、山界、岩口、雨山；北面 9 个乡镇为小沙江、金石桥、高平、七江、司门前、鸭田、羊古坳、大水田、罗洪。问卷设计分为农户基本信息、土地政策和法律法规认知、土地流转政策执行效能三个部分。

（一）农户基本信息

课题组从七个方面对受访人员的基本信息进行调查，包括年龄、文化程度、家庭成员构成、人口数、主要收入来源、年收入状况、工作状况。

第一，年龄调查结果显示农业生产经营者的年龄偏大。由于50岁及以上没有细分，因而不知60岁及以上的从事农业生产的劳动力所占比例。但从访谈中得知有一部分60岁甚至70岁以上农业生产经营者。20岁以下和20—30岁的各1人，分别占0.36%；31—40岁的59人，占21.30%；41—50岁的122人，占44.04%；50岁及以上的94人，占33.94%。从事农业生产经营者40岁以上的接近80%。第二，从农业生产经营者的文化程度看，小学文化以下的18人，占6.50%；小学毕业的33人，占11.91%；初中毕业的111人，占40.07%；高中毕业的94人，占33.94%；大专及以上的21人，占7.58%。初、高中文化程度的劳动力为农业生产经营的主体。第三，调查家庭成员构成时，以被访者为参照点，上溯父母下及子女，调查显示，没有独居者。由夫妻构成的1代家庭16户，占5.78%；夫妻及其子女构成的2代家庭134户，占48.38%；夫妻与父母同住构成的2代家庭27户，占9.75%；父母、夫妻及其子女构成的3代家庭99户，占35.74%；其他情况1户，占0.36%。从调查结果看，成家后与父母分居的超过50%。第四，家庭人口数的调查结果显示，人口数为2人的家庭有9户，占3.25%；人口数为3人的30户，占10.83%；人口数为4人的71户，占25.63%；人口数为5人的62户，占22.38%；5人及以上的105户，占37.91%。从调查结果可看出农村家庭人口数量较大，人口数多于4人的家庭超过60%。第五，从家庭收入主要来源的调查结果可看出，主要依靠工薪收入的65户，占23.47%；农业经营净收入是其主要收入来源的190户，占68.59%；依靠转移性收入的10户，占3.61%；家庭收入主要来源于财产性收入的有12户，占4.33%。近70%的家庭是依靠农业经营收入。第六，从家庭年收入分布状况看，1万元以下的39户，占14.08%；1万—2万元的78户，占28.16%；2万—3万元的90户，占32.49%；3万—4万元的23户，占8.30%；4万—5万元的17户，占6.14%；5万—6万元的10户，占3.61%；6万—7万元的6户，占2.17%；7万—8万元的5户，占

1.81%；8万—9万元和10万—11万元的各1户，分别占0.36%；11万元以上的7户，占2.53%。调查结果显示农村收入差距大，低收入家庭多，年收入小于3万元的家庭占样本数的74.73%。第七，从现有工作状况的调查结果看，一直在外打工的36人，占13.0%；之前在外打工，目前返乡的50人，占18.05%；一直在家经营农业或打工的191人，占68.95%。一直在家经营农业或打工的人数所占比例与访谈结果不吻合，其主要原因是发放问卷的对象都是在家的农户，而这些人中有较大比例一直在家经营农业。

（二）农民土地承包权益的现状调查

农民土地承包权益情况调查，分为三个方面：农户对土地政策、法律法规的认知；土地流转政策执行效能；土地承包权益转让时的纠纷状况。土地承包权益转让纠纷调查包括：是否发生过纠纷；发生纠纷的形式；发生纠纷的原因；解决纠纷的途径；解决纠纷的合理方法。

1. 农户对土地政策、法律法规的认知状况

农户对土地政策、法律法规的认知情况调查包括：土地流转的是所有权；土地转让只要双方自愿即可，无须办理登记手续；土地流转的是经营权，而非承包权；土地流转后可以用于非农建设，如建房等；土地流转的流转方可以随时收回土地。农户在五个方面的认知都存在偏差。认为土地流转是所有权的有52人，占调查样本的18.77%；认为不是的211人，占调查样本的76.17%；表示不知道的14人，占5.06%。流转程序的调查结果则显示，认为土地转让只要双方自愿即可，无须办理登记手续的58人，占调查样本数的20.93%；认为需要的有203人，占73.29%；表示不知道的有16人，占5.78%。从对土地流转的是经营权而非承包权的调查结果可看出，认为流转的是经营权而非承包权的有183人，占调查样本数的66.06%；认为不是的有40人，占14.45%；表示不知道的有54人，占19.49%。对于土地流转后是否可以用于非农建设的认知差别也很大，认为土地流转后可用于非农建设的23人，占8.30%；认为不可的211人，占76.17%；表示不知道的43人，占15.53%。土地的流转方是否可以随时收回土地的调查结果显示，认为可以随时收回的有53人，占调查样本的19.13%；认为不可以的有169人，占调查样本的61.01%；表示不知道的55人，占19.86%（见表2）。从调查结果看，农民对土地政策、法律法规的正确认知达到了60%以上。

表 2　　隆回县农户的土地政策、法律法规的认知调查结果　　（单位：%）

	是	不是	不知道
土地流转的是所有权	18.77	76.17	5.06
土地转让只要双方自愿即可，无须办理登记手续	20.93	73.29	5.78
土地流转的是经营权，而非承包权	66.06	14.45	19.49
土地流转后可以用于非农建设，如建房等	8.30	76.17	15.53
土地流转的流转方可以随时收回土地	19.13	61.01	19.86

2. 当地土地流转政策执行效能状况

课题组对当地土地流转政策执行效能调查包括：如果对土地进行征用，有没有召开村民大会听取村民意见；村干部有没有在村里宣传过土地承包出让的相关法律知识；当地有没有土地流转的相关政策及办法；当地农村土地承包有没有办理正规手续；当地有没有土地流转市场或土地流转中介。

如果对土地进行征用，有没有召开村民大会听取村民意见的调查信息显示，承认召开了村民大会听取村民意见的 218 人，占调查样本的 78.70%；认为没有的 32 人，占调查样本的 11.55%；表示不知道的 27 人，占 9.75%。对村干部有没有在村里宣传过土地承包出让的相关法律知识的调查结果显示，认为村干部有进行宣传的 204 人，占 73.65%；认为没有的 41 人，占 14.80%；表示不知道的 32 人，占 11.55%。当地有没有土地流转的相关政策及办法的调查结果说明，认为有土地流转的相关政策及办法的 128 人，占 46.21%；认为没有的 56 人，占 20.22%；表示不知道的 93 人，占 33.57%。回答当地农村土地承包有没有办理正规手续的答案显示，持肯定回答的 126 人，占 45.49%；认为没有的 100 人，占 36.10%；表示不知道的有 51 人，占 18.41%。调查当地有没有土地流转市场或土地流转中介的调查结果显示，认为当地有土地流转市场或土地流转中介的 26 人，占 9.39%；认为没有的 176 人，占 63.53%；表示不知道的 75 人，占 27.08%（见表 3）。说明隆回县土地流转还没有形成规范的市场化运作，相关的法律法规还没有被广大农户认知和接纳。

表3　　隆回县农户土地流转政策执行效能调查结果　　（单位:%）

	有	没有	不知道
如果对土地进行征用，有没有召开村民大会听取村民意见	78.70	11.55	9.75
村干部有没有在村里宣传过土地承包出让的相关法律知识	73.65	14.80	11.55
当地有没有土地流转的相关政策及办法	46.21	20.22	33.57
当地农村土地承包有没有办理正规手续	45.49	36.10	18.41
当地有没有土地流转市场或土地流转中介	9.39	63.53	27.08

3. 土地承包权益转让纠纷情况

土地承包权益转让时是否发生过纠纷的调查结果显示：发生过纠纷的有68户，占24.55%；没有发生的209户，占75.45%。发生纠纷主要发生在农户与农户之间，其次是农户与专业大户之间，而农户与村集体或集体性质经济组织之间、农户与企业之间、农户与政府之间出现的纠纷较少。引起纠纷的原因中，出现频率较高的有土地权属不明、流转后用途不当或随意改变、流转程序不规范、基层管理混乱，土地流转监管不到位、流转补偿不合理、争夺国家征地的补偿款等，频率相对较低的有国家惠农政策，土地升值，农民争抢承包、农村土地所有权和土地界限登记资料缺失、没签合同或合同不规范，等等。而一旦发生纠纷后通过当事人之间协调、或通过找村委会及乡（镇）政府协调解决问题的居多。至于如何解决土地纠纷，农户各有看法：明晰产权，协调利益关系；建立失地农民的养老保险和最低生活保障制度；完善土地流转的相关法律，规范土地流转程序等等。有的农户认为需要稳定承包关系；完善对被征地农民的补偿安置制度；加强对失地农民的就业培训，增强其再就业能力；强化宣传土地方面的法律、法规及相关政策等以便更好地解决问题。总之，隆回县被调查的农户中有近四分之一的农户曾遭遇过土地承包转让纠纷，产生纠纷的原因更是不一而足，其中法律法规不健全甚或冲突以及土地征用补偿费存在分歧是引发纠纷高发的重要原因。

四　隆回县土地权益纠纷案例

因土地纠纷最后上诉至县、市法院审理的案件缘由主要有两个方面，一是承包地征收补偿费用分配纠纷；一是承包经营权的处置以及土地承包合同纠纷。具体细分则有村民小组侵犯集体经济组织成员权益纠纷；农村土地承包合同、承包地征收补偿费用分配纠纷；乡（镇）政府与个人土地承包合同纠纷；个人之间土地承包合同纠纷；土地承包经营权确认纠纷等。下面是隆回县发生的具有代表性的土地权益纠纷案。

（一）小沙江镇洞江村土地承包纠纷案

至2013年，隆回县小沙江镇洞江村四组55岁的村民邹××已有六次法院上诉的经历。邹××1999年承包洞江村四组水田4.74亩，用于种植水稻，并有隆回县人民政府下发的《集体耕地承包经营证书》确认。2005年4月四组村民因邹××家庭成员变动（母亡故、女外嫁），按2000年村组定的“五年一小调，十五年一大调”的方法，将邹××承包的忍塘上丘水田0.9亩、明屋下长田0.45亩抽出补给罗××与蒋××。邹××认为村组的规定是无效条款，因而年年向村、镇反应情况，并先后三次向县法院，三次向市法院上诉。邹××认为罗××、蒋××的行为违反了《农村土地承包法》第22条、27条、55条的规定，违反了《湖南省实施土地承包法》第11条的规定。邹××认为罗××、蒋××的行为严重妨碍、侵犯了他的合法权益（承包权、经营权）并造成稻谷损失数千斤。邹××先后历经三次调处和六次上诉法院，小沙江镇为这次纠纷进行了确权处理：（1）经小沙江镇人民政府调处确权认定，洞江村四组1999年第二轮土地延期续包协议中有关五年小调整的条款为无效条款；（2）罗××（又名罗××）、蒋××从邹××家所进的责任田应按原地界、原地块、原面积依法归还邹××。但罗××、蒋××未执行镇政府的处理意见，镇政府也未能落实，只因镇政府有调解权无判决权。因此，邹××向隆回县人民法院起诉。2010年12月27日，隆回县人民法院判决：（1）被告人罗××退还邹××于2005年被抽出的水田0.9亩。（2）被告蒋××退还邹××于2005年被抽出的水田0.45亩。

罗××、蒋××不服，继而上诉邵阳市中级人民法院，市中院认为（2011）隆法民初字第116号民事判决，还需增加四组组长（法人代表）为共同被告，发回隆回县法院重审。隆回县人民法院于2011年10月13日作出判决，认为对尚未取得土地承包权的纠纷由相关行政主管部门负责，因此要由集体经济组织和指导该集体经济组织的相关行政机关提出，而不能作为民事案件向人民法院提出诉讼，裁定驳回原告邹××的上诉请求。

邹××于2011年4月上诉于邵阳市中级人民法院，中院于2012年3月12日裁定，隆回县人民法院“将土地承包经营权按土地使用纠纷裁处欠妥，本案应属人民法院的立案受理范围，上诉人的上诉理由成立，本院予以支持”。裁定“指令湖南省隆回县人民法院对本案进行审理”。隆回县人民法院判决：“洞江村四组村民于2000年3月31号经本组村民大会，协商决定并签订了洞江村四组关于大田责任制延期的协议，约定续包一定三十年，其中五年一小调整，十五年一大调整。五年调整方法为：‘出生、迁入的补，死亡、迁出的抽’。2005年4月洞江村四组根据该协议对承包责任田进行调整，将邹××承包的忍塘上丘稻田0.9亩没经本人同意抽出，交由罗××承包，将其承包的明屋下长田0.45亩抽出，交由蒋××耕作，邹××是对其权利的自愿处分。而且此后几年均未提出异议，现要求罗××、蒋××返还承包地，从保护农村土地承包关系的稳定性，连续性出发，对此请求不予支持”。邹××不服，又诉于邵阳市中级人民法院。邵阳市中级人民法院2013年3月22日的判决是维持隆回县人民法院（2011）第836号的判决。对此判决邹××表示不服。此时，隆回县农村集体土地所有权确权登记发证工作已启动。

让邹××深感不服或疑惑的是国家的法律效力大？还是2000年组上的“包田协议”效力大？邹××认为1999年隆回县“五年一小调，十年一大调”的承包方式，不符合国家《土地承包法》第20条“耕地承包期为三十年”的规定，隆回县委以农办字（2006）198号文件明确规定要坚定不移地执行《土地承包法》，关于耕地承包期为三十年的规定，任何地方不得以任何理由缩短土地承包期……对耕地承包期没有达到三十年的要按照三十年不变的规定，重新签订承包合同，同时宣布隆回县实行“五年一小调，十年一大调”的文件作废。让邹××不解的是隆回县委县政府的文件、政策都不能与中央政策文件相抵触，村组的协议难道可以与中央政策相抵触？他认为隆回县人民法院、邵阳市中级人民法院的判决，没按国家政策法律法规判决，而按2000年村组做的协议判决，这难道符合法律规定吗？

邹××说，根据《民法》第58条规定：“违反法律或公共利益的行为是无效的民事行为。”2000年村组“五年一小调，十五年一大调”的协议，违反《土地承包法》中“耕地的承包期为三十年”的规定，也违反了《土地承包法》第54条规定，发包方有下列行为之一的，应当承担停止侵害，返还原物，恢复原状，赔偿损失等民事责任。违反本法规定，调整承包土地的（第二项）；假借少数服从多数强迫承包方放弃或者变更土地承包经营权的（第四项）。邹××说，四组2005年抽我的水田明显是“违反本法规定，调整承包土地的”违法行为，依法应当返还原物（水田）予我。同时也违反了《民法》第58条的规定，明显是个违法协议、无效协议。我村一、二、三组都按《土地承包法》把2005年抽出的水田退给了原户主。只有我四组罗××、蒋××依然拒不退还也合法吗?

至于判决书所说的“2005年4月，洞江村四组根据2000年3月31日组上的协议抽出邹××的水田，邹××与蒋××、罗××之间的土地调整行为是双方权利的自愿处分。”难道邹××我自愿吗?邹××认为是罗××、蒋××强行霸占的，我邹××年年向村委镇政府反映请求处理，村、镇年年调处，要求他们返还我的水田。但他们拒不执行，无奈之下我才起诉到法院，这也是“自愿”吗?为这事镇政府三次调处，我三上县法院，三上市中级人民法院难道是“自愿”吗?至于2000年组里做协议时，我在协议上签了字，那是依据当时隆回县人民政府的政策签的。后来法律政策都变成30年不变了，1999年隆回县的“五年一小调，十年一大调”的文件都作废了，村组上依据当时的政策做出的“包田协议”还有效吗?邹××认为既然市、县法院支持村组“五年一小调，十五年一大调”的出生、迁入补田的协议，2005年抽出我女（外嫁）、我母（亡故）的田，现在我家增了两口人（儿子娶妻生子）该不该判决村组按2000年的协议给我补足2人的水田?总之，按《土地承包法》承包期为30年，村组不该抽出我的水田，应返还我1.35亩水田，这才是合法的。若按村组2000年包田协议，现在就应该补进我新增两个人口的水田。让邹××不理解的是市、县法院本应依法判决，怎么能做出与国家法律相抵触的判决呢?怎么不按《土地承包法》判决，反而按村组过时的，与国家法律相抵触的无效协议判决呢?法院说我邹××自愿将承包的0.9亩忍塘上丘稻田抽出，交由罗××承包，将其承包的明屋下长田0.45亩抽出交由蒋××承包。我的《承包经营证书》载明承包水田4.74亩，当时我家有7口人，人均0.675亩。那么我为什么要抽给他们1.35亩呢?抽了我两个人的田。罗××、蒋××和我非亲非故，为什么我要把田给他们呢?邵阳市中级人民法院说我“自愿处分”，我六次上法院，开支两万余元，损失稻谷数千斤，这难道是自愿吗？邹××激愤地说。我在插秧时罗××的妻子吴××拿锄头打我妻子，有隆回县人民法院第一次的判决书为证；蒋××与他母亲趁我们插秧时，用刀砍坏我的锄头和耙等农具，派出所立了案，驻村干部查看了现场。罗××多次用草甘膦洒死我承包地的禾苗，用刀割禾穗，派出所有案可查，这难道也是自愿吗？

2013年3月22日邵阳市中级人民法院判决书下达后，造成洞江村一、二、三、八组的动荡，四组更是一团糟。罗××除侵占我忍塘上丘0.9亩外，还到处侵占我组其他村民如伍××、邹××（另一邹姓村民）、罗××、罗××（另外两位罗姓村民）等的承包田。5月2日蒋××的父母亲拿刀砍死我屋下河边三角田已有产出的49株金银花。蒋××的妻子连同其父母侵占我的土地（三角田）。我报了警，派出所派三位干警来现场点了蔸拍了照，但未处理；金银花是我家的主要经济来源，同时也是经济林，造成当年损失至少2000元，三年总损失达8000元；5月28日罗××强行侵占伍××的承包责任田，其子罗××还行凶打伤伍××之妻阳××。邹××认为这是邵阳市中级人民法院这一判决带来的后果。

（二）南岳庙镇石蒜村土地承包租赁纠纷

2015年6月12日，南岳庙镇石蒜村刘××将2015年5月28日的一段强行阻工的视频上传到××视频网站，并在隆回人网发帖实名举报该村农田被强行破坏。紧随而来的是镇政府的公开声明和《法制晚报》跟踪调查。

2015年5月底，微信朋友圈流传一则举报信，点击量超过10万人次。湖南省隆回县一村民组长举报称，该村的部分农田被强征，村民阻拦时遭遇执法人员卡脖拖行。对此，隆回县南岳庙镇人民政府回应称，村民意图用粪便、锄头、扁担等物品攻击在场人员，为避免挖机作业误伤群众，不得不将阻工人员带离现场，全程未使用“武力”。

征地视频显示，一辆挖掘机开进农田，准备作业，一名男子突然坐在挖掘机挖斗下，意图阻止，随后，多名民警和身穿便服的男子一起，将阻止施工作业的村民强制带离。在此过程中，一名村民被卡住脖子带走，上前阻止带离行为的村民则被推倒在地。

南岳庙镇石蒜村六组组长刘××说，5月28日，在没接到通知的情况下，一大群人员与挖掘机开到已经种植水稻的农田。南岳庙镇政府、镇派出所、县治安大队、村主任刘××以及社会闲杂人员准备对农田水稻进行破坏，村民试图阻拦，所以出现了视频中的画面。“征地方强行对我村约40亩农作物进行破坏。执法人员不进行任何语言劝说，以武力解决问题，二话不说就打人，就连坐在周围的围观农民也难以幸免，被推倒在地。”

2015年6月15日，中国隆回网上传了《关于南岳庙镇石蒜村刘××涉嫌网络造谣传谣的情况说明》，镇政府工作人员证实，该帖为政府对此事的正式回应，“6月12日，我镇石蒜村刘××将5月28日的一段强行阻工的视频上传到××视频网站，并在隆回人网发帖实名举报该村农田被强行破坏，执法人员暴力执法拘留百姓。刘××发帖实名举报的内容，有诸多歪曲事实之处。”

镇政府回应称，狐狸岛旅游开发项目租地范围将要进行施工，镇政府进行了提前告知，村民对此事知情且绝大多数无异议。“来施工现场阻工的人员并不多，只有六七个人（基本上是举报人刘××的亲属），县、镇、村干部全程都在好言劝说，阻工人员却意图用粪便、锄头、扁担等物攻击在场工作人员，数名工作人员被抓伤。隆回县治安大队接警后派员赶赴现场，在多方劝说无果后，为避免挖机作业误伤群众，不得不将阻工人员带离现场，全程未使用‘武力’，属正常公务执法行为。”

视频中倒地不起的妇女周××系刘××（举报人刘××大哥）妻子，在执法人员将其带离现场的过程中，旁边有人为其出主意要其倒地装病。周××倒地后，××公司马上拨打了120急救中心电话，并由公司一名负责人和镇干部将其送到县人民医院做了全身检查，未查出任何问题，且一切检查费用和住院押金由公司当场垫付（附有公司垫付的医药费单据）。

关于该村六组未签租地合同的问题纯属歪曲事实。刘××在举报中称“租地合同为2014年6月补签，六组没有合同”。实际情况为该村六、七、八组所有土地流转合同均在2014年6月签订，“合同补签”和“六组未签合同”的说法均与事实不符，且刘××本人也早已签字并领取租金，所有租金均足额发放到户。

2015年6月15日隆回县南岳庙镇人民政府发布《关于南岳庙镇石蒜村刘××涉嫌网络造谣传谣的情况说明》。主要从三个方面作了澄清说明：一是2015年6月12日刘××的举报内容；二是2015年5月28日狐狸岛的施工现场；三是狐狸岛旅游开发项目。对刘××举报帖中提到的暴力执法、群众倒地2小时无人理会、六组未签租地合同、强行破坏农田以及群众被殴打等，镇政府给予详细说明，并附相关佐证材料，如当事人签字的合同文本、租金发放账目单，隆回县人民医院的收费收据以及不同时段张贴于村落院墙的公示等，用以证明刘××举报内容纯属故意歪曲事实，混淆视听。至于2015年5月28日狐狸岛旅游开发项目施工现场发生的事件是刘××及其家属六七人（刘××的大哥、二哥、三哥以及刘××大哥的妻子和儿子）不听镇村干部劝阻而执意阻工，谩骂镇村干部，肆意破坏施工警戒线，攻击在场工作人员而引起的。隆回县治安大队和南岳庙镇派出所的执法人员为避免施工误伤群众，对带头阻挠正常施工的刘××（刘××大哥）、刘××（刘××二哥）、刘××（刘××三哥）、刘××（刘××大哥之子）强制带离现场（引发事件后，刘××迅疾退居幕后），并根据其违法情节依法治安拘留7天。至于为什么要流转狐狸岛的耕地，镇政府给出了详细解说，那是狐狸岛旅游开发项目的需要。狐狸岛旅游开发项目是隆回县招商引资重点项目。早在2012年12月8日，湖南××旅游公司与隆回县人民政府签订了招商合同，对石蒜村狐狸岛进行旅游综合开发以带动当地经济发展。根据狐狸岛旅游开发项目总体规划设计，需在石蒜村和木塘村租地160亩用于建设生态农业。自狐狸岛旅游开发项目签约以来，县、镇干部在村组多次召开恳谈会，绝大多数群众积极支持配合狐狸岛旅游开发。但刘××为了个人利益肆意阻挠。镇政府对刘××的行为提出严厉批评，刘××作为石蒜村六组组长、支部委员、中共党员，自2014年村支“两委”换届未能如愿当选村支部书记之后，一直心有不甘，多次捏造事实，利用各种邻里矛盾唆使个别群众特别是自家亲属阻碍石蒜村各项事务正常开展。镇政府最后表态，狐狸岛生态旅游开发项目是隆回县招商引资项目，对于少数存在误解的群众，镇政府将继续做好宣传疏导工作，但对为了个人的政治目的和经济利益强行阻工的行为将上报有关部门继续依法打击。

在农村集体土地所有权确权登记发证之前，纠纷来源除集体组织的乡规民约与政府制定的法规条款的冲突以及政策的变更引发的纠纷外则是因土地承包租赁引发的纠纷。尤其是隆回县农村集体土地所有权确权登记发证启动前期，则是农户为争取各自权益而引发纠纷的密集时间段。还有的就是修建沟渠涵洞等农田水利设施以及村村通、机耕路等基础设施都需要分摊耕地，而面积的分摊则是产生纠纷的又一重要根源，一切纠纷的终极原因则只能是利益分歧或利益冲突。尤其是大型项目的土地征用租赁，土地使用具有不可逆性，如狐狸岛旅游开发项目，在缺乏完善的社会安全保障又未能解决就业的情况下，农民对土地具有强烈的依恋情结是容易理解的，拥有一份土地的承包经营权就意味生存权的基本保障，一旦失去了对土地的控制，则似空中柳絮或水面浮萍，有一种无依无靠的失落感，农民只有站在肥沃的土地上才会感到踏实。隆回总体情况是人均耕地少，南岳庙镇石蒜村刘××认为552元/年/亩的租金太低，他的耕地又集中在狐狸岛，一年的租金收入仅1021元，怎能让人踏实。尤其是面临多种不确定性时，更让人胆战心惊，其子孙后代将如何寻求生活保障。虽然合同中有一些约定条款能确保村民利益得到维护，如承租方不得改变土地的农业用途，在同等情况下优先石蒜村六、七、八组村民的用工，国家规定支付给农户的农田直补由户主所得等。但不足以减弱农民对土地的依恋情结以及降低农民对土地的依赖度。因而，在大型土地项目开发过程中，若极个别村民不同意，需要镇村干部花费大量的时间和精力去做工作。镇村干部为了当地经济发展，花费资源耗竭心力引进项目，当然不能因为个别村民不同意而致项目流产，迫于无奈只能去“磨牙”，只能低三下四去说好话，甚至“鞋底磨薄，腿杆子跑细；口水说干，嘴巴皮磨烂”也在所不惜。但你越热心，反而越让人觉得有猫腻存在；你越焦急上火，他越偷着乐，尤其是村镇干部与村民有矛盾的时候，工作更难做。有村镇干部感慨：现在的人都怎么了，想做一点实事真是太难了！因而，如何让村民认识微观和宏观、短期和长期、个体和整体的利益协调也将是村镇干部未来很长一段时间的主要工作，也是培育新型职业农民发展现代农业的大事件，也是减少农村土地权益纠纷，实现城乡协调发展的重要途径。

五　结论及建议

调查发现有近四分之一的村民遭遇过因土地权益转让而引发的纠纷，隆回县产生土地纠纷的原因主要来自以下三个方面：一是承包地征收补偿费用分配纠纷；二是承包经营权的处置引发的纠纷；三是土地流转双方因土地承包合同而引发的纠纷。高频率的土地权益纠纷是影响农村社会稳定的巨大隐患。为了减少土地权益纠纷，隆回各个乡镇根据具体情况都制定了规范的合同文本。为了减少因承包经营权的处置而引发的纠纷，隆回县花费800万元作了土地确权发证工作，并逐步探索土地制度改革，以适应现代农业发展的需要。

（一）开展农村土地承包经营权流转规范化管理和服务试点工作。一是坚持农村基本经营制度不动摇，稳定和完善农村土地承包关系。在农村土地承包经营权确权试点的基础上，逐步推行并稳步扩大农村土地承包经营权物权登记公示制度，保障农民的土地承包经营权，并把地块、面积、四至、空间位置等全面确权到户，并长久不变，夯实农户土地流转的基础。二是遵循市场经济规律，建立农村土地承包经营权流转服务平台，完善县、乡两级土地流转市场。互联网土地流转平台为隆回人伍勇首创，是第一家为政府提供土地流转社会化服务的企业。2016 年将加快与政府以及金融保险行业的合作，破解农村土地经营权流转抵押贷款难题。因而隆回在建立土地流转平台方面具有强有力的技术支持。地方政府还要扶持发展市场化的土地价值评估机构，为农户提供流转农林地、水面或荒山荒坡的交易信息，尽力做到公开、公平和公正，防止因信息不透明、不对称而导致租赁价格偏低而损害农民土地承包权益。县、乡两级土地流转服务组织构建土地流转网络平台并配备必要的电子屏幕等服务设备，开展土地流转信息发布、价格评估、合同签订及鉴证、纠纷调处等服务，形成土地承包经营权公开、公平、公正的交易市场。三是引导土地承包经营权向专业大户、农民专业合作社适度集中，扶持发展多种形式的适度规模经营主体，发展农户多种形式的联合与合作，不断完善和创新农业经营体制。要严格执行“依法、自愿、有偿”原则，充分尊重农民土地流转意愿，避免非意愿的农民失地事件发生以切实保护农民权益。发包整理后的田块要优先考虑本地种田能手，让原承包农户投标公平竞争，使愿意种田、有能力种好田的农民有田可种，将土地流转与培育新型职业农民结合起来，保护广大农民的种田积极性，防止土地流转中的“去粮化”行为。四是探索建立农业经营能力审查制度和土地流转风险防范机制，探索建立农业经营能力审查办法和土地流转风险保证金，推广使用规范合同，加强对土地流转行为的规范管理，防止以土地流转之名恶意囤地、闲置浪费土地和改变土地用途等投机违法行为，防止侵害承包农户的土地流转收益。

（二）加强农村土地承包经营权流转纠纷调解仲裁工作并完善土地流转纠纷调处机制。一是加强仲裁基础设施建设。主要建设“二庭二室”和“二系统”。二庭二室即：仲裁庭、合议调解庭、案件受理室和档案会商室；“二系统”即：音视频显示系统和安防监控系统[25]。二是加强调解仲裁员队伍建设。制定仲裁培训规划，争取仲裁员培训合格后持证上岗。三是坚持依法规范开展仲裁活动。仲裁农村土地流转纠纷一定要坚持公开、公平、公正的原则，信息透明、程序规范，保障广大农户的广泛知情权，维护仲裁正义和中立，公平对待双方当事人，保障农户的土地流转权益。由于农村是一个熟人社会，而土地流转纠纷一般又是普通的民事纠纷，一般农户之间不愿因土地流转纠纷而闹得走上法庭，一辈子结怨。所以在解决这些纠纷时，既要遵守法制原则，又要以和谐安定为出发点，注重调解。要全面建立土地流转纠纷协商、调解、仲裁、诉讼多种途径的调处机制，以和解、调解为主，能相互协商和解的不调解，能调解的不仲裁，能仲裁的不诉讼。农经部门要注意对土地流转纠纷问题早发现、早处理，把问题解决在基层，把矛盾化解在萌芽状态。

（三）在逐步建立并完善农村社会保障体系的同时，大力发展农村文化事业。只有妥善解决农民失业和养老保险问题，强化土地的生产要素属性弱化其社会保障功能，才可让农民无后顾之忧，降低农民生存对土地的依赖度，有效促进土地流转，实施规模经营，发展现代农业提高农民收入水平，改变农民的生产生活方式。随着农地转出，老年农民赋闲在家，但农村文化生活落后并缺乏农村传统文化的传承，封建迷信、赌博之风未绝，由于功利主义思潮的侵袭，在金钱观的驱动下，各种家庭、社会问题开始显现，为农村社会稳定深埋隐患。因而，在吸纳外来文化的同时要传承和发扬传统文化，要大力发展农村文化事业，提高农村人口素质使农村老年人老有所依、老有所养、老有所乐，以实现更高层次的农民权益保护。加快农村教育、文化等基础设施建设，实现城乡公共服务供给均等化，提高农村人口素质，培育新型职业农民，达到经济发展与人的发展的和谐统一。

参考文献：

[1] Diana Kopeva, Plalamen Mishev, Marvin Jackson. Formation of land market institutions and the their impacts on agricultural activity [J]. *Journal of Rural Studies*, 1994, 10 (4): 377 - 385.

[2] Rawalv. Agrarian reform and land markets: a study of land transactions in two villages of West Bengal, 1977 - 1995 [J]. *Economic Development and Cultural Change*, 2001,

49 (3): 611 - 629.

[3] Sevkiye Sence Turk. Land readjustment: an examination of it's application in Turkey [J]. *Cities*, 2005, 22 (1): 29 - 42.

[4] Jonathan Rigg. Land, farming, livelihoods, and poverty: Rethinking the links in the rural south [J]. *World Development*, 2006, 34 (1): 180 - 202.

[5] Anneette Hurrelmann. Analyzing agricultural land markets as organizations: An empiricals study in Poland [J]. *Journal of Economic Behavior & Organization*, 2008, 67 (1): 338 - 349.

[6] Klaus Deininger, Songqing Jin. Securing property rights in transition: Lessons from implementation of China's rural land contracting law [J]. *Journal of Economic Behavior & Organization*, 2009, 70 (1/2): 22 - 38.

[7] Klaus Deininger, Songqing Jin, Nagara Jan Hk. Determinants and consequences of lands sales market participation: Panel evidence from India [J]. *World Development*, 2009, 37 (2): 410 - 421.

[8] Klaus Deininger, Aniel Ayalew Ali, Stein Holden, etal. Rural land certification in Ethiopia: Process, initial impact, and implications for other African countries [J]. *World Development*, 2008, 36 (10): 1786 - 1812.

[9] Klaus Deininger, Eduarao Zegarra, Isabel Lavadenz. Determinants and impacts of riral land market activity: evidence from Nicaragua [J]. *World Development*, 2003, 31 (8): 1385 - 1404.

[10] Bina Agarwal. Gender and land rights revisted: Exploring new prospects via state, family and market [J]. *Economic Development and Cultural Change*, 2003, 3 (1/2): 184 - 224.

[11] Nicola Yeates. Gender, familism and housing: Matrimonial property rights in Ireland [J]. *Womens Studies International Forum*, 1999, 22 (6): 607 - 618.

[12] Keera Allendorf. Do women sland rights promote empowerment and child health in Nepal? [J]. *World Development*, 2007, 35 (11): 1975 - 1988.

[13] Nitya Rao. Land rights, gender equality and household food security: Exploring the conceptual links in the case of India [J]. *Food policy*, 2006, 31 (2): 180 - 193.

[14] 李钢．农地流转与农民权益保护的制度安排 [J]. 财经科学, 2009 (3): 85 - 90.

[15] 沈茂英．农村土地流转与农户权益保障研究——以成都统筹试验区为例 [J]. 郑州航空工业管理学院学报, 2008 (5): 34 - 39.

[16] 周玉．农地流转中农民权益保障问题探析 [J]. 广东土地科学, 2009 (1): 35 - 39.

[17] 王民忠．制度创新向纵深推进——聚焦集体建设用地流转试点进展及制度设计 [J]. 中国土地，2002（11）：8－12.

[18] 吴丽梅．集体建设用地流转要保障农民的根本利益 [J]. 广东土地科学，2004（5）：12－15.

[19] 黄庆杰，王新．农村集体建设用地流转的现状、问题与对策——以北京市为例 [J]. 中国农村经济，2007（1）：58－64.

[20] 嵇金鑫，李伟芳，黄天元．浅议农村集体建设用地流转价格 [J]. 江西农业学报，2008（10）：133－135.

[21] 陈会广，刘忠原，石晓平．土地权益在农民工城乡迁移决策中的作用研究——以南京市 1062 份农民工问卷为分析对象 [J]. 农业经济问题，2012（7）：74－77.

[22] 何一鸣，罗必良，高少慧．产权强度、制度特性与农地权益 [J]. 贵州社会科学，2014（2）：37—43.

[23] 韦彩玲．制度变迁中农民土地权益嬗变研究 [J]. 云南行政学院学报，2015（1）：141—143.

[24] 谢培秀，张谋贵，储昭斌．安徽农地承包经营权规模化流转调查与思考 [J]. 铜陵学院学报. 2013（5）：7—10.

[25] 山西省农业厅，省财政厅，省农村财政研究会课题组．关于在农村土地流转中保障农民权益研究 [J]. 农村财政与财务，2013（5）：13—15.

回溯与反思：乡村土地实践的社会逻辑*

崔腾飞

（山西大学　哲学社会学学院　山西太原　030006）

内容提要：新中国成立后的中国农村改革是一部农村地权变迁史，其背后是土地制度调整要不断地适应于乡村土地实践的演进。乡村土地实践的演进不仅仅是一个物质（经济资本）实现再生产的过程，也是一个非物质（关系、文化、规则）的社会要素再生产过程，这要求从经济、关系、文化、规则四个维度对以农民为核心的各土地纠纷主体心智世界进行全面审视。审视结合实地研究发现，土地实践主体分别从国家与社会的意识对立、制度与实践的身份认定、契约与人情的“交易”规则三个角度来实现自我利益，其中乡村精英和乡村“灰社会”两条路径又是对土地实践场域中实践主体的日常逻辑的很好印证。

关键词：乡村　土地使用　实践　社会逻辑

乡村社会作为一个充满力量的个体竞争的实践场域，存在着不同力量之间的对抗与竞争，土地纠纷就是个体间不同力量竞争与对抗的活生生例子。从布迪厄关于实践场域中得到启示，本研究认为乡村实践场域是一个由各个主体为网结所链接成的网络结构，各主体间的竞争依靠的是自己能够调用的关系中所暗含的资本力量。正如布迪厄所提到的，这些资本不仅包含有物质层面的经济资本，还包含有非物质层面的社会、文化、符号资本等。制度也是实践场域中的资本形式之一，在实践场域中起着非常重要

---

* 本文属于黑龙江省社会科学规划青年项目（13C008）阶段成果。

的作用[①]。在乡村社会的实践场域中，土地制度可以说是整个场域中的根基，它不仅仅建构着乡村社会的政治秩序，同时也是各实践主体土地使用非常重要的参照标准。

土地制度实践追溯

新中国成立后中国农村改革是一个农地产权制度变迁的过程，乡村社会土地制度的实践证明，试图消灭农民土地的剩余权来实现国家工业化这种模式失败了，国家对乡村社会活动一切领域的渗透，导致了乡村社会自我调节机制的僵化，生产效率极其低下[②]。那么，什么形式的土地产权制度才是最适合中国经验的？经过在中国农村长期的生活和调研，研究发现土地产权制度要与现今土地使用的实际情况相符合，这需要我们在土地使用的内在逻辑中寻找地权变迁的轨迹和规律。20 世纪 80 年代，包产到户的现实经验告诉我们集体和农民对土地的支配权的加大才能增加乡村社会的生产积极性，这证明家庭联产承包责任制的土地使用形式适合当时我国乡村社会的实际情况。除此之外，我国土地使用的历史经验也告诉我们，土地使用的经验才是地权变迁的根本，它需要与土地产权制度之间找到一个平衡点，土地使用的经验才是推动中国乡村社会地权变迁的根本。下面我们就从历史纵向的角度来探寻一下中国的地权制度变迁。

我国是一个有着五千年农业文明的古国，土地是农业文明的根本，土地制度一直关系着乡村社会的稳定，农民吃饭的问题是历朝历代都必须直面的，解决不好就会动摇社稷的根本。在贺雪峰看来，中国乡村社会的土地问题实质是关系农地社会发展的土地政治[③]。在中国封建社会及民国时期，中国乡村是一种中央—士绅/地主—农户（佃农、自耕农）实践主体线路链接起来的政治生态，乡村土地的政治就是按照这个关系结构进行构建。在这种政治生态中，士绅/地主具有土地的所有权，佃农是租种士绅/地主的土地生存，自耕农则是具有少量的土地和生产工具自主经营的农

① 包亚明：《文化资本与社会炼金术——布迪厄访谈录》，上海人民出版社 1997 年版，第 189 页。

② 周其仁：《产权与制度变迁》，北京大学出版社 2010 年版，第 9—10 页。

③ 贺雪峰：《农村土地政治学》，《学习与探索》2010 年第 2 期，第 70—75 页。

户，大多数时期每人都得向国家纳税。通过地权的制度规定，将乡村社会中的士绅、地主、农户和国家捆绑在一起，构建了传统社会的中央集权式的周期性稳定机制。1949 年新中国成立，中国乡村社会通过社会主义改造，打破了原有乡村的政治格局，形成了国家—集体（公社、大队、生产队）—农民实践主体线路链接起来的政治生态。新中国在农村成立人民公社，中国土地制度就进入了“三级所有，队为基础”的阶段[①]（贺雪峰，2011），“三级所有”是指农村生产资料所有制形式，分别属于人民公社、生产大队和生产队所有，“队为基础”是生产队为基础，农民通过劳动来赚取工分，但是由于大锅饭现象普遍存在，工分制度操作流于形式，按劳分配原则也无法体现，乡村社会土地政治生态结构陷入了困局。改革开放后，承接“三级所有，队为基础”的土地制度，我国实行了家庭联产承包责任制，先有土地包产到组，然后将土地包产到户，形成了国家—集体—家庭—农民实践主体线路链接起来新的政治格局。20 世纪八九十年代，农民以家庭为单位都需要向国家交提留，在 21 世纪初，国家实行了税费改革，取消了农业税，这大大提高了农民种地的积极性。国家通过土地权属的部分释放（严格区别于土地完全私有化），既保证了农民生产的积极性，也避免了私有化后土地兼并的周期性困局，确保了乡村基层社会的稳定。

与土地制度相伴生的一个话题就是土地实践，土地制度变迁决定了土地实践的形式变换，土地制度也是土地实践的一种需要，两者之间是一个相互适应的过程，这个相互适应的过程需要我们深入土地实践中来理解。在封建社会及国民时期，中国乡村是一种中央—士绅/地主—农户（佃农、自耕农）实践主体线路链接起来的政治生态，农地实行的是私有。在乡村基层，地主/士绅/自耕农是农地的所有者，地主/士绅还不断地对自己的土地进行扩张，慢慢地吞并着自耕农或者其他实力弱小地主的土地，土地过多地集中在农村少数人手里，乡村形成了土地所有的两极分化，这无形中挤压了普通农户的生存空间，普通农民的吃饭成为问题，使得乡村社会秩序极不稳定，这就出现了周期式的王朝更迭。民国时期的土地改革也不够彻底，没有对封建社会传统的土地制度彻底革命，土地制度

① 贺雪峰：《地权的逻辑》，中国政法大学出版社 2011 年版，第 4 页。

也是封建社会时期的延续[①]。在封建社会及民国时期，乡村土地使用也会产生很多的纠纷，其中纠纷的焦点就是土地所有权的争夺，是一场地主与农民间土地兼并与反兼并的抗争。新中国成立后，打破了土地私有制，通过土改将土地收归集体，形成了国家—集体（公社、大队、生产队）—农民实践主体线路链接起来的政治生态，农地实行集体所有。在乡村基层，公社/大队/生产队是农地的所有者，农户以生产队为单位进行农业生产，农村实行大锅饭和平均主义。乡村社会形成了一种以集体为生产单位的超稳定机制，国家通过集体将农民捆绑在一起。新中国成立初期，这种体制对国民生产力的恢复起到了积极作用，但是在计划经济后期，这种生产体制不能及时适应农业生产需要，乡村的农业生产也缺乏活力。乡村属于“大锅饭”式的超稳定生产机制，土地纠纷事件也很少。改革开放后我国对这种土地制度进行了调整，实行从包产到组到包产到户的渐进式转变，最终将土地的经营权承包给乡村各个家庭，家庭成了农户的基本生产单位，这极大地增加了农业生产的效率。土地实践要求土地制度要根据乡村实际情况进行不断地调整，我国在 21 世纪初对农业生产实行了税费改革，并且为了鼓励农地的流转，还释放了农民土地中的部分权利，农地的价值也不断地攀升，农业发展开始进入难得的机遇期。与此同时，农户之间土地经营权的纠纷不断的增多，这需要土地制度做出进一步的调整。土地纠纷表面上看土地权属界定不清引起，实则由于土地制度与土地实践的不适应所导致，可以说土地制度的调整是一个持续不间断的过程。

乡村土地实践场

（一）土地实践场中的要素

布迪厄认为场域不仅仅局限在空间的存在，更多的是一种影响的存在，经济场域、社会场域、文化场域等[②]。在乡村土地实践的场域中，也充斥着多种维度的力量，围绕着这些维度的力量自身带有着强大的吸引

① 郭德宏：《南京政府时期国民党的土地政策与实践》，《近代史研究》1991 年第 5 期，第 169—191 页。

② ［法］皮埃尔·布迪厄等：《实践与反思——反思社会学导引》，李猛、李康译，中央编译出版社 1998 年版，第 131—132 页。

力，这股吸引力的形成主要依靠的就是场域之中的资本，在多种力量吸引之下形成了多维度的实践场域。实地研究发现，可以将这些场域界定为物质场域与非物质场域两种，物质场域主要是以经济场域为主，非物质场域则可以进行细化，包括关系场域、文化场域和规则场域等。在乡村的土地实践背景之下，经济场域主要就是围绕着土地利益而展开的一张由各主体之间所交织的网络，各主体行为选择的出发点都是土地中所蕴含的利益，然而由于各主体在场域中的位置或身份不同，决定了其本身对事件的掌控能力的差异，进而出现了各主体行动策略的不一样，其中本文主要探究的就是各主体在土地使用过程之中，如何争取自己的利益，其间各主体的行事方式又是如何，为何在此背景下乡村土地纠纷事件如此之多，两者之间存在着哪些关联，这成为我们关注的问题核心。除了土地利益这种资本所形成的物质场域对乡村社会产生的重大作用，还有很多非物质的资本形式在左右着乡村土地资源的配置与划分，首先是关系场域，乡村社会是一个熟人关系所交织的网络，土地使用的实践过程中，各主体都有着自己的关系圈子，关系圈子形成了各主体之间的“政治格局”①，尤其是在利益分歧的时候，自己的关系圈子给自己会带来很大的社会支持；其次是文化场域，文化场域的形成依靠的是场域中主体的传统，传统会传递一种权威信号或具有一种威慑力，它也可以通过“共同意识”来形成对他人的屏蔽，以传统为重要资本形成了自己场域中的“政治格局”；最后是制度场域，其运作的主要资本力量是村中的规定和国家的制度，谁在村规和制度中更合“规矩”，那么他就能在场域之中占先。

每种场域格局都会对其间的实践主体产生重要影响，并且将场域的运作逻辑和规则铭刻到各实践主体的内心世界之中，最后形成了实践主体相应认知模式和心智结构，即实践主体的惯习。布迪厄对实践中惯习进行了深入探析，认为“只有置身于同世界的实践关系中，看到事情的经过、别人对事情的评说以及事件的紧迫性，我们才能发现世界的真相”②。然而不同实践场域中由于资本主导的运作规则的差异，各实践主体的行事习惯又有着较大的区别。在物质场域之中，人们更相信的是工具—理性对事

---

① 崔腾飞：《熟人关系、利益渗透和关系建构：农地流转的实践选择》，《中国农村研究》2014 年卷 · 上，中国社会科学出版社 2014 年版，第 292—294 页。

② ［法］皮埃尔 · 布迪厄：《实践感》，蒋梓骅译，译林出版社 2003 年版，第 124 页。

情的主导作用，工具—理性的形成源于利益的明晰性和绝对性。在非物质场域中，人们行事依靠的是熟悉程度上所形成的信任，关系、文化和制度这些维度的资本获得都需要长期的维系，各资本的获得都需要彼此间的信任。这些习性成了各主体在土地实践中的行事的关键，它们成为各主体应对土地纠纷策略选择的主要标准。

乡村土地实践是一个多元实践场域的混合体，其运作逻辑是多种资本要素影响的结果。对于物质场域与非物质场域等的分别探讨让我们明白了各种资本要素的运作逻辑，然而在乡村社会的实际运行过程中，各要素及围绕各要素所形成的场域不是分别起作用的，而是彼此交错在一起相互影响的。围绕某要素所形成的场域就好比一个磁场，围绕多个要素形成了多个磁场，各个磁场之间也不是分别发挥作用，彼此之间也会相互干扰；并且，这些磁场之中所存在的要素能量可以进行相互转化。本文研究关注的是乡村社会实践中的土地使用问题，土地使用关乎农民的根本利益，也事关乡村社会的未来发展。土地使用的实践场也是多种要素力量交错在一起的，围绕着土地中的“利益”，各实践主体之间展开着各种要素和维度的互动与博弈。其中农民是土地使用场域中最核心的实践主体，农民在实践场域中的行为选择出发点是自我利益的维护，但是围绕着自我利益的维护所展开的是多个场域的交互作用，正因为多个场域交错在一起，很难让我们分辨出哪个才是最权威的一个标准，农民在进行行动选择时也难免出现选择性的模糊。这让我们发现，乡村土地纠纷的根本不仅仅是国家土地权属的标准模糊，更多的是乡村土地实践是一个多元资本要素交错的场域所导致。

（二）土地实践场中的主体关系

乡村土地实践场域的核心是农民，场域之中各主体围绕着农民结成了一张关系网，这些关系网也成了乡村各种资本流动的“脉络”，在某种情况下，网络中的资本也对网络本身产生影响，扭曲网络的结构形式。我们可以将这些关系图谱从这些抽象网络中抽离出来，这些关系图谱有国家—地方政府—村委会—乡村干部—农民、村委会（主要由农民组建成）—私有商人、私有商人—乡村干部（来自村庄的农民）、私有商人—农民等。首先国家—地方政府—村委会—乡村干部—农民是一个权力、意志、规则、文化流动的主要脉络，由国家到农民是一种权力的控制的路径，也是国家意志渗透的一个脉络，其中很多国家规则也通过这条脉络实现自己的信息传递，这条脉络的资本流动也不是单向的，农民也会将自己的信息和地方性规则按照这条脉络反馈给国家。可以说这条关系图谱中的信息流动是一个双向的过程，在传递的过程中也有信息丢失的现象，或者某个环节的实践主体可使信息部分屏蔽，因为国家到农民之间的信息传递有地方政府、村委会和乡村干部等几个重要环节。这几个重要环节都能使国家—农民之间的信息扭曲和中断，近些年随着信息技术的发展，传递信息的媒体越来越多元化，国家—农民的信息扭曲和中断趋势有所改善，然而媒体的信息传递很难使农民的认知转变成农民自我权利保护的实践，意识到实践才是国家—农民关系理顺的关口。

其次是村委会—私有商人的关系图谱，村委会与私有商人往往是因为经济利益而捆绑在一起，私有商人想通过村庄的土地开发来实现自己的资本扩大，而村委会想使得村庄土地给整村带来经济实惠，村委会和私有商人很好合作将是一个双赢的局面。村委会最主要是由村庄中的农民组建而成，村委会的成员被称为乡村干部，乡村干部他不仅仅是一种官—民一体的双重角色身份①，他更是一位普普通通的农民，很难摆脱物质利益的诱惑。面对村庄的集体财富，乡村干部往往私人利益膨胀，进而想方设法地去摄取，侵害村庄全体村民的利益。村委会—私有商人的关系图谱里面暗含着村集体—私有商人和乡村干部—私有商人两层关系，村集体—私有商人是指村庄所有农民的共同体与私有商人的关系与合作，乡村干部—私有商人指的是乡村干部代表村庄农民共同体与私有商人之间的合作。其中在乡村社会的实际运作过程中，关系图谱的实践形式往往就是乡村干部代表村庄农民共同体与私有商人一种合作形式。乡村干部成了村庄集体与私有商人之间信息流动的中间环节，乡村干部可以通过流动信息的截留，从两者之间谋取自己的私人利益。乡村干部对信息的截留是存在风险的，一旦被农民发现并且牵扯到农民的私人利益，彼此间的纠纷将不可控制，甚至牵涉到私有商人。

在村庄的土地实践过程中，私有商人作为投资者对村庄的土地进行开发，其间会牵扯到农民的利益，农民与私有商人之间构成了一种利益分配

---

① 参见徐勇《村干部的双重角色：代理人与当家人》，《二十一世纪》1997 年第 42 期，第 151—157 页；崔腾飞：《村干部行动选择逻辑：一种过程分析的视角》，《中国研究》第 18 辑，社会科学文献出版社 2014 年版，第 153—157 页。

的关系，利益分配的合理与否会影响到土地的顺利开发和利用。由于土地中的巨大利益，地方政府也会参与到地方的征地当中，土地不仅仅给村庄带来了利益分配，同样还给地方政府创造了巨大的土地财政，这成了地方政府工作绩效中的一种表现，地方政府也成了开发商的巨大政治后盾。在征地的过程之中，会出现部分农民抗征的行为，然而地方政府尽力为开发商创造条件。征地的顺利进行除了给自己增加 GDP 政绩，同样也是有利于城市的扩张和建设的，长远看是一件惠及全民的大好事。部分农民的抗征或者基于“安土重迁”的传统观念，或者是一种“耍赖皮”的行为，通过“耍赖皮”来获取更多的补贴罢了，最终城中钉子户的不断出现。当然，也会有部分村庄由乡村干部集体带头抗征，甚至最后演变成流血冲突。这些冲突与纠纷背后一方面是开发商和村民之间的利益分歧；一方面又是城市文明与农村地方传统文化的对立[①]，导致的结局是人们对土地使用支配形式理解的不一致，最后导致地方政府、开发商、乡村干部和农民的利益纠缠在一起，问题和纠纷不断发生。

（三）土地实践主体的思维呈现

上边的论述中，我们发现乡村社会是一个多维度场域混合的结果。这些维度有物质、关系、文化和规则等，在这四种维度的实践场域中，乡村社会的实践主体都会编织成不同类型的网络结构，其中四种维度的网络结构的关系结就是乡村社会中的各实践主体。这些关系结主要有国家、地方政府、私有商人、乡村干部和农民五个主体，五个实践主体在四种维度的实践场域中形成了各自不同的思维逻辑与行事方式。首先在土地实践的物质场域中，各实践主体行事的依据是经济利益，各主体呈现出理性的一面，彼此之间把利益的分配放在第一位；国家在土地实践中扮演调控的角色，国家希望通过制度的制定来协调好乡村实践场域中各主体之间的利益，尤其是私有商人和村庄农民，地方政府和村委会属于国家政策的执行者。私有商人可以为乡村建设带来更多的资本，私有商人在土地使用开发过程中，本身追逐的就是利益，如果在土地使用过程中私有商人的利益保护不好，最终乡村建设所需要的资本将不会持续。村庄农民是乡村建设的前沿力量，也是乡村社会秩序稳定的基础，

---

① 许庆福：《城乡土地利用中的传统文化保护》，《山东国土资源》2015 年第 7 期，第 72—76 页。

土地实践及各种政策的制定根本上是为了将利益惠及全民，村庄农民也是土地实践问题中的根本，也是国家的固本之策，否则土地纠纷就在所难免。目前，很多地区的乡村土地使用中纠纷不断和农民利益分配的处理不当有很大的关系①。

其次是关系维度，费孝通先生就说过乡村社会是一个“生于斯，长于斯”的熟人社会②，熟人社会就是一个关系网交织的社会，所以熟人关系在乡村社会的实践结构中至关重要，自己关系网大小某种程度上决定了自己在村庄中的势力大小，势力的大小又能使自己在村庄事务中“自我保护”和“占据优势”。其中国家、地方政府和私有商人在村庄中并没有自己的熟人关系，但是国家和地方政府可以通过制度和权力通过村庄的乡村干部实现对村庄关系网的渗透，从而实现自己对乡村社会的掌控；私有商人则是通过自己的物质资本来对乡村社会进行渗透，进而在村庄中建立自己的独特关系。乡村的土地实践中，国家和地方政府通过权力和制度来影响村庄的土地资源分配，私有商人更多是通过自己的资本来影响村庄土地使用。乡村干部和农民在村庄中长期的生活，在日常生活中都发展了自己的关系圈子，乡村干部属于村庄中的政治精英，或者有的本来是村庄精英才成为村庄的干部，他们本身的熟人圈子就比较广和深，或者借助自己的政治资源发展起了自己的圈子，因此乡村干部某种程度上可以主导村庄的土地资源分配。农民的熟人圈子在村庄中则参差不齐，有的农民熟人关系比较广比较深，而有些则恰恰相反，农民可以通过自己的熟人关系来维护自己在土地实践过程中的利益。

再次是文化维度，文化在社会实践中的意义重大，费孝通曾经提出过“各美其美，美人之美，美美与共，天下大同”的主张，就是在强调文化的重要性，强调“文化自觉”的重要性③。对乡村社会的社会学研究也不能忽视乡村传统文化的重要影响，乡村传统文化对乡村社会有着引导和维持的作用。在对乡村社会文化场域的反观中发现，国家、地方政府和私有商人更多的是从理性的制度、权力和物质等角度来对村庄

① 石峡：《土地整治纠纷之农民参与解决路径研究》，《中州学刊》2014 年第 9 期，第 62—67 页。

② 费孝通：《乡土中国》，人民出版社 2015 年版，第 6—7 页。

③ 费孝通：《中国文化与新世纪的社会学人类学》，《北京大学学报》（哲学社会科学版）1998 年第 6 期，第 80—90 页。

实现渗透，而很少考虑村庄社会中固有的本土文化，因此在实际的土地实践过程中，难免理性与文化的碰撞，最后是土地纠纷事件的不断发生。国家、地方政府和私有商人要想将自己的观念在村庄中实践，必须深入乡村社会之中，了解乡村社会的日常生活和固有文化。乡村干部是一个官—民一体的双重身份，他既是国家政权的村庄末梢，又是村庄中土生土长的村民，所以乡村干部对上和对下的文化和观念冲突非常了解，他就成为对上理性和对下文化实现对接的关键力量，是避免土地使用纠纷的不必要发生的关键力量。农民是村庄中的主要成员，由于在政权和制度关系中与国家的距离比较远，他们很难对国家的政策方针和制度规定有全面了解，因此村庄土地使用的规则往往是地方文化和村庄治理规则（由乡村干部掌控）的结合体，这很容易与土地使用中的国家理念形成对立和冲突。

最后是规则维度的实践场，其运作的主要逻辑就是制度和规定，而国家制定的制度和规定需要深入乡村的实践场域中，被普通农民所接受，才算是制度和规定实现从文本到实践的跨越。然而在乡村土地的实践过程中，文本到制度往往会出现脱节这种现象。在国家的政权关系中，规则的流向是国家—地方政府—村委会—乡村干部—农民，地方知识的流向是农民—乡村干部—村委会—地方政府—国家。两种流向恰恰相反，根本上还是在于流动的环节和程序过多，在流动过程中往往会出现信息流失和信息过滤等现象，这就使得国家和农民之间的距离不断的拉大，下达的规则和地方性知识偏差也在所难免，最后出现的是规则和地方知识不知道该遵循哪个，村庄土地使用的秩序呈现出混乱的状态①（孙小军，2012）。对于村庄中的农民而言，他们往往是生活在自己的小村子中，对外界的事物知之甚少，平时日常生活是按照长期积累下来的地方性知识行事的，土地中所包含自己的利益，农民争取和保护的规则也是以地方知识为主。近些年，随着信息技术的发达，少部分农民也开始关注国家的大政方针；在村庄事务中。开始将国家规则融入地方性知识当中，在土地纠纷的过程中，变成了规则—地方知识的混合体，通过规则变通来更好地维护自己的利益。

① 孙小军：《乡村秩序的形成及其社会基础》，西南政法大学，2012年，第6页。

土地实践主体的日常选择

在乡村实践结构的关系网中，农民是整个关系网的核心主体。乡村社会实践中的主体农民不仅包括村庄中种地生活的普通村民，也包括村庄中的乡村干部，农民长期的生活在乡村日常生活之中，农民不仅是一种职业，也代表着一种生活习性。由于农民对村庄日常生活的长期参与，其对土地使用有着自己的一套思维、规则和策略，这些成了农民意识之中的习性，很难将其改变或者动摇①（朱静辉等，2014）。在土地实践过程中，村庄之外的很多实践主体也参与了进来，每个实践主体都有着自己的一套行事原则，多个实践主体在村庄土地使用中同时出现，思维的碰撞和行为的纠纷在所难免。面对村庄外来的实践主体国家、地方政府、私有商人等，农民更加关心的是如何维护和争取自己土地中的利益。在乡村社会的实地调研中，围绕着农民主体对村庄中的纠纷事件进行了捕捉，使农民自我利益维护的内在逻辑通过故事的形式展现出来。根据实地研究，土地使用纠纷中各实践主体的日常逻辑通过国家与社会的意识对立、制度与实践的身份认定、契约与人情的“交易”规则三种角度展开的。然后通过关系与竞争的精英“锻造”和秩序与规则中的“灰社会”两条路径进行利益的实现。

研究发现，国家与社会的意识对立强调的是国家与基层农民有着不同的思维方式，在面对土地使用中的权属问题理解不一，国家通过文本形式强调国家和集体对土地的所有，而农民通过日常生活和占有证明自己的所有；那么土地权属究竟如何取决于哪种标准的选择。制度与实践的身份认定指的是村庄之中存在着两种村民身份认定的规则，一种是国家的制度规定的户籍划分；一种是村民的归属感与村庄社会对村民的认可，两种身份认定规则在土地利益分歧中形成了对立和冲突。契约与人情的“交易”规则是农民在土地交易过程中的两种协定形式，一种是正式合同对权利和义务的明确界定；一种是日常人情基于双方相互信任的口头约定，然而在现实实践中两种规则相混淆，协定形式混淆给土地使用纠纷埋下伏笔。关

① 朱静辉：《村社消解背景下失地农民的日常抗争》，《南京农业大学学报》（社会科学版）2014 年第 6 期，第 1—11 页。

系与竞争的精英“锻造”更多强调的是土地使用实践中关系在乡村社会中的重要性，关系的广度和深度可以使其成为乡村精英，也能使得自己在土地使用过程中占据优势。秩序与规则中的“灰社会”强调的是“灰社会”在乡村社会治理中的抬头，并且对传统制度和规则造成了影响，使得乡村规则和秩序出现了重组和混乱的局面，土地使用领域也受到了“灰社会”的渗透，在传统与现代规则之间产生了不断地土地纠纷事件，对“灰社会”很好的规控可以让它在土地秩序中发挥积极的作用。

小结

综上所述，本文纵向的梳理了新中国成立后土地制度变迁史，也追溯了地权变迁背景下的土地使用实践，从中发现了中国的土地制度是与土地实践相适应的，土地制度需要根据农民土地使用的实际情况进行调整。农民土地实践是扎根在乡村社会场域中的，和农民的日常生活逻辑有着密切关联。在乡村土地实践场域中涉及国家、地方政府、私有商人、乡村干部和农民等多个实践主体，他们在乡村实践场域中构成了关系结。各实践主体在乡村实践场域中沿着物质、关系、文化和规则四个维度建构着乡村社会的秩序，通过各维度中乡村制度的呈现发现农民才是各实践主体的核心。实践场域中围绕着核心实践主体农民，形成了国家—地方政府—村委会—乡村干部—农民、村委会（主要由农民组建成）—私有商人、私有商人—乡村干部（来自村庄的农民）、私有商人—农民等关系图谱，沿着这些关系图谱，农民与乡村场域中其他的实践主体针对土地使用发生着复杂互动，这种复杂的互动可能存在纠纷冲突等多种形式。反过来，这种关系图谱为农民的日常逻辑提供了一种场域背景，它对农民的行事轨迹产生着重要作用。

本文主要探究的就是在土地使用纠纷故事背景下，各实践主体为了争取对自己有利的资本形式，而与周围实践主体间展开交往互动，乡村土地实践的社会逻辑呈现出三个维度：首先，文本到实践的转变中国家与社会的意识对立；国家秉持着村庄土地集体所有的观念，农民则将自己的对土地的使用融入日常生活中，土地成为农民不可分割的基本生产资料；其次，制度与实践的身份认定边界交叉；国家制度向度坚持村民身份的获得需要相应的户籍做保证，农民对村民身份的判定标准则依据自己在村庄中的日常生活，也可以称为实践，村庄对村民身份的判断标准徘徊在制度与实践之间，很难形成一个统一的标准；最后，土地交换维度中的契约与人情；在土地“交易”中，国家法律规则保护的是正式的契约，而村庄之中土地的“交易”形式依靠的是熟人间的信任，或者是夹杂着人情的半契约化的约定，一旦出现土地纠纷则很难厘清。此外，乡村土地实践在国家与农民这种理解方式分歧基础上展现出了农民独特的逻辑形式，在此基础上农民也有着自己土地实践中“自立”的一套方式，本研究对农民“自立”的日常逻辑主要从两条路径来阐释：第一，按照关系的路径，乡村社会在进行着精英的“锻造”，最后形成了同根系的马铃薯式的关系格局，彼此之间圈子分明且互有联系，并成为土地实践中农民“自立”的重要力量；第二，按照秩序的路径，乡村“灰社会”不断地扰乱着乡村社会的固有秩序，这股力量也不断地渗入土地利益的争夺之中，农民为了土地利益会对“灰社会”采取了一套自己独有的应对策略。

参考文献：

[1] 包亚明．文化资本与社会炼金术——布迪厄访谈录［M］．上海：上海人民出版社，1997. 189.

[2] 陈锡文．农村改革三大问题［J］．中国改革，2010（10）.

[3] 于建嵘．当代农村维权活动的一个解释框架［J］．社会学研究，2004（2）.

[4] 周其仁．产权与制度变迁［M］．北京：北京大学出版社，2010. 9—10.

[5] 贺雪峰．农村土地政治学［J］．学习与探索，2010（2）.

[6] 贺雪峰．地权的逻辑［M］．北京：中国政法大学出版社，2011. 4.

[7] 郭德宏．南京政府时期国民党的土地政策与实践．近代史研究，1991（5）.

[8]［法］皮埃尔·布迪厄等．实践与反思——反思社会学导引［M］．李猛、李康译．中央编译出版社，1998. 131—132.

[9] 崔腾飞．熟人关系、利益渗透和关系建构：农地流转的实践选择［A］.

[10] 徐勇．中国农村研究，北京：中国社会科学出版社 2014 年版，2014 年卷·上. 292—294.

[11]［法］皮埃尔·布迪厄．实践感［M］．蒋梓骅译．译林出版社，2003：124.

[12] 徐勇．村干部的双重角色：代理人与当家人［J］．二十一世纪，1997（42）.

[13] 崔腾飞．村干部行动选择逻辑：一种过程分析的视角［A］．周晓红．中国

研究［C］．北京：社会科学文献出版社，2014（18辑）. 147—158.

［14］王春光．城市化中的“撤并村庄”与行政社会的实践逻辑［M］. 社会学研究，2013（3）.

［15］折晓叶．合作与非对抗抵制——弱者的“韧武器”［M］. 社会学研究，2008（3）.

［16］许庆福．城乡土地利用中的传统文化保护．山东国土资源，2015（7）.

［17］费孝通．乡土中国［M］. 北京：人民出版社，2015. 6—7.

［18］费孝通．中国文化与新世纪的社会学人类学［J］. 北京大学学报（哲学社会科学版），1998（6）.

［19］石峡．土地整治纠纷之农民参与解决路径研究．中州学刊，2014（9）.

［20］孙小军．乡村秩序的形成及其社会基础［D］．硕士毕业论文．重庆：西南政法大学，2012.

［21］朱静辉．村社消解背景下失地农民的日常抗争［J］. 南京农业大学学报（社会科学版），2014（6）.

［22］崔腾飞．农民“争利”的日常逻辑：乡村土地纠纷的过程叙事［D］．博士毕业论文．长春：吉林大学，2015.

村民自治与社区服务

◆ **自治权下移：村民自治回归的创新模式**

自然村作为滕尼斯笔下具有共同地缘、共同血缘、共同文化和共同利益的共同体，具有天然的社会资本，是实现村民自治的理想自治单元。但是，随着自然村合并的推进，在此基础上形成的行政村在国家现代化建设中被赋予村民自治载体的角色，在脱离现实的和有机的“熟人社会”，缺乏天然的社会资本的“陌生人”社会中，村民自治更多的成为一种“悬浮”的口号。通过自治权下沉方式，使村民自治单元由行政村回归到自然村，是实现村民自治的有效形式。文章通过对广东省清远市在村民自治方面的创新做法讨论了这些命题。研究发现，发挥自然村在社会资本方面的优势，通过经济赋权，构建利益共同体有利于实现村民自治的落地，笔者将这种自治形式称为“赋权型自治”。

◆ **运动式社区服务的逆向观察**

面对农村社区服务的困境，湖北省政府从2011年开始自上而下开展了“三万”活动，即运动式社区服务。运动式社区服务由省级政府发动，经由“省—市—县—乡（镇）”的行政链条，辅之以各级政府机关单位、在汉高校等组成的驻村工作组，最终到达村庄及居民。村庄受到行政传感影响，动员村庄内外资源回应自上而下的运动式社区服务。能否达成省级政府所期望的合法性重塑与提升，则取决于运动式社区服务在农村社区取得的实效，即其能否与农村居民社区服务需求相吻合。本研究以鄂东四个村庄为调查对象，以社区交通服务为例，试图从村庄和民众的视角审视运动式社区服务的运作逻辑、面临的供需矛盾及其合法性后果，以揭示运动式社区服务的行政性输入与社区接收之间的复杂关联。

自治权下移：村民自治回归的创新模式*

——以清远市为例

王　猛　乔海彬　邓国胜

（清华大学公共管理学院　北京　100084；

云南红河学院东亚农村研究中心　云南蒙自　661100）

内容提要：自然村作为滕尼斯笔下具有共同地缘、共同血缘、共同文化和共同利益的共同体，具有天然的社会资本，是实现村民自治的理想自治单元。但是，随着自然村合并的推进，在此基础上形成的行政村在国家现代化建设中被赋予村民自治载体的角色，在脱离现实的和有机的“熟人社会”，缺乏天然的社会资本的“陌生人”社会中，村民自治成为一种“悬浮”的口号。通过自治权下沉方式，使村民自治单元由行政村回归到自然村，是实现村民自治的有效形式。文章通过对广东省清远市在村民自治方面的创新做法讨论了这些命题。研究发现，发挥自然村在社会资本方面的优势，通过经济赋权，构建利益共同体有利于实现村民自治的落地，笔者将这种自治形式称为“赋权型自治”。

关键词：自然村　行政村　村民自治　经济赋权

党的十八届三中全会《决定》提出“推进国家治理体系和治理能力现代化”，反映在社会建设方面就是推进社会治理创新。社会治理概念不同于社会管理概念，前者强调的是社会治理主体的多元化以及多元主体之

＊　基金项目：云南省哲学规划项目“新型城镇化下的农村社区协同治理体系建设研究”（项目编号：YB2015055）；红河学院博士专项“新型城镇化与农村社区协同治理的创新研究”（项目编号：XJ15B01）。

间的互动，是一种立体模式，而管理更多的是强调从上到下，从管理者到被管理者的一种单向管控。随着社会经济发展模式的转型以及民众需求的多元化，传统的单向管理模式已经不能适应国民经济和社会发展的需求，在这种情况下治理成为构建“民族—国家”和“民主—国家”① 现代国家体制的有效方式。社会治理创新反映在农村治理就是推进“创新和完善乡村治理机制”，继2014年中央“一号文件”中提出“探索不同情况下村民自治的有效实现形式，农村社区建设试点单位和集体土地所有权在村民小组的地方，可开展以社区、村民小组为基本单元的村民自治试点”之后，2015年的中央“一号文件”在全面深化农村改革中继续提出“在有实际需要的地方，扩大以村民小组为基本单元的村民自治试点，继续搞好以社区为基本单元的村民自治试点，探索符合各地实际的村民自治有效实现形式。”那么，村民自治有效实现形式是怎样的，有效的自治单元是何种形式，针对这些问题，本文通过广东省清远市的案例，尝试回答以经济赋权为内核的自然村自治单元是否能有效实现村民的自治这一问题。

一 内生—嵌入：村民自治制度的历史变迁

1982年《宪法》确定了村民委员会作为我国村民自治的民主形式，从此，村民自治作为一项国家农村社会制度正式登上了历史的舞台。但是，村民自治并不是呈现线性发展轨迹，而是经历了几次重要的变革。

（一）自下而上的内生型村民自治

随着人民公社体制的解体以及农业生产责任制的推广，村级组织瘫痪，农村的社会治安等公共事务无人问津，由此导致20世纪70年代末—80年代初的农村治安事件激增。例如，广西宜山县合寨村作为“中国自治第一村”能够自发形成村民自治的雏形，也是由农村土地改革之后农村出现的各种不安定因素倒逼出来的。分田到户以后，由于当地村民们乱砍滥伐，水库蓄水量开始下降。上下游的村庄经常为水争执，甚至引发械斗，此外，乱砍滥伐、赌博、偷盗案件的不断增加，为了有效应对不断增加的治安问题，当地先后成立了义务联防队和村民委员会。广西的经验引

① 徐勇：《现代国家建构中的非均衡性和自主性分析》，《华中师范大学学报》2003年第5期，第97页。

起了时任全国人大常委会副委员长、中央政法委书记彭真的注意，彭真在认真调研的基础上提出“有了村民委员会，农民群众按照民主集中制的原则，实行直接民主，要办什么，不办什么，先办什么，后办什么，都由群众自己依法决定，这是最广泛的民主实践，”[1]这与当时邓小平提出的农村“政社分开”改革思路不谋而合。

此后，1982年《宪法》第111条明确了“城市和农村按居民居住地区设立的居民委员会或者村民委员会是基层群众性自治组织。居民委员会、村民委员会的主任、副主任和委员由居民选举。居民委员会、村民委员会同基层政权的相互关系由法律规定。”1987年通过的《中华人民共和国村民委员会组织法（试行）》规定“村民委员会是村民自我管理、自我教育、自我服务的基层群众性自治组织，办理本村的公共事务和公益事业，调解民间纠纷，协助维护社会治安，向人民政府反映村民的意见、要求和提出建议（第2条）；村民委员会根据村民居住状况、人口多少，按照便于群众自治的原则设立。村民委员会一般设在自然村；几个自然村可以联合设立村民委员会；大的自然村可以设立几个村民委员会（第7条）。”

由此可见，我国村民自治制度的诞生是一种“自下而上”并且凝聚了广大人民群众智慧的结晶，是问题倒逼出来的一种内生型自治模式。这种内生型村民自治的特点按照彭真的总结就是“自我管理、自我教育、自我服务。”① 但是，这一阶段村民自治更多的是由于人民公社解体造成的农村基层组织空白，从而导致的农村治安等非经济性矛盾凸显而产生的一种应激反应，是一种问题导向型自治，缺少实现制度变迁的内核，在可持续性方面缺乏相应的保障。

（二）自上而下的嵌入型村民自治

随着村民自治制度在全国的试行和推广，建立在自然村基础上的村民自治制度在应用过程中的矛盾也开始凸显，“中国地域辽阔，人口众多，长期历史形成的自然村范围有大有小，农村居住有集居也有散居，这给在自然村基础上设立村民委员会带来了困难。更重要的是，村民委员会是作为人民公社体制的替代品设立的……设立公社的目的之一，是建立一个差别不大、相对平均的共同体，鼓励其规模愈大愈好。”[2]其实，这种矛盾是国家构建纵向一体化政权体系与横向社会网络发展之间的矛盾，一方

① 彭真：《彭真文选》，人民出版社1991年版，第608页。

面，国家尝试打破自然村的壁垒，把行政的触角延伸到社会的最小单元，实现对全体民众进行有效动员；另一方面，生活在具有共同血缘、共同地缘、共同文化、共同利益的横向社会网络中的人们尝试保持自身的独立性。在这样的背景下，1998 年全国人大常委会修订通过了《中华人民共和国村民委员会组织法》，第 10 条规定：村民委员会可以按照村民居住状况分设若干村民小组，小组长由村民小组会议推选。该法取消了试行法中的“村民委员会一般设在自然村，几个自然村可以联合设立村民委员会；大的自然村可以设立几个村民委员会”的规定，从而行政村成为村民自治的主要载体。

建立在行政村基础上的村民自治在全国推广后，村民自治却越来越缺少自治精神，成为宣传的一种“悬浮”的口号。对此，彭真在 20 世纪 80 年代曾经具有预见性地指出：“现在的危险主要有两个……在一个是给村民委员会头上压的任务太多‘上面千条线，底下一根针’，这样就会把它压垮。”[1]实际上，现实也验证了这种担忧，村民委员会依然成为基层政府的“腿”，“一个行政村又通常涵盖几个甚至十几个自然村，自治单元范围大大扩展。这也使得村民自治单元承载的行政性大大超过了自治性，”[3]随着政府触角延伸到农村社会的最底层，村民委员会承担起了基层政府下派的治安、卫生、计生、教育、文化等事务性工作，此时的村民委员会已经没有更多的精力去完成自身本来的“自治”使命，更多的是奔波于应付“上面”下达的各种任务，失去了作为村民自治权代理人的应有角色，而成为乡镇基层政权在农村的“代理人”，特别是 2006 年农业税改革后，村民委员会作为基层政权“代理人”的角色更加凸显，“税改前，村干部的报酬来自村民的‘三提五统’……税改后，村干部的工资正式化并由财政负担……乡镇政权对村干部和乡村的控制大大加强，使得村干部的激励和约束，朝着强化乡镇政权——村干部委托代理链条的方向发展，村民—村干部的委托代理链条被弱化了，出现了村干部单纯化为乡镇政权代理人的倾向，村委会的行政化趋向也更加鲜明。”[4]反过来，这更加激化了村民与村民委员会之间的矛盾，导致了村民委员会换届选举参与性不高，对农村公共事务和公益事业缺乏热情。

可见，建构在行政村基础上的村民自治是村民的自组织嵌入国家政权体系建设的一种结果，缺少了自组织应当具有的独立性、自主性特点，是一种嵌入型村民自治。

二 “经济赋权”视域下的自治回归

随着村民自治制度悬浮问题的出现，村民自治难以通过有效的村民集体行动解决内部与外部矛盾，造成基层矛盾的显在化和问题解决渠道的上移，这主要表现在，农村的维权活动从传统的“日常抵抗”和“依法抗争”升级为“以法抗争”，“目前抗争的主要问题有‘减轻农民负担，反对贪官污吏’、‘保护农民的土地财产’、‘村务公开和民主理财’等。”[5]为了有效解决新时期日益严峻的农村问题，满足农民日益多元化的需求，中央于2014年和2015年连续两年在中央“一号文件”中提出探索不同情况下村民自治的有效实现形式，其中，村民小组或自然村为基本单元的村民自治成为探索的一个重要方向。中央的政策为村民自治改革提供了一个方向，是一种有关村民自治回归的探索，即自治单元由行政村回归到自然村。但是这种自治单元的回归能否发挥作用，需要回答两个问题：第一，为什么重新回归到自然村；第二，如何确保村民自治在自然村自治单元能够真正发挥效用。

首先，对于第一个问题，可以从社会资本视角回答自治单元由行政村回归到自然村是为了发挥作为“乡土社会”自然村所具有的社会资本在协调集体行动中的积极作用，从而为村民自治行动提供非物质层面的保障。其次，对于第二个问题，可以从“经济赋权”角度回答村民自治单元向自然村的回归是一种升级版的回归，是为了应对新时期农村问题而建构在“利益共同体”基础上的回归。

（一）自然村具有天然的社会资本

村民自治权是一种整体性权力，是村民通过“委托—代理”方式让渡自己的部分权力于村民委员会，通过村民委员会行使村民自治，就形式而言，属于一种集体行动。因此，村民自治的实现本质上是如何协调村民的个体行动转化为有效的集体行动。与作为国家制度安排的行政村相比，自然村更能为实现村民的有效集体行动提供非物质层面的保障。

行政村是一种国家制度安排，是经过特定的国家程序设立的村民居住单元，其产生更多是国家为了降低管理自然村所产生的交易费用而做出的一种理性选择，“一方面，单个农户在生产生活当中有些活动的成本非常大，甚至单个农户不能完成（如修路、水利建设、治安防范等），也就是说农户进行这些活动的交易成本是很大的。另一方面，由于农村地域的分散性特点，国家对农村进行直接管理的成本（信息不畅、地域不熟、交通费用及人力消耗等）也是比较大的，尤其当前乡镇政府管理的地域范围趋于扩大，这种成本更是成倍递增。”[6]但是，这种处处彰显行政力量存在的行政村与自然村相比是一种“陌生人社会”，村民沟通之间存在信息不对称、空间地理隔阂、不信任、缺少规范等问题，造成难以有效地组织村民集体行动。

自然村是在历史发展脉络中，在家庭、家族、共同劳动、互帮互助的基础上发展起来的共同体。滕尼斯在研究共同体与社会的基础上指出：“一切对农村地区生活的颂扬总是指出，那里人们之间的共同体要强大得多，更为生机勃勃：共同体是持久的和真正的共同生活……因此，共同体本身应该被理解为一种生机勃勃的有机体。”[7]而滕尼斯所说的共同体之所以比社会更强大，更具有生机，那是因为在共同体之间存在一种意志，“相互之间的—共同的、有约束力的思想信念作为一个共同体自己的意志，就是这里应该被理解为默认一致的概念。它就是把人作为一个整体的成员团结在一起的特殊的社会力量和同情……也就是说，默认一致是建立在相互间密切的认识之上的，只要这种认识是受到一个人直接参与另一个人的生活即共甘共苦的倾向所制约，并反过来又促进这种情况。因此，结构和经验的相似性越大，或者本性、性格、思想越是具有相同的性质或相互协调，默认一致的可然率就越高。”[7]滕尼斯所说的共同体所具有的特点正是指由信任、规范和网络构成的社会资本，而社会资本具有解决集体行动的天然优势。帕特南在《使民主运转起来》中指出，解决集体行动的困境，以国家作为第三方监督执行的霍布斯式解决方案由于交易成本太高、小利益集团寻租等原因往往缺乏效率，而合作性共同体将使理性的个人能够超越集体行动的悖论，“在一个继承了大量的社会资本的共同体内，自愿的合作更容易出现，这些社会资本包括互惠的规范和公民参与的网络……在一个共同体中，信任水平越高，合作的可能性就越大。而且，合作本身会带来信任。”[8]

因此，具有共同地缘、共同血缘、共同文化和共同利益的自然村共同体相比行政村，更具有天然的社会资本，而这些社会资本对于将村民组织起来，维护自身的利益提供了合作的基础和可能，这也是自治单元由行政村向自然村回归的重要推动力。

（二）经济赋权是村民自治回归的内核

村民自治单元向自然村的回归并不意味着自治实现的必然。对于村民自治“悬浮”问题的解释，很多学者从村民民主参与、“两委”冲突等方面进行了解释，例如，“目前村民的民主素质不高，主人翁意识不强；村民委员会履行职责不力，自治能力不强；村委会和村党支部关系紧张，自治权与领导权冲突加大；乡镇政府的行政权与村民的自治权冲突，都在一定程度上影响甚至异化了村民自治”[9]；“村党支部和村委会的职权不明确致使村委会难以对村党支部非法干涉村民依法行使自治权的行为进行有效制约”[10]；“农民主体地位的确立是农村民主建设的基础和条件，健全农民参与村级事务的参与机制是农民主体地位的重要体现。”[11]但是，通过分析具有基层政权代理人和农民代理人的双重代理身份的村民委员会角色变化可以发现，为了获得新农村建设资金以及获得自身相应的报酬，村民委员会失去了杜赞奇所说的保护型经纪的角色，而转向了营利性经纪，这才是导致村民自治“悬浮”问题出现的根源所在，无论是村民参与度不高还是“两委”冲突等现象，其背后都是“利益”在作祟，正是由于村民自治缺少相应的经济基础，一方面，作为村民自治代理人的村民委员会难以获得自治所需的物质性支持；另一方面，由于农民无法从参与公共权力生活中获得相应的经济报酬而缺乏对民主生活参与的热情。

西方经济学中有一个“理性经济人”概念，大意是指作为经济决策的主体都是充满理性的，即所追求的目标都是使自己的利益最大化，例如，厂商追求利润最大化；消费者追求效用最大化；要素所有者追求收入最大化；政府追求目标决策最优化。当参与农村公共权力生活预期所得边际收益小于个人参加生产活动所得收入的话，对于村民参与村民自治缺少一种吸引力和凝聚力，这也是造成近几年农民从农村向城市单向流动，进而致使村民自治主体缺失的主要原因之一。

因此，通过充实农村的经济能力，挖掘与激发农村潜能这么一种经济“赋权”（empowerment）方式，构建利益共同体，满足村民的经济诉求是实现村民自治制度落地的根本。在构建利益共同体，通过集体行动保护和扩大自己的利益成为促进村民自治和村民参与的关键所在。对此，一些学者也有过相关的论述，“解决农村民主自治中的各种问题的关键在于推进农村经济发展和生产方式的变革，使农村民主自治真正发挥维护村民民主权利，推动农村社会变革的作用”[12]；“缺乏足够的经济基础是以前和当前村民自治运动效果不理想的关键原因。先构建经济基础再推动政治实现，是制度改革的一个根本逻辑。”[13]那么，如何实现经济赋权？

对此，我们或许可以从乡土社会的本源寻找答案。费孝通在《乡土中国》中指出：“靠种地谋生的人才明白泥土的可贵。城里人可以用土气来藐视乡下人，但是乡下，‘土’是他们的命根。在数量上占着最高地位的神，无疑是‘土地’。”[14]古往今来，土地对于农民来说是最宝贵的财富，是获得身份解放和经济自立的基础，人民公社解体之后，农村重新获得了集体土地的使用权，虽然在之后曾经出现“谷贱伤农”现象，但是，随着农村工业化、土地流转、农业的规模化经营、生态农业等概念的提出与实践，土地的价值重新受到关注。中央农村工作领导小组副组长、办公室主任陈锡文在2014年1月22日举行的国新办新闻发布会上指出，“中国农村的土地制度实际上是延续了改革之前人民公社三级所有队为基础的制度，所以在有的地方，农村的土地所有权主要是在过去的生产小队，也就是现在的村民小组……共同的财产基础，共同的情感基础，这是搞好村民自治的有利方面。”因此，可以看出，土地仍然是自然村村民最大的集体财产，特别是在一些缺乏农村工业化基础的山区和偏远农村地区，土地不仅仅是农村的饮食来源，更是其发家致富的根本依托。因此，利益共同体首先应当建立在土地之上，即通过村民自治管理和发挥土地的最大效用和价值，为村民自治提供一种能够凝聚村民团结在一起的内核，进而通过集体行动的优势防范外部势力对农民土地使用权以及由此所衍生出来的经济利益的侵害。为此，2013年中央“一号文件”提出了通过开展农村土地确权登记颁证工作，健全农村土地承包经营权登记制度，强化对农村耕地、林地等各类土地承包经营权的物权保护。即通过私有产权和共有产权确权的利益机制为村民的农村公共事务和公益事业参与提供正向激励。

当然，除了土地之外，在一些自然环境禀赋较好的农村地区，可以通过兴办集体企业，引进外部资金合办企业，促进农村工业化等方式为村民自治提供坚实的经济基础。这样，通过盘活土地价值，推进集体经济发展，实现了经济赋权，增强了农村自我发展的经济基础，从而为村民自治提供了物质层面的保障。

可见，与回归前建立在自然村基础上的村民自治为了应对人民公社解体后造成的农村治安等而出现的应激反应不同，回归后建立在自然村基础上的村民自治是为了满足作为理性经济人村民的经济诉求，是以经济赋权为内核的升级版的村民自治。

三 自治权下移：广东清远农村社会治理模式的探索

在村民自治改革方面，很多地方开展了有益的探索实践，广东省清远市为了完善村级基层组织建设，推进农村综合改革的深入，于2013年在部分乡镇开始了以“三个下移”（即党组织建设重心下移、农村公共服务重心下移、村民自治重心下移）和“三个整合”（即土地碎片化整合、涉农资金整合、服务平台整合）为主要内容的“完善村级基层组织建设推进农村综合改革”的试点工作，该试点工作在创新农村社会治理模式，完善村民自治改革方面实现了制度性创新。其中，村民自治是目标，经济赋权是路径，党组织建设是保障。

（一）村民自治权下移

通过将现有的“乡镇—村—村民小组”调整为“乡镇—片区—村”（原村民小组或自然村）的方式，将原来建立在行政村基础上村民委员会负责的上级交办的事务性工作统一上移到新建立的党政服务站。党政服务站是按照“农村公共服务下移”的原则，根据辖区面积和人口数量等划分的，作为乡镇的派出机构，为当地的村民提供公共服务和党政事项代办服务，经费来源由县镇统筹。而原来的行政村的村委会则下移到自然村，经费来源由村民会议通过筹资酬劳解决，村委会不再承担上级交办的事务性工作。在此基础上，自治权下移后的村委会实现了自我管理、自我服务、自我教育、自我监管的自治职能的回归，其主要职能集中在自然村的公共事务和公益事业，例如，农业生产、农村建设、矛盾调解等。

从事调查的清远市大田村属于佛冈县石角镇里水行政村的一个自然村，村庄为戈姓聚居地，村民100多户，总人口400多人。戈姓在全国姓氏中属稀姓，而大田村是清远市戈姓聚居人口最多的村庄，也是佛冈县境内唯一的戈姓聚居地，从其先祖到此开创基业算起，已传至近17代。同时，大田村也是一个有着深厚传统文化的村落，例如，武术、舞狮、旺祠堂（该习俗起源于清代中期，全村男女老少一起参加，活动每10年举办一次，在冬至前择日进行，每次时间为两天）等；此外，有添丁的村民到祠堂上灯的上灯日，在节日或家有红白大事时祭拜“石伯公”、“伯公树”、“菩头”、“速食公”，清明节全体村民到太祖坟前祭祖扫墓，这些集体性活动彰显了大田村深厚的文化底蕴和悠久的文化传承。但是，在进行自治权下移改革之前，由于乡土社会由封闭走向流动，由集体主义走向个体化发展，由传统小农经营走向市场化经济，由一元化思想主导走向多元化文化交汇，导致当地农村人情味越来越淡薄，“患难相恤、守望相助”的传统社会生态渐趋淡薄，而这又突出体现在了农村矛盾纠纷的增多、上访案件的增加。通过改革，大田村成立了村民委员会，并在村民委员会下设置了村民小组，从而实现了村民自治单元由行政村下移到自然村。由于大田村是一个典型的建立在共同血缘、共同地缘、共同文化、共同利益基础上的共同体，村民彼此之间熟悉，有着行政村无法比拟的信任、规范和网络关系，社会资本存量丰厚，这为村民自治的落地提供了精神层面的支持。

（二）经济赋权

经济基础决定了上层建筑，村民自治不是“空中楼阁”，要想推进理性的村民个人之间的合作，实现共同的集体行动，需要通过经济赋权方式实现村民的利益诉求。20 世纪 90 年代后期出现的村民参与自治热情的退化正是由于农村从个人外出务工等方式获得的边际效益远远大于参与村民自治公共权力生活所得的收益造成的。因此，只有把村民自治建立在坚实的经济基础之上，构建利益共同体才能够盘活村民自治，提高村民的参与度。为此，清远市设计了一系列的制度，保障村民的利益。

首先，外部资源输入。明确村民自治和村委会的法律地位，实现政社分离，明晰村委会权责关系。对于外部输入型权责，建立相应的经济补偿机制，从而确保权责关系平衡。模仿城市社区治理模式，推进“权随责走，费随事转”原则，通过专项经费方式，引导乡镇加大对农村地区资源投入。

其次，内部资源生产。构建利益共同体离不开集体经济的发展和壮大，大力培育“资源开发型、服务创收型、入股分红型、物业出租型”项目，发展集体经济，组建专业合作社，“加大对集体土地的统筹力度，发挥集体土地资源优势，提高土地利用集约化水平和产出效益”。

例如，在大田村，成立了“大田股份经济合作社”，并在本村村民中选举出了合作社理事会、监事会，并制定了《大田村经济合作社章程》、《理事会、监事会职责和章程》等相关规章制度。合作社主要从事集体土地及其他经营性资产的管理和经营，村民以社员的身份，通过土地入股分红的方式，参与到合作社的经营中。此外，合作社与外部企业合作，以“基本地租+年终分红”或“公司+合作社+家庭农场”的方式，发展生态农业。可以看出，大田村的“利益共同体”是以集体土地为基础，通过多种方式最大化土地的价值，进而把收益以分红的方式回馈到村民中。这种“利益共同体”模式不仅可以为村民带来收益，同时可以保证村民为社员的正常运转，避免过度依赖政府资金，从而纠正了行政村基础上村民自治中村民委员会作为基层政权代理人的身份，回归到村民自治代理人的正常轨道上来。例如，大田经济合作社与广州某生物公司签订协议，以“基本地租+分红”的方式，将村内200多亩种植着砂糖橘的土地交付该公司发展养殖业，村民按照每年一亩地800斤稻谷租赁给该公司，或者，村民还可按照所占土地股份进行每年分红。同时，该公司需优先聘用大田村村民为员工。由此，村民在经济上获得了实惠，更愿意参与到集体生活中去。

通过村民自治权的下移，实现村民自治回归是一种农村社会治理模式创新，“下移”、“回归”是关键词，但是，作为一种模式创新，没有现成的经验可以参考，因此，在制度上难以避免漏洞的存在，这也是需要直面的风险。

（三）党组织建设重心下移

2015年，中共中央办公厅、国务院办公厅印发了《关于深入推进农村社区建设试点工作的指导意见》（以下简称《意见》），《意见》指出在推进农村社区建设过程中，党组织应当发挥核心作用，“农村社区建设坚持村党组织领导、村民委员会牵头，以村民自治为根本途径和有效手段，发动农村居民参与。”

为此，清远市通过党组织建设重心下移，肯定党组织领导核心地位，并在此基础上提出“村集体经济较薄弱的地方一般实行村党组织书记、村委会主任、村经济组织负责人‘一肩挑’。村集体经济发达或较发达的地方可以实行‘政经分离’，即村党组织书记和村委会主任不兼任村集体经济组织负责人，村党组织推荐村党组织副书记、委员或符合条件的专业人士通过法定程序担任村集体经济组织负责人。或者实行村党组织书记兼任村集体经济组织负责人，符合条件的村委会主任任命为村党组织副书记。”通过党组织建设下移，不仅确保了农村社会治理的方向正确，同时可以发挥党员先锋模范作用，调动村民积极参与农村建设。

（四）可持续性的挑战

村民自治权下移符合国家治理及社会治理改革的需要，改变了传统的单一治理方式，有利于实现村民自我管理、自我教育、自我服务。但是，改革在推进过程中依然面临着多重不确定因素，村民自治在可持续性方面存在挑战。

首先，人才方面的挑战。建立在自然村基础上的村民自治更多的寄希望于通过乡贤及致富能人等新时期的农村社区精英带领村民发展集体经济、化解矛盾纠纷、处理村务等。但是，在城乡收入差距不断扩大，农村公共服务水平依然较低的现状下，如何吸引进城的乡村精英回流是重点也是难点。特别是，新成立的村委会工作人员除了少部分补贴之外，缺少基本的工资待遇，导致村委会工作人员积极性不高。例如，在大田村，村委会工作人员反映由于参与到村民自治，导致自身收入水平下降，不再想参与到村委会工作。

其次，制度认同方面的挑战。试点中的以自然村为自治单元的村委会由于是新生事物，属于地方性试点工程，在省级单位缺少相应的备案制度，因此，在省级政策及资金支持方面难以获得制度的认同，“村委会下移，村民小组（自然村）成立村民委员会以后，会出现与上级有关政策和评价考核指标等对接不上的问题。‘现在开展试点的 348 个村委会就出现了这个问题，他们在省是没有备案的，没能得到省的政策和资金支持，加上这些村大部分集体经济基础薄弱，村级的办公经费和服务设施基础建设等所需资金难以解决’。”[15] 特别是在一些村集体经济薄弱的乡村，由于缺少外部资金支持，导致村民自治缺少相应的经济基础，导致农村公共服务等村务工作依然上交到基层政府，政府—村委会委托代理关系链条依然存在。

四 结语与讨论

在创新社会治理改革下，村民自治被赋予了更多的历史使命，不再局限于降低行政成本，化解农村矛盾，而被提升为整个社会治理改革中的重要一环。新形势下的村民自治是一种村民自治精神的回归，是建立在具有天然社会资本的自然村基础上。经济基础决定上层建筑，为了解决村民自治“悬浮”问题，只有构建经济共同体，通过“经济赋权”的方式，强化村民自治的内生经济动力，让村民在理性的指引下，自发地通过集体行动维护切身的利益，才能够真正实现村民自治的回归。与内生型自治与嵌入型自治模式不同，我们称为“赋权型自治”。社会资本与共同财产是“赋权型自治”的核心，即在自然村，利用社会资本的历史积淀，为村民采取共同的集体行动，杜绝“搭便车”行为提供非物质性基础；在此基础上，通过经济赋权方式，创造村民共同财产，构建经济共同体，满足村民的经济诉求，提升村民参与农村公共事务与公益事业的积极性，为村民自治提供物质性基础。

广东清远在探索新形势下的村民自治方面，通过自治权下移，实现村民自治单元从行政村回归到自然村的方式，把原来的上级下达的各种事务性工作剥离出村委会，通过专业的片区党政公共服务站，专门为村民提供各种公共事务服务，从而为自治权与行政权的边界分离提供了可能。但是，在实践过程中，这种探索也面临着可持续性挑战。例如，如何确保乡村精英回流，参与村民自治；建立在自然村基础上村民自治如何获得更高层次的制度认同等挑战。为此，应当在制度设计上着手，在确保村民自治落地的同时，确保村委会工作人员个人的切身利益，可以通过经济补贴、荣誉等方式，提高乡村精英参与村民自治的积极性；此外，为确保自然村基础上村民自治获得制度认同，嵌入到现有的支农、惠农政策体系中，需要更高层级的制度设计，在鼓励村民自治创新的同时，为制度的落地提供制度性保证，从而真正摆脱政府—村委会委托代理关系。

参考文献：

［1］彭真．彭真文选［M］．北京：人民出版社，1991．608—611.

［2］徐勇、赵德健．找回自治：对村民自治有效实现形式的探索［J］．华中师范大学学报，2014（4）.

［3］张茜．在共同体视域下寻找有效的村民自治单元［J］．华南农业大学学报，2014（3）.

［4］魏建、赵钱龙．中国乡村利益共同体的变迁及其影响——由均势到非均势［J］．学习与探索，2008（2）.

［5］于建嵘．当前农民维权活动的一个解释框架［J］．社会学研究，2004（2）.

［6］储伶丽等．行政村最佳规模研究［J］．湖南农业大学学报，2008（4）.

[7]［德］斐迪南·滕尼斯．共同体与社会［M］．林荣远译．北京：商务印书馆，1999. 54—72.

[8]［英］罗伯特·D. 帕特南．使民主运转起来［M］．王列、赖海榕译．南昌：江西人民出版社，2001. 195—200.

[9] 欧阳雪梅、李铁明．当前村民自治进程中存在的问题及对策研究［J］．新视野，2007（4）.

[10] 张庆华．当前我国农村基层群众民主自治现状及对策分析——以社会主义新农村建设为视角［J］．北京理工大学学报，2009（2）.

[11] 朱健楠、朱启臻．在农村民主管理中如何确立农民的主体地位［J］．中国井冈山干部学院学报，2010（1）.

[12] 朴明珠．论农村民主自治的经济基础［J］．前言，2011（2）.

[13] 魏建、赵钱龙．中国乡村利益共同体的变迁及其影响——由均势到非均势［J］．学习与探索，2008（2）.

[14] 费孝通．乡土中国［M］．北京：人民出版社，2008. 2.

[15] 卓小畴．部分村民自治未能真正落到实处　村委会下移政策衔接不到位［N］．清远日报，2014 年 9 月 30 日，A02.

运动式社区服务的逆向观察*

——基于鄂东四村的调查

罗　峰

（华中农业大学社会学系、农村社会建设与管理研究中心
湖北武汉　430070）

内容提要：面对农村社区服务的困境，湖北省政府从2011年开始自上而下开展了“三万”活动，即运动式社区服务。运动式社区服务由省级政府发动，经由“省—市—县—乡（镇）”的行政链条，辅之以各级政府机关单位、在汉高校等组成的驻村工作组，最终到达村庄及居民。村庄受到行政传感影响，动员村庄内外资源回应自上而下的运动式社区服务。能否达成省级政府所期望的合法性重塑与提升，则取决于运动式社区服务在农村社区取得的实效，即其能否与农村居民社区服务需求相吻合。本研究以鄂东四个村庄为调查对象，以社区交通服务为例，试图从村庄和民众的视角审视运动式社区服务的运作逻辑、面临的供需矛盾及其合法性后果，以揭示运动式社区服务的行政性输入与社区接收之间的复杂关联。

关键词：运动式治理　运动式社区服务　逆向观察

一　引言

（一）文献回顾

如何实现国家对社会的有效治理，一直是学界关注的重要课题。就国家对社会的治理方式而言，大体有两种理论流派：一种是以韦伯为代表的

---

* 本文系国家社科基金项目“人地分流背景下农村社区服务体系建设研究”（11CSH015）、中央高校基本科研业务费专项基金项目“农村精准扶贫中的社区服务研究”（2662016PY085）阶段性成果。

科层式治理；另外一种就是近些年逐渐为大家所辨识的运动式治理，后者则是本文所关注并探讨的治理方式。

运动式治理的研究源于这样一个现实，即国家行动何以时常超越科层组织，通过非常规的方式开展？运动式治理不仅存在于“大跃进”时期（周飞舟，2009；Yang，1996；宋连生，2002；李锐，1999），而且存在于改革开放后社会治理的各种领域中（吴毅，2007；周雪光，2009；折晓叶、陈婴婴，2011；狄金华，2010；荀丽丽、包智明，2007），甚至存在于更为久远的历史脉络中（周雪光，2012）。可见，运动式治理绝不仅仅是一时的政治狂热所导致的偶然事件，而是具有深刻的历史与制度渊源。

近年来，人们对运动式治理的研究主要集中在以下几个方面：

一是运动式治理的类型学研究。冯仕政（2011）将其称为“国家运动”，根据基本取向、变革目标及动员范围3个维度，将其区分为8个基本类型，是迄今为止最为系统的研究。另外，廉如鉴（2014）将运动式治理分为普通型运动与斗争式运动。所谓普通型运动主要是指后毛泽东时代的运动不外乎采用激励、惩戒、竞赛等方法实施社会动员；斗争式运动则采用“发动一些人斗争另一些人”的方式。

二是运动式治理何以发生。第一种观点：组织失败，认为运动型治理机制是中国历史上国家治理过程中发展起来的针对官僚体制失败的应对机制，并隐含着常规治理与运动治理互为因果的循环过程：官僚体制的常规机制越发达，其组织失败越是凸显，从而更为可能诱发运动型治理机制（周雪光，2012）。在公共政策执行过程中，政策适用性低与执行压力变化会导致消极执行与运动式执行（陈家建、张琼文，2015）。第二种观点：绩效合法性压力，认为基于政体强烈的历史使命感和所面临的强大绩效合法性压力，以及该政体所提供的组织和合法性基础，国家为此打破制度、常规和专业分际，强力动员国家所需要的社会资源，从而形成国家运动（冯仕政，2011）。第三种观点：高度集权，周飞舟（2009）认为“大跃进”的深层机制在于，看似高度分权的锦标赛实际上是在高度集权和国家对社会资源全面控制的基础上展开的。

三是科层式治理与运动式治理是何种关系。既然科层式治理与运动式治理都是社会治理的两种方式，那么两者之间如何选择，即在什么时候应该选择何种治理方式，两者是什么关系？大体可区分为注意力分配论、运动式治理常态论。注意力分配论认为运动式治理和常规科层体制背后的问题是注意力分配，而“合法性承载”概念将有助于解释注意力是如何在治理谱系中进行分配的（徐岩等，2015）。运动式治理常态论认为运动式治理在政治官僚制的制度背景下将逐渐被科层消解，失去了其发展的内在动力，呈现出运动式治理的常规化（倪星、元超，2014）。运动式治理本身蕴含着一种悖论，即以非常规方式开展常态化的治理行动，具体表现为“决策经验主义”和“结果不确定性”（杨志军，2015）。

四是运动式治理后果如何。除了少数学者肯定运动式治理的阶段性合理性（廉如鉴，2014）之外，绝大多数学者指出其存在的问题。第一种观点：治理内卷化，认为浪费了大量治理成本，产生了内卷化的难题（沈洪成，2014；倪星、元超，2014）。第二种观点：非制度化导致社会矛盾，认为这种动员和治理的成果却难以制度化、常规化，而只能以接连不断的新运动来维系，从而在社会变革的动力与社会运行的常态之间，形成了难以消解的矛盾（李里峰，2014），造成治理问题（陈家建、张琼文，2015）。就运动式治理的最终命运看，一种观点认为由于国家卡理斯玛权威的常规化是无法抗拒的历史趋势，国家运动变得越来越温和，最终消亡将不可避免（冯仕政，2011）；另一种观点认为欲从根本上解决运动式治理带来的问题和危机，必须找出新的替代机制来应对和治理官僚体制和常规机制的组织失败；若基本治理逻辑未变，替代机制缺失，则运动型治理机制不废（周雪光，2012）。

上述研究或者从宏观角度或者从自上而下角度，阐释国家对社会的运动式治理原因、方式及后果。然而作为国家治理对象的民众是运动式治理的终端，也是检验运动式治理有效性和合法性的“终极裁判”，民众在运动式治理研究中则大多是缺位的。本研究则试图从自下而上的视角出发，以运动式社区交通服务为例，从运动式治理终端——村庄和民众视角来审视运动式治理，以补充既有研究的不足。

（二）资料来源

笔者先后两次、历时 15 天进入到四个村落进行实地调查，主要通过三种方法搜集研究资料：一是运用参与式观察的方法，以“三万”工作组成员身份对湖北省 M 村、X 村、Y 村、Z 村在“三万”活动中的具体行动进行观察，以此了解四村在其中扮演的角色及其动因。二是非结构式访谈的方法，对 20 余位农民作了深入的访谈，搜集了第一手资料。三是运用问卷法对村民社区交通服务状况进行了解。对于样本的选取，笔者采用随机抽样的方法，选取400名农民作为样本，发放问卷400份，回收400份，有效问卷400份，问卷回收率为100%，有效率为100%。将问卷调查所得数据录入SPSS 17..0数据库，并进行分析。

（三）研究对象基本情况

四个村落所属的K镇地处黄梅县腹地，现有面积126.5平方公里，耕地面积73407亩，人口11万，辖35个行政村，382个村民小组。京九铁路、合九铁路在K镇交会并建站，黄黄高速、105国道、孔武省道、龙孔省道纵横过境。可见，K镇的对外交通十分便利。四个驻点村的基本情况如表1所示。

表1　　四村基本情况

	M村	X村	Y村	Z村
村民小组（个）	6	7	8	8
人口数（人）	2087	1958	2660	2059
户数（户）	452	465	—	525
党员人数（人）	63	66	56	60
耕地面积（亩）	2077	—	1480	1812
湖田面积（亩）	—	—	603	600

从四个村的坐落而言，都处于K镇政府驻地的周边，最远的M村距离K镇也仅为3公里，最近的X村则紧邻K镇。也就是说，就距离而言，这四个村到乡镇都是比较近的。

（四）分析框架

运动式社区服务由省级政府发动，经由“省—市—县—乡（镇）”的行政链条，辅之以各级政府机关单位、部属高校等组成的驻村工作组，最终到达村庄及居民。村庄受到行政传感影响，动员村庄内外资源回应自上而下的运动式社区服务。能否达成省级政府所期望的合法性重塑与提升，则取决于运动式社区服务在农村社区取得的实效，即其能否与农村居民社区公共交通服务需求相吻合。

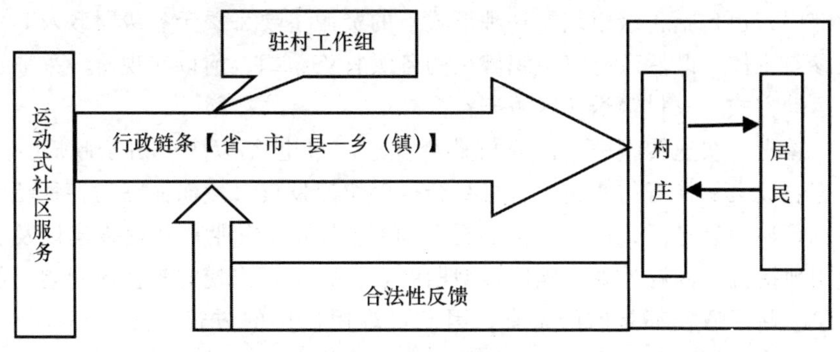

图 1　分析框架

二　运动式社区服务的政府动员

（一）村村通客车："三万"活动的 2015 主题

在正式阐释运动式社区服务——"村村通客车"之前，不得不先交代"三万"活动来龙去脉，这也是前者之所以发生的大背景。"三万"活动是中共湖北省委、省政府开展的以农村发展为主的活动，从 2011 年至今已经开展了五轮（如表 2 所示），每年围绕特定的主题持续 3 个月的时间。2015 年，"三万"活动的主题是"夯实'三农'基础，改善农村民生，实现客运到村，建设美丽乡村"，主要解决农民群众出行难、出行不安全等问题。

表 2　2011—2015 年"三万"活动主题

	主题	解决问题
第一轮	万名干部进万村入万户	了解群众的各种诉求和民意
第二轮	万名干部进万村挖万塘	主要解决农村塘堰建设问题
第三轮	万名干部进万村洁万家	主要解决农村环境卫生问题
第四轮	万名干部进万村惠万民	加强农村基础、改善农村民生、服务"三农"发展
第五轮	夯实"三农"基础，改善农村民生，实现客运到村，建设美丽乡村	主要解决农民群众出行难、出行不安全等问题

"三万"活动是由省委、省政府发动的，在此过程中农村社区服务的主体更为多元，既包括省直机关及部属各高校、省级以下各级人民政府及

各部门，也包括村级组织。这种形式下的资源主要来源于省级财政及其各级参与主体。既然政府有组织健全的各级官僚组织，何以在现阶段采取这种运动方式向农村输送社区服务？

首先，快速转型引发的农村社会变迁。21世纪以来，由于政府一系列惠农政策的推行与实施，农村社会得以快速发展，然而面临的各种新问题也是显而易见的，诸如“空心村”、留守人员、农业基础设施建设及农业用地撂荒等问题。处于极速转型期的农村社会，出现的各种新问题、新现象、新矛盾，都是前所未有，因而很难用惯用的方式方法去解决。其次，官僚机构与基层群众关系的变化。从法律和理论上而言，村民自治是村民自治组织，可以有效收集民意并自主解决村域事务，在实践中则受到的各种条件的限制。即使村民自治能在实践中顺利实施，农民与政府机构的链接仍然缺乏制度化的渠道，特别是大多数地方政府在“不出事”逻辑的影响下，政府机构与民众的联系则变得更为疏远。基于此，超越固有的官僚途径的群众工作则成为一种应对新形势、摸清民情的一种方式。当然，这种方式并非首创，正如湖北省委书记李鸿忠所言：“干部到农村进村入户，是我们党在长期革命和建设中探索出来的动员群众、组织群众、服务群众的一种好传统、好办法。”“三万”活动被政府定义为新时期群众路线的实践，当然具有鲜明的群众路线特质，李鸿忠指出：“开展这次活动重在‘全覆盖’和‘增感情’，落脚点是密切党与人民群众的血肉联系。‘全覆盖’就是这次活动要覆盖所有行政村、所有农户，让干部的脚印‘印’到每个农户家中，面对面、手拉手、心连心地做群众工作，把党的阳光、政府的关怀送到每家每户。‘增感情’就是这次干部进村入户，不是简单的送钱送物，而是重在增进干部与群众的感情，密切党与人民群众的血肉联系。做好当前的群众工作，不是单纯的财力问题，其中很重要的方面是干部作风问题、是对农民的感情问题。要饱含深情地开展这次活动，让广大党员干部通过宣传政策、走访民情、为民办事，切实增进同农民群众的感情，牢固树立群众观念。”

在湖北省委办公厅、省政府办公厅下发的《关于2015年在全省开展第五轮“三万”活动的通知》（以下简称《通知》）也指出，“继续在全省开展‘三万’活动，是深入贯彻落实中央精神，加强和改进群众工作、夯实党的执政基础的重大举措，是加强‘三农’工作、全面深化农村改革、推进美丽乡村建设的迫切需要，是加强农村社会治理、提高农村公共服务水平的现实要求，也是顺应群众呼声，解决农民群众反映突出问题的惠民之举。”从省级政府看，其群众路线及群众需求指向是非常明显的。从农民群众反馈来看，对之前的具体工作表示肯定，诸如挖水塘，而有些工作的持续性则受到质疑，如垃圾处理，而对今年的“村村通客车”主体也表示谨慎的乐观。

（二）运动主体及方式——政府主导、多方参与

从全省范围看，参与主体既包括各级党委和政府所属机关这类常规机构，也包括省军区、各军分区（警备区）、人武部机关，各人民团体及部分大专院校、企事业单位、金融机构，要求这些机构派出干部参与，组成约 8700 个工作组，到全省所有行政村驻点工作三个月。[①]

在所调查的鄂东四村，作为“三万”活动驻点村由武汉某部署高校（以下简称 N 高校）负责。N 高校与四个驻点村在日常工作中是无直接联系的，而“三万”活动却使完全没有任何瓜葛的两者产生了某种联系。N 高校的驻点工作组，在四个村并非独立开展工作，在市、县、镇每级政府内部都设有“三万”活动领导小组及办公室。驻村工作组与当地政府、驻点村之间的关系及在其中扮演的角色都是非常微妙的，其表现有二：一是 N 高校驻点工作组并非本地常规工作机构和人员，并且与当地政府、村委会都互不隶属、互无直接利害关系，这一点在当地政府工作人员、村干部那里都心知肚明，因而 N 高校驻点工作组难以建议或推动当地政府做出或改变某项政策，而村委会对驻点工作组的意见或建议，多数也是当面表示应允，而最终是否能够吸取并实施则完全取决于其自身的考量，如工作组人员与 Z 村支部书记联系见面时，后者时常借故推托。二是就乡镇政府、村委会与驻点工作组之间的关系来看，乡镇政府与村委会的直接利害关系是显而易见的，后者评优评先、各种涉农项目的划拨权，后者都有决定权。由此，基层政府的村治取向直接影响着村委的决策。与此相比，驻村工作组对四个驻点村的影响方式则相当受限，更多体现为直接的物资援助，诸如捐献树苗、联系本校医疗队行医、本校外教到当地中学宣讲、本校科研人员指导农业种植技术等。从调查可知，村干部寄希望从工作队获得的，也主要是这些物资援助。而四个村对这些物资援助也是存在

① 参见中共湖北省委办公厅《关于 2015 年在全省开展第五轮“三万”活动的通知》（鄂办文〔2015〕1 号）。

竞争关系的，如工作组将 100 多棵绿化树苗给了 Y 村，M 村支书多次提到此事，并不讳言“怎么只给他们一个村”。这也从一个侧面说明村庄对外来资源输入的期望非常高。乡镇政府、驻村工作组与四个驻点村的关系，如图 2 所示。也就是说，基层政府与四个村的关系是实在的，而且无论从相互关系，还是资源流向方面，都是以基层政府向四个村庄的单向输入为主，四个村对上级存在相互竞争关系，这种竞争关系在对驻村工作组的资源输入上也同样存在。由于驻村工作组的临时性、角色的外置性，使之与地方政府、四个村的关系都处于比较虚弱的层次。另外，基层政府与四个村的关系比驻村工作组与后者的关系更具延续性，即四个村对基层政府相关政策及资源输入的执行程度直接决定了其在政府评价体系的位置、后续资源的再输入力度，即村委会的行政化倾向非常明显。这也是 21 世纪以来“乡—村”关系的新变化，“新的任务和需求进一步推动乡镇政府更积极地强化村委会的行政化：一是经济发展和创造财政收入的冲动；二是公共服务均等化……乡镇政府职能的实现更加依赖村委会、村支部，反过来总想把它们变成自己的下属或代理人，‘行政化’由此得以展开。”①与此相比，驻村工作组的临时性决定了其影响的局限性。

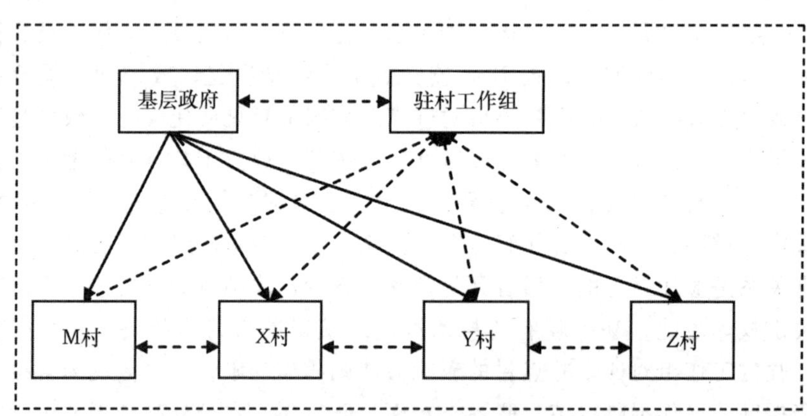

图 2　政府、驻村工作组与四个村的关系

① 王春光：《中国乡村治理结构的未来发展方向》，《人民论坛·学术前沿》2015 年第 3 期。

（三）运动资源：来源及方式

《通知》中要求把握的基本原则之一是“坚持整合资源、统筹使用”，具体而言就是“在不改变有关涉农项目资金渠道、性质和用途的前提下，本着各负其责、各尽其力、各记其功、统筹安排、集中使用的原则，捆绑资金、集中投入，以获得最大效益。”根据《通知》，“三万”活动资金主要有以下几个方面：

表 3　“三万”活动资金来源情况

<table>
<tr><th colspan="2">资金来源</th><th colspan="2">数额（元）</th><th>资金用途</th></tr>
<tr><td colspan="2">省级财政通过一般性转移支付下达到市县</td><td colspan="2">3 亿</td><td>村村通客车</td></tr>
<tr><td rowspan="8">省直有关部门</td><td>省交通运输厅从农村公路建设和养护资金</td><td>10 亿</td><td rowspan="8">24.5 亿</td><td rowspan="8">—</td></tr>
<tr><td>省农业厅从农村能源建设资金</td><td>4 亿</td></tr>
<tr><td>省国土资源厅从农村土地整理资金</td><td>3 亿</td></tr>
<tr><td>省水利厅从小型水利设施维修养护资金</td><td>3.5 亿</td></tr>
<tr><td>省住建厅从村庄整治资金</td><td>2 亿</td></tr>
<tr><td>省环保厅从农村环境综合整治资金</td><td>0.5 亿</td></tr>
<tr><td>省林业厅从林业生态建设资金</td><td>1 亿</td></tr>
<tr><td>省人社厅从农民转移就业培训资金</td><td>0.5 亿</td></tr>
<tr><td colspan="2">省直每个工作组</td><td colspan="2">10 万</td><td></td></tr>
<tr><td colspan="2">各市（州）、县（市、区）</td><td colspan="2">尽力而为
量力而行</td><td>—</td></tr>
<tr><td colspan="2">国有企业（包括中央在鄂企业、大中型道路客运企业、城市公交企业）、民营企业、社会团体以及其他有识之士</td><td colspan="2">—</td><td>农村公益事业</td></tr>
<tr><td colspan="2" rowspan="2">行政村</td><td>村级集体经济收入</td><td rowspan="2"></td><td rowspan="2">—</td></tr>
<tr><td>村民自愿捐资或投劳</td></tr>
</table>

上述资金来源是按照省级政府统一安排的，这些资金显然不是平均分配的，地方政府对这些资金具有统筹安排的权力，并且这些资金在调查村庄，并非先下达再进行村村通等相关建设，而是先建设再投放资金。是否投放资金、投放多少，则取决于该村建设的成效。截至本次调查结束，2015 年“三万”活动资金还没有下达到村。各村根据自身财力，陆续着手相关建设。

表 4　　四村“村村通客车”相关建设进度

	道路拓宽及硬化	道路两旁绿化	站牌、警示牌、减速带【由县交通局承包给施工队对相关路段统一施工】
M村	√	√	√
X村	—	—	√
Y村	×	√	√
Z村	√【先前完成】	√	√

三　运动式社区服务的受众视角

（一）社区公共交通服务缺失下的农民出行选择

这里的“社区公共交通服务”主要是指为满足当地居民日常生活中短距离出行需要而提供的公共客运服务。总体而言，乡村交通一方面以营利性为主，没有类似城市准公共物品性质的客运服务；另一方面乡村客运线路主要是从乡镇开始、向城市延伸，村与村、村与乡镇之间没有任何公共交通工具。与此不相称的是，农村常住居民的日常生活范围及交通需求则恰恰在村与村、村与乡镇之间。在这种情况下，农民的出行只能是自助的。

1. 农民出行特点及局限

与其他大多数农村类似，K镇绝大多数青壮年劳动力都在外务工或做生意，驻点四个村也不例外，由此决定了当前农村常驻居民以中老年人与未成年人为主，这也成为出行的主体。当然，这不排除在节假日，尤其是春节期间大批外出务工人员返乡，使得进出村庄的人员多元化、出行方式多样化，正如当地村干部所言，春节期间由于很多人开着小汽车回家，使乡村道路上大面积堵车。但这毕竟是个别时期，我们在此主要考察农村常住居民的常态出行。K镇Y村、Z村、M村、X村四个村，共有28个小组，户籍农业人口15380人。在当前开放的社会环境下，几乎每个人都有潜在的出行需求，只是不同年龄层的群体出行需求存在差异而已。其出行主要呈现以下几个特点：

首先，出行目的以购物、接送小孩为主。老年人出行以购物、接送小孩为主，少数在村中青年则是工作需要。从问卷调查结果来看，接送小孩、购物两项各自占到33.9%、44.1%，仅此两项共占到78%。

表 5 您平时出行的目的是

		频率	百分比（%）	有效百分比（%）	累积百分比（%）
	接送小孩	130	32.7	33.9	33.9
	买东西	169	42.5	44.1	78.0
	听戏	24	6.0	6.3	84.3
	做生意	36	9.0	9.4	93.7
	其他	24	6.0	6.3	100.0
	合计	383	96.2	100.0	

在 M 村附近有个 ZH 中学，该校既有幼儿园，也有小学、初中，在校学生近 2000 人，覆盖附近至少 8 个行政村。调查发现，家长接送小孩的方式有这样几种：一是大多数家人自行接送自家小孩；二是个别邻居之间拼一辆三轮电瓶车；三是少数家长出钱订一辆约有十几个座位的大面包车，这辆大面包车每次接送两三趟。

当然，摩托车、电动（三轮）车接送小孩会存在安全隐患，比如 M 村去年就发生了一起重大的交通事故，某老人接小孩放学回家途中，在 105 国道附近与一辆大挂车相撞，造成 1 死 2 伤，伤者比较严重，到现在也没有康复。该校校门口就是 105 国道，该学校内有幼儿园、小学、初中，每天上学、放学的人流量很大。在这种情况下，一方面，校门口仅有该校自己做的简易减速带，没有红绿灯，过马路则需要行人、电动车、摩托车以及行驶在 105 国道上的车辆自行协调；另一方面，每天在放学时间，接孩子的摩托车、电动三轮车等占据了门口 105 国道的半边道路，使通行道路短时受阻、出现交通混乱，易出现交通事故。

其次，短距离出行频率比较高。调查显示，农村居民每天出行 1—2 次的达到 40.4%，3—5 次 25.9%，5 次以上 23.9%，如表 6 所示。

表 6 您一天出行的次数大约是

		频率	百分比（%）	有效百分比（%）	累积百分比（%）
	0 次	38	9.5	9.8	9.8
	1—2 次	157	39.3	40.4	50.2
	3—5 次	101	25.3	25.9	76.1
	5 次以上	93	23.3	23.9	100.0
	合计	389	97.4	100.0	

最后，出行工具以步行、摩托车、电动车为主。从出行方式上来看，农民以步行、摩托车、电动车（尤其三轮电动车尤为普遍）。农民选择出行工具主要从价廉、实用两个角度考虑。一辆三轮电动车价格在2800元左右，既可坐人、接送小孩，又可载物、方便到农地干活。从问卷调查结果来看，选择摩托车或电动车出行的高达69.2%，如表7所示。

表7 您平时的出行方式是

		频率	百分比（%）	有效百分比（%）	累积百分比（%）
	摩托车/电动车	269	67.6	69.2	69.2
	搭麻木车	10	2.5	2.6	71.7
	步行	58	14.6	14.9	86.6
	自行车	23	5.8	5.9	92.5
	小汽车	24	6.0	6.2	98.7
	其他	5	1.3	1.3	100.0
	合计	389	97.8	100.0	

之所以绝大多数农民选择摩托车、电动车作为主要交通工具，还因为其目的地距离较近，问卷调查显示77.2%的人平时都是以K镇作为主要目的地，如表8所示。

表8 您平时主要是去哪个地方

		频率	百分比（%）	有效百分比（%）	累积百分比（%）
	K镇	298	74.7	77.2	77.2
	九江	37	9.3	9.6	86.8
	小池	12	3.0	3.1	89.9
	龙感湖	7	1.8	1.8	91.7
	黄梅	18	4.5	4.7	96.4
	其他	14	3.5	3.6	100.0
	合计	386	96.8	100.0	

当然也有人选择步行赴乡镇的。我们在M村遇到两位老爷爷，一位83岁、一位84岁，用他们的话说，“由于年纪较大、反应慢，骑电动车不安

全”，所以如果到乡镇上看戏，则是选择步行，要走30多分钟。如果各村的农民到县城、小池镇、九江等较远的地方，则将摩托车、电动车或三轮车停放到车站附近，由专人看管，一次3元，不计时，然后再转乘客车。

可见，农民短距离出行需求非常明显，而私人化的出行方式虽然满足了个性化的需求，却也导致了在重复线路上私人交通工具的混杂，既浪费了资源，又潜伏着一定的安全隐患。不仅如此，私人化的出行方式无法满足所有群体的出行需求，诸如上文所提及的两位80多岁老人及其他老、弱、残等群体就面临着这种问题。

2. 农民对出行的公交化期待及应对

私人化的出行方式并不意味着农村居民对社区公共交通的缺乏需求，而是实属无奈之举。恰恰相反，调查显示，农村居民对公交运营的期待非常强烈，在问及“村村通客车，通什么车比较符合实际”时，76.1%都选择了“公交车”，并且希望每天经过本村班次3个班次以上的占到94.8%。

表9　　村村通客车，通什么车比较符合实际

		频率	百分比（%）	有效百分比（%）	累积百分比（%）
	电瓶车	61	15.3	16.4	16.4
	公交车	283	71.1	76.1	92.5
	普通荷载15人的客车	21	5.3	5.6	98.1
	荷载30人的客车	6	1.5	1.6	99.7
	其他	1	0.3	0.3	100.0
	合计	372	93.5	100.0	

表10　　您希望车辆一天经过本村几个班次

		频率	百分比（%）	有效百分比（%）	累积百分比（%）
	1班车	19	4.8	5.2	5.2
	3—5班车	123	30.8	33.7	38.9
	6—10班车	110	27.6	30.1	69.0
	10班以上	113	28.3	31.0	100.0
	合计	365	91.5	100.0	

农村居民对公交化的期待并不仅仅停留在口头上，而且在具体行动上也有所作为。从2010年K镇“电瓶车运营”事件可见一斑，先是部分农民自发投入电瓶车运营，生意兴隆、大受欢迎，后来却被地方政府叫停，《楚天金报》2010年7月25日第9版以“黄梅八农民率先‘吃螃蟹’难下口”为题对此进行了专题报道。事情经过如下：

> K镇8名农民筹资25万余元购置了6辆电动旅游观光车，每辆车可乘坐11人。6辆电瓶车穿行于K镇3公里范围内，招手即停，上车1元，残疾人免费。而之前在此距离内多乘坐麻木车，麻木车一般上车2元，远一点还要另外加钱。对于居民而言，电动旅游观光车相比麻木车的优势在于：一是价格便宜且固定；二是上下车方便，对出行主体的老年人而言，这一点很重要；三是驾驶平稳、乘坐舒服。在电瓶车的竞争优势下，很少有人再乘坐麻木车。
>
> 在电动观光车受到居民热烈欢迎、红火运行不过10天之后，便被当地政府叫停。其理由如下：一是这些车辆无驾驶执照、无牌照、无运营证、无保险，存在安全隐患；二是由于其所穿行的105国道线路权属于他人，在此路段载客运营，不可避免地会引发经营权纠纷；三是诸多麻木车司机由于生意受损而到镇政府抗议。于是，电动观光车运营无疾而终，而小镇客运又回到“麻木”时代。

由上述事例可知，农民出行需求、市场供给与政府管理之间出现某些偏差，使市场自发出现的回应民众需求的新型准公共交通运营“流产”。从调查来看，地方政府一方面没有主动回应民众对社区公共交通需求；另一方面却因担心承担安全监管责任，而强制叫停而非引导市场自发出现的准公共交通服务，由此导致了客车供需分离，也使“政府—市场—民众”三者关系出现隔离，出现了政府垄断但却不供给的怪现象。

（二）任务下压与村庄应对：运动式社区服务的基层困境

政府动员下的“村村通客车”有明确的任务要求，即在什么时间、按照何种标准、完成到何种程度，这些任务要求则通过各级政府层层下压，最终到达村庄，而村庄要完成这些任务要求则面临种种困境。

一定标准的公路是汽车通行的必要条件。当前，四个村连接主干道的道路都是水泥路。按照“村村通客车”的要求，从原来的3.5米拓宽到6.5米。在道路拓宽过程中，将会面临这样一些问题：

一是资金问题。对于缺少集体经济支持的村庄而言，修公路一直是一笔巨大的支出，但是出于上级政府的硬性要求或者争取新项目的资本，却是一项不得不完成的任务。资金的来源则很大程度上取决于村干部的“神通广大”。从对四个村庄的调查来看，修路资金的来源主要有：政府投入、村庄自留资金、民间企业家赞助、农民集资。然而，各个村筹集资金的情况千差万别，在此仅以M村为例。

> M村，连接到乡镇的那条约4公里的主干道宽为6米，是2007年修建的，共花费80万元，其中县交通局出资20万元，K镇一个地产开发商捐赠40万元，村委会出资4万余元，村民按人头集资158900元。

据该村村干部介绍，他们经常在县相关部门及乡镇走动，为村里基础设施建设筹集资金，少到几千元，多到几万元。可见，不论是政府出资还是社会捐资，具有明显的特殊性、偶然性及临时性，这既取决于村干部对村庄内部公益事业的工作积极性，也取决于其对外“化缘”能力。两者的差异也导致了众多村庄的基础设施水平千差万别。对于M村支部书记而言，其本身就是一名从事纺织生意的企业家，有能力处理各方关系。至于为何有这种积极性，据他说主要有两点：一是“自己富起来后，确实想为村里做些事情，一旦想做就要做好，否则睡不着觉”；二是“要想获得政府更多的项目支持，必须先将村里的基础设施先建好，只有前期工作做好了，才容易争取项目、争取资金”。

二是线路与占地问题。“村村通客车”首先要保证道路的宽度与标准要符合其通行条件，而道路修建或拓宽势必会占有到该路线上的土地。换言之，道路的选择及拓宽与需占用的土地密切相关。就当前而言，四个村已经在2010年左右修建了连接大公路、宽为3.5米的主干道。按村村通客车的要求，需将其拓宽为6米以上，这次拓宽虽然不涉及线路的重新选择问题，但仍涉及占地问题。我们从Y村上次修路的过程可见一斑。

首先，线路选择与责任分工。Y村呈环状分布，不像别的村庄是直线状，修路不好修。2010年修路的时候开了3次村民代表大会才确定路段，规划采用每个小组修一段的方式。

其次，资金筹措。当时，修公路每公里造价24万元，国家补贴40万元，村里补贴7万元，村民集资每人100元，也有80元、50元的，一共修4.2公里，花了100万元左右，那时候可以赊账。

再次，占地补偿。村里的路段自己修，路基村集体出资铺设，集体修路基，占用了耕地的，村里就少收税费，如占人家家里的3亩地中的5分地，就按照2亩地的面积收费，再加上国家的补贴，村民的积极性就提高了。

据该村村干部介绍，“现在选择路线的问题不存在了，路拓宽却要占耕地。现在路面的宽度都差不多在3米左右，希望拓宽这条路，宽度达到7米左右。这样就会再占用一部分村民的耕地，Y村主干道占用了村里3组、4组耕地，村里按照每亩1600元的价格支付给村民，每年需支付3600元左右，今年国家补贴的钱现在还没有下来。对于接下来拓宽道路的过程中，占用村民的耕地怎么处理还有待进一步商榷。”

三是道路两旁绿化问题。为美观起见，有条件的村庄（不是所有村庄），主干道两旁就会种植树木。而就驻点四个村庄来说，马路两旁都种植了绿化树木。

现在四个村在关于树木品种的选择上，已经达成了一致的意见，即在建设公路两边栽种樟树，一棵价格在70元左右，价格比桂花树便宜还可以防止树苗被盗。Y村之前建的通村公路两边，一边种柏树，一边种樟树，隔6米一棵。树苗没有花钱，是县相关部门赞助的，村里负责拉过来。对于马路两旁种植树木，绝大多数农民表示了认同，表示“很赞同，美化环境”的达到67.5%，在利害关系方面农民表示“不要我出钱就行”的占到18.2%。

表11　村村通两边樟树或者桂花树绿化您怎么看

	频率	百分比（%）	有效百分比（%）	累积百分比（%）
很赞同，美化环境	249	62.6	67.5	67.5
我家田地在边上遮住了阴，不好	20	5.0	5.4	72.9

续表

	频率	百分比（%）	有效百分比（%）	累积百分比（%）
没有田地在路边上，无所谓	26	6.5	7.0	79.9
不同意，浪费钱	7	1.8	1.9	81.8
不要我出钱就行	67	16.8	18.2	100.0
合计	369	92.7	100.0	

看似有益全体村民的好事，却也会遭遇尴尬。树木栽在农田旁边，给庄稼遮了阴，庄稼生长不好减产，村民自然会想方设法破坏，比如在晚上有村民把秸秆堆在树苗周围烧，把树苗烧死，导致现在成活率在60%左右。道路两边要绿化，如何处理既要绿化又要保证这些树木的成活率是一个问题。

（三）运动式社区服务的村庄影响因素

从四个村庄来看，每个村实施方式与力度是有所差别的，这种差别受多方面因素的影响，其中村干部，尤其是村支部书记（同时兼村委会主任）、村庄集体经济状况、动员能力以及与乡镇政府的关系状态四个因素对运动式社区服务的实施具有重要作用。

1. 干部因素

同属一个乡镇的村庄，乡镇政府的治理目标与方式大体相同，作为链接“乡—村”两级关节点的村干部的态度及作为，则直接影响甚至左右着社区服务的走向。M村与Z村都属农业型村庄，与X村、Y村相比，其村集体收入的来源只有依靠出租湖田，在这种情况下，争取政府资金项目则成为社区服务的主要资源支持。而村干部的态度及行为取向则成为是否及能否获取政府资源支持的重要因素。

据M村现任村支书介绍，自己家族祖祖辈辈生活在这里，爷爷、父亲都是村主任。自己当上书记也是无奈之举，因为自己本身不愿意，而且家里人都反对，但是镇里还有村里的干部找过好几次，所以在前两年换届选举的时候参选，当上村委会书记，现在书记工资一年15900元，外加镇上奖励6200元，一共2万元左右，退休的待遇是书记每月1200元，上面划下来的办公经费4.2万元一年，之所以不愿意做村干部的原因，一是待遇低；二是农村工作比较复杂，比如在办事风格上如果自己的态度强硬会得罪很多人，态度不强硬又没有威信，没有人听从你的安排，村民不买账，所以自己尽量做到让大部分人满意，在职期间决策都做到公开透明，如账目公开，每一笔钱财的用处公示出来，不让大家说闲话。

正是有村干部的家族背景及做生意的经历，A 书记无论在群众威信，还是在村治能力方面，都被乡镇政府寄予很高期望，其特殊背景与经历一方面约束其行为的私人化倾向；另一方面将督促其做出较其他村更大的成绩，用他自己的话说，“既然当了村支书，就想把事情做好，做不好就睡不好觉。”

对于 A 书记来说，如何能“把事情做好”，并不是一件轻而易举的事情。A 书记的“事情”就近期而言，有这样几件：一是在（2015 年）5 月召开一次党员大会，主要是总结去年的工作情况和今年的工作安排，参加的党员估计有 60 个，8 个村民代表。二是人才建设方面，“因为现在的领导班子都是在 50 岁上下的人员，年龄越来越大，村里目前计划培养两位预备干部，都是‘80 后’，都是在做生意的人，这样的人在做干部时候会尽力，减少经济贪污腐败的可能性。”三是“村村通客车”的相关建设以及一湖两岸的建设改造。四是改造村委会的办公地点，把小学和村委会一起的建筑粉刷，门窗换新。可见，M 书记一是着眼于党员沟通、推进村务公开，试图使其作为得到村民认可与支持，同时也是一个树立威信的过程；二是培养后备干部，保持其工作的拓展性与延续性；三是村庄基础设施的建设及社区服务的供给，这是 A 书记重点解决的事情，而村里的集体收入又极为有限，于是 M 向上级政府及相关部门“筹钱”成为其一项常规工作。

与 M 村 A 书记不同的是，Z 村的 D 书记显得较为消极。D 书记同样是生意人出身，目前仍然一边做生意，一边履职村支书。与 D 书记积极从上级争取资源、谋划村级事务不同，A 书记更多把精力放到自己的生意上，对于村务更多的是被动执行。如前所述，A 书记从村务公开、后备干部培养及基础设施服务等方面，都做了总体的谋划与工作，而 D 书记则没有如此全面的谋划。不仅如此，在进村调查时，A 书记都是在现场督促河岸整治、沟渠改造；在 Z 村，带领大家一起清理沟渠的不是 D 书记，而是本村党支部副书记。

2. 村庄集体经济状况

一个村庄能否有效地执行任务或者实施其意图，很大程度上取决于其集体经济状况。X 村与 K 镇接壤，极具地理优势。与此密切相关，K 镇最大的菜市场、新开发的部分楼盘以及临街的多处门面都属于 X 村。这是其他三个村庄无法比拟的。X 村在此次实施“村村通客车”中，并不依赖工作组或上级政府的资源支持。在公路两边绿化、站牌定制等方面，都是由本村出钱，并且早已完成任务。

按集体经济收入从高到低排序的话，大体可区分为 X 村、Y 村、M 村、Z 村，如表 12 所示。在“村村通客车”中，这些村完成效率与其集体经济收入呈正相关关系。

表 12　　四个村集体收入来源

X 村	菜市场租金	门面租金	湖田租金
Y 村	—	厂房租金	湖田租金
M 村	—	—	湖田租金
Z 村	—	—	湖田租金

3. 村庄动员能力

运动式社区服务的实施有一个自上而下的传感机制，这种机制在村庄及以上层级可依靠行政压力与激励达成。而在村庄动员民众层面，则无法通过行政压力实现有效动员，而是遵循一种乡土逻辑。在这种情况下，则更多地依赖村级组织与农民的关系状态。

在 M 村，支部书记主要通过这样几种方式动员农民参与到村村通客车中来：一是村中多处张贴宣传海报、宣传标语，促使农民被动知晓。在村庄多处显眼位置，都可以看到“热烈欢迎 H 大学‘三万’活动工作小组指导工作”等。二是劳力集资，让农民主动参与。在集体经济收入有限的情况下，村集体难以支付所有的集体事业。为此，A 书记村里每家每年都必须贡献 15 个工作日的劳动，或者以相应的货币换算顶替。在公路拓宽、树苗栽种以及当时建造“龙舟”等集体事务中，都是如此。三是示范带头，亲自督促。在 K 镇调研期间，我们经常在未打招呼情况下，直接进村调研，时常看到M书记在现场指挥、督促道路拓宽、站牌设置等工作。四是多方筹集资源。A书记经常到县直各部门、乡镇主要领导处去“化缘”，为修路等集体事业筹集资金。在我们作为“三万”活动驻村工作组调研期间，M书记多次向驻村工作组申请资助，既包括物资支援也包括资金支援。

与M村不同，X村的动员则显得更为简便。由于X的集体经济收入相对丰厚，村集体事业主要通过购买方式来实现。

4. 与乡镇政府的关系状态

乡村关系直接影响着村庄对运动式社区服务的供给程度，即是否以及提供多少社区服务。从四个村的情况来看，乡村关系虽然总体趋于行政化，但相互之间也有差别，M村与Z村在“村村通客车”过程中就是如此。首先，Z村支部书记并没有像M村支部书记那样经常去乡镇或县级相关部门走动、“化缘”。其次，Z村支部书记对乡镇政府布置的任务响应没有M村支部书记积极。在乡镇政府在布置完“村村通客车”配套工作之一——栽种道路两旁绿化树木后，M村支部书记第一时间买树苗（包栽种），在近两公里的道路两边按规定完成栽种任务，Z村支部书记由于行动迟缓在一次会议上受到乡镇领导的批评——“M村早就把树苗栽完了，你还没有动静!”与乡镇政府的亲疏关系显现了村庄执行乡镇政府决策力度的差序分布状态，影响着后者对前者的资源支持力度，进而影响到村村通客车等运动式社区服务的供给能力。

六 结论与讨论

（一）打破官僚常规性。**一是直达性**。在“三万”活动中，作为一项必需任务，“村村通客车”是本年度省政府下达的硬性任务，而且直达村庄。与常态社区服务不同的是，运动式社区服务直接链接了省级政府与最基层的村庄。当然，这种直达性并非意味着行政官僚系统被完全抛弃，也并非意味着社区服务全方位直达，而是在某些层次的直达。农村社区服务直达性主要体现在目标的直达性与监督员的直达性。由政府自上而下设定的社区服务内容，是由官僚组织一级一级传达下来的，社区服务的最终内容及其目标，是由基层政府解释和设定的。而运动式的社区服务则是省级政府把解释权掌握在自己手中，并把这种解释直接下达至村庄、群众。同时，直达性还体现在农村社区服务的落实情况可以通过驻点小组直达省级政府。**二是时效性与实效性，即极力压缩社区服务提供的时间，并同时达到预期实效**。官僚组织或许可以通过自上而下的常规运作实现社区服务的供给目标，却无法在时效性与实效性上与运动式社区服务相比。社区服务的时效性与实效性也是在村庄社会呈现省级政府并重塑其合法性的重要方式，这也是常规工作难以达成的。

（二）行政传感的延伸辐射。作为运动式社区服务，“村村通客车”发生的链条是“省—市—县—乡（镇）—村”，辅之以省直单位直达村庄驻点。从发生链条看，通过“省—市—县—乡（镇）”借助行政隶属关系自上而下逐级下达社区服务任务，行政压力显而易见。“村”与“驻村省直机关”虽然不属于这个行政链条，但是其“受力”与“发力”依然处于行政传感的场域中。驻村的机关单位工作组辅助并服从于行政链条，无力也无法改变运动式社区服务的整体方向及内容框架，只是在行政规定的框架内发挥了一个加推器的功能。

与临时性的驻村工作组相比，村庄则是行政传感链条末端，更经常性地受到行政压力。在运动式社区服务中，村庄面更多地扮演着最终执行者与落实者角色，使得“省—市—县—乡（镇）—村”整个链条都呈现行政化。

可见，运动式社区服务一方面力图打破行政官僚组织的常规工作模式与运行状态；另一方面却在此过程中借助行政链条传达社区服务任务，同时通过行政传感效应强化并延伸了行政链条。

（三）运动式社区服务中的村庄选择及应对

在运动式社区服务下，村庄一方面面对行政式的任务压力；另一方面受村庄资源的可用性及集体行动能力约束，后者又反过来强化了前者。在“村村通客车”这种运动式社区服务中，无论村庄各自的可用资源与集体行动能力如何，四个村庄无一例外都需按照自上而下的统一要求提供。在村庄资源丰富的村庄，诸如 X 村，完成“村村通客车”任务并非难事，一方面地处镇郊，任务量小；另一方面集体收入相对丰厚，有能力进行经济投入和集体行动。一定程度上实现了社区服务在自上而下与自下而上的吻合。然而，对于较为偏远、集体经济薄弱的村庄（如 M 村、Z 村）而言，村村通客车则显得任务艰巨。但是面对必须要完成的任务，一方面向上级政府或外界笼络资源；另一方面通过义务工等方式实现劳力集资。

（四）运动式社区服务供给与农民出行选择

政府所倡导的“村村通客车”对于村民出行选择而言，到底处于何种地位？换言之，对于当前农民的出行方式有多大程度的替代意义？在村居民的老龄化及短距离出行特点，决定了出行工具必须及时、便捷、便宜，这既是农村居民选择摩托车、麻木车出行的根源，也是大多数居民期待公交化运营的原因所在，还是之前大受欢迎的观光电瓶车运营的主要特点。

从农民出行方式选择与社区交通供给情况来看，可分为以下三种类型（见表13）：

表13　农民出行方式选择及其特点

出行方式	性质	特点	状态
麻木车、摩托车	私人	私人付费、自负自责	正在运行
观光电瓶车	私人运营、半公益	私人投资、政府担心负责	停运
村村通客车	政府倡导、半公益性	政府倡导、社会筹资、政府负责	筹划（截至调查结束）

可见，农村居民社区交通服务是通过三种不同主体供给的，即私人、市场及政府。在政府正式介入供给事务之前，私人自行处理（麻木、摩托）解决了多样化、个性化需求问题，不可避免也带来了交通工具多而杂、线路及功能性重复问题，同时也无法解决老、弱、残等无驾驶能力人群的便利出行问题。敏感的市场感受到了居民需求及其商机，通过观光电瓶车的形式及时回应了少数人群出行困难、多数居民的共同需求问题。然而，市场的选择最终受到了地方政府的评判并制止。虽然地方政府叫停了观光电瓶车，但并未提供相应的替代性社区交通服务。可以想见，如果不是省级政府通过“三万”活动形式推行“村村通客车”，恐怕麻木车、摩托车等私人出行工具依然没有其他的可替代性选择。当然，这也并不意味着“村村通客车”一定能够替代，最终能否成为替代选择，还取决于其与农村居民出行需求的对接程度。这里可以发现一个有意思的现象：基层社区服务不是由社区自身、也不是由基层政府提供，却是由高层政府通过官僚组织提供；基层政府没有提供社区交通服务，却也不允许市场化的社区服务供给。从中可以略见，个人、市场、政府各自的角色及其相互

界限。

对于四个村庄居民而言，作为一种自上而下的社区交通服务，“村村通客车”是一种意外的可替代选择，这是其自身无法预判、更无法决定的事情，因为农民在决策与执行中是缺位的。对于这个“意外”，农民并非一味惊喜，而恰恰保持了谨慎的乐观，即“能不能搞成”“什么时候搞”“搞成后能搞多久”等问题可以体现出农民的普遍疑虑。这些疑虑一定程度上展现了政府在农民心目中的形象，也说明运动式社区服务提供过程的浩大声势，并不一定能够带来高层政府所预期的合法性的重塑与提高，这还取决于其实效性如何。在这里，运动式社区服务在重塑合法性功能方面，需要其实效作为其基础，否则可能适得其反——带来合法性的流失。这时，农民作为运动社区服务体验者，进而作为政府评判者的角色得以凸显。

参考文献：

[1] 周飞舟．锦标赛体制［J］．社会学研究．2009（3）．

[2] Yang，Dali L．，Calamity and Reform in China［M］．Palo Alto：Stanford University Press，1996．

[3] 宋连生．总路线、大跃进、人民公社化运动始末［M］．昆明：云南人民出版社．2002．

[4] 李锐．大跃进亲历记（上、下卷）［M］．海口：南方出版社．1999．

[5] 吴毅．小镇喧嚣：一个乡镇政治运作的演绎与阐释［M］．北京：生活·读书·新知三联书店．2007．

[6] 周雪光．一叶知秋：从一个乡镇的村庄选举看中国社会的制度变迁［J］．社会，2009（3）．

[7] 折晓叶、陈婴婴．项目制的分级运作机制和治理逻辑——对“项目进村”案例的社会学分析［J］．中国社会科学，2011（4）．

[8] 狄金华．通过运动进行治理：乡镇基层政权的治理策略——对中国中部的地区麦乡“植树造林”中心工作的个案研究［J］．社会，2010（3）．

[9] 荀丽丽、包智明．政府动员型环境政策及其地方实践——关于内蒙古S旗生态移民的社会学分析［J］．中国社会科学，2007（7）．

[10] 周雪光．运动型治理机制：中国国家治理的制度逻辑再思考［J］．开放时代，2012（9）．

[11] 冯仕政．中国国家运动的形成与变异：基于政体的整体性解释［J］．开放

时代，2011（1）.

［12］廉如鉴．作为社会动员手段的“斗争式运动”［J］．学海，2014（3）.

［13］陈家建、张琼文．政策执行波动与基层治理问题［J］．社会学研究，2015（3）.

［14］徐岩、范娜娜、陈那波．合法性承载：对运动式治理及其转变的新解释——以 A 市 18 年创卫历程为例［J］．公共行政评论，2015（2）.

［15］倪星、元超．地方政府的运动式治理是如何走向“常规化”的？［J］．公共行政评论，2014（2）.

［16］杨志军．运动式治理悖论：常态治理的非常规化［J］．公共行政评论，2015（2）.

［17］沈洪成．教育下乡：一个乡镇的教育治理实践［J］．社会学研究，2014（2）.

［18］李里峰．群众运动与乡村治理——1945—1976 年中国基层政治的一个解释框架［J］．江苏社会科学，2014（1）.

［19］王春光．中国乡村治理结构的未来发展方向［J］．人民论坛·学术前沿，2015（3）.

农民的身份、婚姻与保障

◆ 社员的演变和集体所有制的终结

社员身份集中体现着土地集体所有制内在矛盾。剥夺非耕者的农地权利是集体所有制的逻辑起点。由于集体所有制架构下的行政村是个血缘与地缘合一的社区，同时又由于城乡割裂的户籍制度堵死了城乡通道，使得农家之子恒为农成为定制，社员成了基于血缘和婚姻的身份。股份合作制改革使得社员成了股东。股东不仅与户籍无关，也与职业、基于血缘和姻缘的身份无关。这为农村人口摆脱身份的束缚提供了可能。更主要的是，土地集体所有制由于社员性质的改变也将终结。

◆ 社交媒体功能异化与现代婚姻两性关系

通过对社交媒体与现代婚姻两性关系之间的联系和社交媒体的发展历程与功能演变进行梳理发现，有学者认为社交媒体与现代婚姻两性关系之间存在一定联系，当社交媒体功能异化时，社交媒体会成为现代婚姻"杀手"。以泸州市农民工为例，通过调查和相关性分析发现，部分农民工存在"出轨"行为和想法，也有部分农民工的婚姻处于不稳定状态，农民工"出轨"和婚姻不稳定与社交媒体功能异化有一定联系，但并不存在因果关系，因此，社交媒体并非现代婚姻的"杀手"。

◆ 不患寡而患不均：公共政策执行中农民的行为逻辑

随着城镇化、工业化、市场经济的发展，农民的经济水平提高，公平意识增强，低保政策运行 7 年以来，应保未保、错保现象突出、关系保现象明显造成的非公平低保政策运行后果，农民对低保政策的利益诉求经历着经济诉求向公平诉求的转型阶段，本文以黑龙江省民生村和农义村为分析单位，笔者试图通过低保名额从民生村流转到农义村过程中，不同分配原则下产生的多种诉求类型的农民心理和行为逻辑，梳理了低保名额从民生村流转到农义村的变迁过程，并在此基础上分析了不同分配原则下产生的多种诉求类型的农民心理和行为逻辑。本文要解决的核心问题是，影响政策功能发挥的原因，通过农民“零和博弈”的公平诉求行为逻辑，反映政策下行与农民行为逻辑和利益诉求转型的博弈冲突，在博弈冲突的分析过程中，聚焦政策下行与农民利益诉求冲突而产生的“错位群体”，试图寻找农民对于低保利益诉求转型期的公平分配原则和方法，农民如何追求平等而不是效率。同时反思，在公共政策执行过程中，民主为何没有起到作用。

社员的演变和集体所有制的终结

——基于浙江村经济合作社股份制改革的分析

潘学方

（中共台州市椒江区委党校　浙江台州　318000）

内容提要：社员身份集中体现着土地集体所有制内在矛盾。剥夺非耕者的农地权利是集体所有制的逻辑起点。由于集体所有制架构下的行政村是个血缘与地缘合一的社区，同时又由于城乡割裂的户籍制度堵死了城乡通道，使得农家之子恒为农成为定制，社员成了基于血缘和婚姻的身份。股份合作制改革使得社员成了股东。股东不仅与户籍无关，也与职业、基于血缘和姻缘的身份无关。这为农村人口摆脱身份的束缚提供了可能。更主要的是，土地集体所有制由于社员性质的改变也将终结。

关键词：集体所有制　股份合作制改革　社员　股东

改革开放以来，农村土地制度向何处去一直争论不休。

根据2014年8月21日公布的《浙江省人民政府办公厅关于全面开展村经济合作社股份合作制改革的意见》（浙政办发〔2014〕101号）：到2014年底，浙江全省50%以上的村经济合作社完成股份合作制改革；到2015年底，全面完成改革任务，基本建立农村集体资产股权流转交易市场体系；到2017年，基本建立起“确权到人（户）、权跟人（户）走”的农村集体产权制度体系。这就是说，静寂多年的农村股份合作制改革不仅重启，而且全面展开了。

虽然，村经济合作社股份制改革宣告“坚持村集体所有制性质不变”，但宣告不等于真实意思的表达，更不等于实际情况的反映。集体所有制何去何从是这一轮改革无法轻易绕过的问题。

土地集体所有制从本质上来说，就是把一个农村社区内的人口封闭在该社区的土地上。社员身份集中体现着土地集体所有制内在的矛盾。非耕者不得有田是集体所有制的逻辑起点，但在集体所有制的架构下，社员、即集体组织成员又合乎逻辑地由耕者演变为以户籍为标志的全体村民。股份合作制改革后，社员将成为“集体资产”的股东，在深化户籍制度改革推进的前提下，这为农村人口摆脱身份束缚提供了可能，使得农村人口有机会走出怪圈，向普通居民回归。更主要的是，土地集体所有制也可能因此终结。

一 集体所有制的建构逻辑和社员

社员，即农村集体经济组织成员。计划经济时期指的是农村人民公社社员；公社体制废除后指的是村经济合作社社员。

人民公社时期的规范性文件，并没有专门关于人民公社社员的规定。但社员的所指是明确的，如《人民公社条例（修订草案）》中就多次出现“社员个人”、“女社员”等文字。该文件中的社员指的显然就是参加生产队劳动的“耕者”。把人民公社社员理解为农业劳动者是符合集体所有制的建构逻辑的。集体所有制是公有制的基本形式之一；而集体所有制之集体指的是劳动群众之集体。从土地改革到集体化运动，遵循的逻辑就是：享有土地权利唯一依据是农业劳动的需要，因而只有直接参加农业劳动者才有权利享有农村土地权利。土改运动就是用剥夺非耕者的土地来实现耕者有其田，消灭了剥削；但在私有制的条件下，耕者还会产生两极分化，产生剥削，最终，必然会回归到土改前状态：土地由不劳动者所有，劳动者则没有土地。如此，耕者必须组织起来以消灭私有制，实现土地集体所有制，从根本上解决劳动者与生产资料的直接结合①。所以说，土地集体所有制的主体是农民集体，农民集体当然由直接从事农业生产的劳动者所组成。

问题是农村集体组织不同于通常的社会组织，甚至与城镇诸如手工业合作社、运输合作社等集体经济组织也有本质的区别。农村集体组织是建立在自然村落基础上的。集体化之前的自然村落，还处于费孝通先生所说

① 笔者曾对土地集体所有制的建构逻辑作过论述。参看潘学方《中国农村土地集体所有制的政治建构性》，《二十一世纪》2010年10月，第134—142页。

的，"血缘和地缘的合一的社区原始姿态"。在这种常态中，自给自足的人口是不需要流动的。"生于斯，死于斯"把人和地的因缘固定了。农家之子恒为农。[①] 作为与传统作彻底决裂的土地集体所有制并未改变这种"原始状态"，反而把这种状态制度化了。这就是说，本来，由农耕社会走向工业社会，农村人口不断向城市流动是一种趋势，但由于二元分割的户籍制度和农地集体所有制，把乡下人到城市谋生的道路给封死了，农家之子恒为农成了定制。正因为如此，在土地集体所有制的架构下，农村社区与农村集体组织以及农村人口与农村集体组织成员都不可能有明确的界限；再加上传统农村个人不可能独立于家庭，个人与家庭的区分也不清晰。如此，把社员界定为仅仅是参加生产队劳动的耕者肯定是不确切的。只是，在当年，一个人是否属于本村人、一个人是否参加生产队劳动都是明确的，这就够了，并不需要对什么叫社员做出界定。

政社合一的人民公社废除后，村集体组织分设为村民委员会与村集体经济组织；公社社员更名为村经济合作社社员。但这里的村集体经济组织或者叫村经济合作社仍然不是通常意义上的经济组织，仍然保留了血缘和地缘合一的性质。也就是说，成为村经济合作社社员是与生俱来，并不存在着一个自愿加入的程序；社员身份的获得，除了血缘和婚姻，并无其他制度性通道。与人民公社时期不同的是，市场取向的改革，在一定程度上打破了乡村的封闭性；加上城市化的推进，使得不少村土地非农使用，促进了村集体经济的发展，农村有了一定程度的分化，一些村，尤其是一些处于城市化过程中的村庄富了起来。在社员身份作为享有土地利益的前提下，这些富裕村社员的身份有价值了，有些甚至价值不菲。如此，社员的界定成为必要。1993 年 1 月 1 日起施行的《浙江省村经济合作社组织条例》第 9 条，做出了关于村经济合作社社员的规定：

> 户籍关系在本村、年满 16 周岁的农民，均可以参加村经济合作社成为社员。

根据这个规定，从村民到社员必须具备三个条件：年满 16 周岁，农民和"参加"。这意味着未满 16 周岁的农民和非农民的村民都不能成为

---

① 费孝通：《乡土中国》，生活 · 读书 · 新知三联书店 1986 年版，第 71—73 页。

社员，并且，年满16周岁的农民还得履行“参加”的程序方能成为社员。显然，这里仍然把村经济合作社混同于一般的经济组织。

如果说，人民公社时期，把公社社员理解为成年农民并不确切，但这也并非完全不靠谱。因为，那时的社员毕竟要参加生产队的集体劳动，并根据出工情况记工分、“按劳分配”；另外，合作化时，村民中并非人人都成了农业合作社员，一些人曾参加城镇诸如手工业合作社，运输合作社等等。这些人由于不以农为主业，不享有土地权利，当时就称他们为“非社员村民”。“非社员村民”在一些地方曾长期存在[①]，这在一定程度上说明农业劳动仍然被视为享有土地权利的资格条件。而如今，不仅农村有了很大的分化，农民也产生了很大的分化，有仍然以农为主业的普通农村和仍然耕种自家承包地的农民，但也有一定数量的农村土地由农用转为非农用；甚至整个村庄被圈进城市的范围成了所谓的“市区农村”[②]；这类“农村”的土地大多被征为国有，村民们也基本上脱离了农业劳动；不仅市区农村如此，即便是普通农村，大量农民“洗脚上岸”，离土不离乡或离土又离乡成为一种常态。这就是说，今天的农民，已经与传统意义上的耕者有了很大的差别，不仅本人不一定下地干活，其子女也不必然继承父辈的农民职业。这样，原来的“非社员村民”与普通的村民，与农民就无法区分了。再说，实行承包经营后，不仅“经营”不同于下地做农活，而且经营的基本单位是家庭，这样，把社员规定为成年农民不仅与事实不符，更无法对村集体事务起到规范的作用。

二 社员与农村社区人口

就社员演变而言，2007年9月28日，浙江省人大常委会审议通过的了《浙江省村经济合作社条例》（以下简称《条例》）应该是一部不容忽视的标志性法规。《条例》最重要的是第三章第十七条对《村经济合作社组织条例》中规定的社员进行了重新界定：

---

① 潘学方：《集体所有制框架下的农嫁女问题：以台州椒江为例》，《中国乡村研究》第十辑（2013），第282页。

② 潘学方：《户籍与地权缠绕中的“市区农村”——以浙江省台州市椒江区为例》，《中国农村研究》2014年下卷，第95—110页。

户籍在本村，符合下列条件之一，且遵守村经济合作社章程的农村居民，为本村经济合作社社员：

（一）开始实行农村双层经营体制时原生产大队成员；

（二）父母双方或者一方为本村经济合作社社员的；

（四）因社员依法收养落户的；

（三）与本社社员有合法婚姻关系落户的；

（五）政策性移民落户的；

（六）符合法律、法规、规章、章程和国家、省有关规定的其他人员。

从这规定中可以看出这几个要点：

第一，《条例》规定的“户籍在本村”的“农村居民”，指的就是法律意义上的村民。在我国，乡村居民与城镇居民，均是以户籍为标志，实际的职业和居住地可以不论。这条规定把“户籍在本村”作为社员的必要条件。但在二元结构的户籍制度下，户籍在不在本村大多不可能根据自己的意愿进行选择，户籍之所以在本村，只能因出生或因婚嫁或因被本村村民收养；换个角度说，通常，只要户籍在本村，就必然具备该条规定中所列条件中的一项或几项。所以，户籍在本村不仅是社员的必要条件，它基本上同时也是社员的充分条件，只要具备“户籍在本村”的条件，就是社员；反之也一样，只要是社员，一定具有本村的户口①。

第二，成为社员，主要是由于出生，其次是婚姻。需要说明的是，（五）款中的政策性移民和其他人员，看似有别于血缘和婚姻，实际上，所谓政策性移民也是其他村庄中的社员迁入本村的。在我国，非农业人口不会成为政策性移民，所以，政策性移民同样基于血缘或婚姻；（六）款中的其他人员只是兜底性条款，到目前为止，除了知青上山下乡等特殊情况还不曾出现其他不是基于血缘和婚姻而成为社员的，即便有，也不具有普遍性。所以，从中可以看出关于社员的规定是建立在承认村经济合作社

① 这也有例外，如外来户。在20世纪八九十年代，由于不少地方乡镇企业发达，大批本地农民“洗脚上岸”，致使大量耕地无人耕种。为避免土地抛荒，完成国家购粮任务，基层政府就招来外地农民来本地种地。这些外地农民多举家在当地落户，其中不少家庭把户口也迁了进来。至今，有不少村不承认这些“外来户”是本村社员，理由就是“外来户”虽然“户籍在本村”，但却不具备《条例》所列六项条件中的任何一条。

仍然是血缘与地缘合一性质基础之上的，所以比较接地气；同时，还可以看出，村经济合作社社员这种带有宗法共同体的身份性质被定制了。

第三，综上两点，凡户籍在本村者，无论实际上是否在本村居住、生活，甚至也无论是否在本村出生，都算是农村居民，即村民；无论是否以农为主业，甚至无业或从事其他与农业无关的行当；也无论是成年人还是刚出生的婴儿，都算作农民。如此，村民、农民和社员就成了同一的关系。一句话，以户口为标志的农村全部人口就是社员。

可以说，《条例》对社员的界定是颠覆性的。它颠覆了集体所有制的逻辑：农业劳动是享有农地权利的依据；也颠覆了集体指的是劳动群众集体的经典理论。不过话说回来，颠覆集体所有制逻辑和理论的其实不是规范性文件而是客观现实。因为，在《条例》公布前，由以户籍为标志的全部村民而不仅是耕者享受土地权利的事实已经存在，《条例》，只不过对这种既成事实以法规的形式予以承认罢了。①

这里还有一个问题。社员条件中的“户籍在本村”中的户籍是否一定是农业户口？根据《条例》，这在本村的户籍指的是“农村居民”的户籍，这“本村”之村也无疑是农村。更何况中国现在的农村与城镇不是自然形成的，而是由户籍制度和土地制度来建构的。《宪法》第十条规定：“城市的土地属于国家所有。农村和城市郊区的土地，除由法律规定属于国家所有的以外，属于集体所有。”可见，农村是农村，城市是城市，界线分明，没有中间地带。所以，农村居民的户籍，通常应该就是农业户籍。但“通常”不排除有例外。而且，从逻辑上说，从在本村的户籍，不必然推出就是农业户籍。比如说如果村里允许外来非农业户口入籍本村，那么，不就有了在本村的非农业户口了？再比如，本村原来的农业户口转为非农业户口，转非后的户口却没有迁出村，不也同样产生在本村的非农户口？这不是纯逻辑推理，这在笔者家乡浙江台州是实实在在发生了的事实，前者叫“混合户”，典型的案例是在“居嫁农”当中产生、即城镇户口者嫁给或入赘农业户籍者并在农村落户，其中有一些人把户口迁入农村，但由于公安等相关部门规定非农户口不能转为农业户口，这样产生了一本户口簿内混合着两种性质的户口；后者多产生于小城镇改革、撤

---

① 潘学方：《农村集体所有制的悖论与社区成员权问题：以台州“市区农村”为例》，《中国乡村研究》第十一辑（2014），第207页。

村建居等试点乡村，在这些改革试点中，不少村民的户口性质由农转为了非农，但户籍所在地没有变化。话说回来，这些只能算例外，因为，比如“混合户”中的非农户口者，其身份不是村民，所以也不符合社员条件。何况，通常的情况下，“农村居民”指的就是农业户口者。所以《条例》修订稿中所规定的“户籍在本村”的“农村居民”含义应该是明确的，所指的就是户籍在本村的就是农业户籍者。但这只不过是推论，《条例》为何对社员是否可以包容城镇户籍不作明确规定，其立法意图是否为户籍制度改革留下必要空间不得而知。

可见，从总体上说，“户籍在本村”的“户籍”，指的便是农业户籍。换言之，凡农业户籍者，便属于某一村庄的社员，而社员，通常都具有农业户籍。

在计划经济时期，城乡居民分别属于两种社会身份的集团①。农民或村民，被视为二等公民，所以在那时，只有乡下人想要离开农村而没有城镇居民愿意到农村落户的。二元户籍制度所起的作用就是阻止乡下人进城。当时并没有任何政策规定不准城里人迁到乡下的，不仅如此，在国家困难时期或城镇无法容纳日益增长的人口时，又不断地把城镇人口往农村驱赶。如20世纪60年代的精简下放和长达数十年的知识青年下乡。当时，农村人能够脱离农村的途径无非有：一是考上大中专院校，那时，只要能上大中专院校，便获得了国家干部的身份，自然就脱离了农村，只是能够通过考试上大中专院校的只是凤毛麟角；二是当兵提干，农村青年出去当兵的不少，但能够提干的是与读大中专院校一样，都是极少数；除此，还有因土地被征用按相应“农转非”指标进城成为单位职工、少数社队干部被提拔到公社工作等；至于民办老师转正那是改革开放以后的事了。所有能够通过这些途径脱离农村的只是少数，不具有普遍性。当时的村庄，就是个封闭的系统，农产品由国家统购，所需农用物资由国家按计划供应，并无人员自由流动的空间。如果说有什么经常性的跨村流动的人口，那就是嫁女和娶媳。但就是婚姻，也不能在城乡之间造成人员的流动，乡下人通常只能与乡下人结为夫妻。“农嫁居”是个特例。所谓“农嫁居”，指的是农业户口女嫁给城镇户口男。当时虽然没有任何规定不准

① 王海光：《当代中国户籍制度形成与沿革的宏观分析》，《中共党史研究》2003年第4期，第22页。

城乡男女通婚，却严格禁止农业户口转为非农户口，便是婚姻也不能破户口属性。这样就造成了一个家庭人口中分成农与非农两种户口者。正可谓风水轮流转，就如当年农村户口不能迁进城镇一样，今天的城镇户口者也不能在农村落户。城镇户口不能农转非的一个前提是社员身份成了稀缺资源，因为“社员”是享有承包地、宅基地及其他集体利益分配的资格。虽然农村与农村不一样，但总体而言，城乡户口的价值已经在一定程度上发生了逆转。由于土地被大量征收，或者土地由农用转为非农用，造成集体资产由土地变成了货币或卖场、厂房、出租房等非货币资本，而村民身份是享受集体利益的资格，所以，随着市场化和城市化的不断推进，致使一些农村，尤其是那些位于城郊，或被圈进城市的农村，社员便意味着一笔价值不菲的财富。相反，城镇居民因国家不再实行包就业等政策，非农业户口变得相对不值钱了。

根据政府相关部门的规定，城镇户口不能转为农业户口，或者农业户口转为非农户口后也不能成为村经济合作社社员[①]。城镇户口不能转为农业户口的典型形式是“居嫁农”。由于非农业户籍不能转为农村户籍，所以，那些嫁或入赘到农村的城镇户口者不能在农村落户，准确地说，不能把城镇户口迁进村；或者，即便能够把户口迁入村成就了“户籍在本村”的条件，但也不能把户口“非转农”，而户口不能非转农，就算人在本村落户，就算户籍迁入本村，但也不作为“农村居民”看待，所以不能取得本村社员的资格，这就是所谓的“居嫁农”现象。如果说，计划经济时期，城镇户口是“城市围墙”，起着把乡下人挡在城墙之外的话，那么，现在，农业户口在一定程度上成了乡村的篱笆，防止城里人随便闯进乡里。乡村之所以需要户籍的篱笆，是由于农民身份是享受集体土地利益的资格，而所谓农民又是以农业户口作为法律凭证的。

计划经济时期，“农嫁居”之所以不能在城镇落户除了控制城镇人口这个现实原因外，在理论上说来，是由于农业户口者拥有了作为生产资料的土地，所以可以依靠集体土地解决自己的生活资料而不需要吃国家供应的粮食；而“居嫁农”者之所以不能在农村落户，是由于城镇居民无资格享有农村集体土地的权利。可见，这种户籍制度的背后都是农地集体所有制的逻辑。

---

① 参见（浙公办［2000］46号），浙农研［1993］5号等文件。

据此，可以说，《条例》关于社员的界定，同样是以城乡分割的二元户籍制度和土地集体所有制的存在为前提的。

2014年7月，国务院发布了《关于进一步推进户籍制度改革的意见》，指出："建立城乡统一的户口登记制度。取消农业户口与非农业户口性质区分和由此衍生的蓝印户口等户口类型，统一登记为居民户口。"这标志着我国实行了半个多世纪的"农业"和"非农业"二元户籍制度将退出。

现在的问题是，户口农业非农业性质的区分取消了，不就等于抽掉了社员身份所依靠的具有法律效力的户籍基础？社员身份是享受农村集体土地权利的资格，没有了农业户籍，还有什么能够筑就集体资产权利的边界？

实际上，户籍制度的改革并不是从国务院发布的这一纸《通知》才开始的，城乡差别是伴随着农村土地制度的改革和城市化在逐步缩小，与此同步，户口农与非农的界限也由壁垒森严慢慢趋向于模糊。前面我曾提及，在不少"市区农村"，在本村的户籍，并不全是农业户籍。我还曾说过，二元结构的户籍已经被市场经济冲击得只剩下破壁残垣了，仅凭一本户口簿扎不起结实的乡村篱笆①。因而，取消农业非农业户口性质已成必然趋势，国务院《通知》的公布是水到渠成，顺应了这个趋势而已。

问题是，人口分割为农业非农业两大社会集团并不是单纯的户籍问题。有些所谓的户籍问题，恰恰在户籍方面的问题得到解决后才成为其问题。比如"农嫁居"，即农业户籍的妇女嫁到城镇，其本人及其子女的户口却不能转为城镇户口，这种现象在计划经济时期曾长期存在，并没有成为一个引起社会广泛关注的问题。到了1998年7月22日，国务院批转公安部《关于解决当前户口管理工作中几个突出问题的意见》（国务院〔1998〕24号文件）中规定：

> 实行婴儿落户随父随母自愿的政策；放宽解决夫妻分居问题的户口政策，对已在投靠的配偶所在城市居住一定年限的公民，应当根据自愿的原则准予在该城市落户。

---

① 参看潘学方《农村集体所有制的悖论与社区成员权问题：以台州市区农村为例》，《中国乡村研究》第十一辑（2014），第215页。

这就是说，农嫁居中的户籍问题至此就可以解决了，但也就在这个时期开始，农嫁居现象成了一个具有广泛影响的社会问题①。究其原因，因为中国特有的户籍制度是与中国特有的土地制度是相互依存的。造成所谓的城乡分割的二元结构，除了户籍制度还有土地制度。设计二元户籍制度的目的就是分割城乡，但如果没有土地的集体所有制，就无法支撑计划经济时期如此庞大的工业化计划；户籍制度主要作用是把广大农村居民挡在城镇外面，这是因为国家不可能对包括广大乡村居民在内的全体国民都实行包就业、包粮食供应等政策，但若没有土地集体所有制，不仅城镇居民无法按计划获得粮棉等生活必需品、工业生产无法按计划获得原材料，农村集体组织也无法承担起类似政府对城镇居民承担的职责：向全体农村社区人口供应粮、棉、宅基地等生活必需品及对农家子女实行“包就业”——凡本村的农业户口者成年后均自然获得参加生产队劳动的权利。

“农嫁居”和“居嫁农”现象的直接原因当然是城乡分割的户籍制度，随着深化户籍制度改革措施的落实，这两种现象肯定会成为历史。与“农嫁农”相比，“农嫁居”和“居嫁农”只能算特例。“农嫁农”并不涉及城乡分割的户籍制度，但同样引发了广受关注的社会问题②。这说明除了户籍，造成社员困境的还有集体产权，甚至可以说，产权制度更为根本。所以，社员身份的困境，并不是仅就取消农业非农业户口的区别就能解决的，除了户籍制度，清晰农村集体产权才是从解决身份和产权捆绑在一起问题的根本性途径。这就是在农村股份合作制改革的意义所在。

三　“资产变股权，社员变股东”

无论是20世纪末开始于广东南海、然后逐步在东南沿海推广的股份合作制改造，还是本次重启的改革，历次以及各地的股份合作制改革，几无例外宣告股份合作制改革将坚持集体所有制性质不变。显然，宣告只不

① 潘学方：《集体所有制框架下的农嫁女问题：以台州椒江为例》，《中国乡村研究》第十辑（2013），第280—306页。

② 潘学方：《村规、法律和政府：椒江区农村村规民约解读》，《中国乡村研究》第十二辑（2015），第96—116页。

过是为了规避意识形态上的风险，表明改革的政治正确；诡异的是，虽然关于股份合作制的争论非常激烈，有论者从不同角度对改革提出批评、甚至不赞同股份制改革，却少有把私有化的帽子往这项改革头上扣的。笔者认为，这并不表明农村股份制改革不会触动土地集体所有制性质问题。

如果所谓的集体就是通常所说的“劳动群众集体”简称，如果所谓的集体所有制是现行《宪法》规定的公有制基本形式之一的集体所有制，那么，就必须承认，经由股份合作制改革，农村土地集体所有制的性质便有可能发生根本性的改变。

“集体资产”属于公有性质的财产而不是共有财产。从学理上看，把村集体资产量化到村民个人，就是变“公有”的集体资产为村集体成员（社区人口）按股“共有”的财产。按通说，作为财产形态，“公有”不同于“共有”，公有财产的主体是单一的，作为公有制性质的“集体资产”的主体只能是“集体”，虽然“集体”由“集体组织成员”所组成，但作为个人或家庭集合体的集体是不能还原于集体组织成员的；公有的客体已经脱离个人或家庭而存在，它不能实际分割为个人或家庭所有，也不能由个人或家庭按一定份额享有财产权利。在法律上，任何个人或家庭都不能成为公有财产的权利主体。而共有财产是由两个或两个以上的民事主体构成，其可以分割，也可以按份所有——不仅经过分割而成为个人所有，而且在共有关系存续时，就可以按份享有权利，承担义务①。股份合作制改革，不同地区可能各有不同，但有个共同点，就是把属于村集体所有的财富量化到个人；改村经济合作社为村股份合作社。虽然，村经济股份合作社的财产没有分割到个人，但已经由个人按一定份额享受其权利了。如果我们认可“公有”与“共有”是两种不同性质的财产形态，那么，应该承认经由股份合作制改革后的村集体资产就已经不是公有制的“集体资产”了。

值得一提的是，当年股改涉及的范围是全部集体资产。以浙江台州为例，在20世纪末21世纪初曾在少数几个村进行股份合作制改革的试点，当年，为了强调股制改革不改变集体所有制性质，在各试点村均保留一定比例的集体股。但在试点结束，改革进一步推开后又决定不设集体股。

---

① 社会科学院法学研究所：《法律词典》，关于“公有”与“共有”条目，法律出版社2003年版，第484、509页。

2002年10月，中共台州市委、台州市人民政府下发的《关于在三区和市县城区开展撤村建居工作的若干意见（试行）》中指出："根据台州市实际，不再设立集体股，只设立个人股和农龄股，以实现集体资产改革一步到位。"这就是说，前一轮的股份合作制改革是把集体资产全部折股量化到人的。不同的是，本次全面股改，折股量化到人的一般仅限于"经营性集体资产"而不是全部集体资产。根据《浙江省人民政府办公厅关于全面开展村经济合作社股份合作制改革的意见》规定："在资产量化上，一般只将经营性净资产纳入折股量化范围，实行'确权确股'"。这就是说，折股量化到人（户）的资产，为村集体经营性，公益性资产（村部大楼、村内道路等）和资源性资产（耕地、林地等）不列入折股量化范围。现在的问题是，如果说此前把集体资产全部折股量化到人属于变公有的集体资产为社区人口的共有资产，那么，本次股改把折股量化的范围限于经营性的集体资产，使公益性和资源性资产仍然保留在集体手中，这样一来，在坚持集体所有制性质上，与此前的改革是否有所区别呢？

这里，我用两种理想的农村类型对此进行分析。一类是通常意义上的农村，所谓通常意义上的农村，指的是村集体资产主要由农地构成，这些土地主要以承包地形式为本村农户所占有，另外就是村民的住宅用地和村部用房、本村道路以及属于本村所有的水利设施等；另一类是处于城市化进程中的农村，由于城市规模的扩张、城市圈外移，一些农村也就进入了城市的范围之内，所谓处于城市化进程中的农村，指的就是这些进入城市圈内的农村。进入城市圈内的农村因城市化程度不同而有所区别，有仅在区位上被圈进城市范围或被纳入城市规划区内，其他基本上与普通农村一样；也有已经完全融入城市，成为城市组成部分，完全融入城市的农村我曾称为"市区农村"。这里，为方便分析，我仅以"市区农村"为例，代表处于城市化进程农村的类型。

由于现行土地制度实行二元分治，即规定城市土地为国有性质，农村土地为集体性质（参见《宪法》第十条）。如此，农村进入城市圈的过程也就是该村的集体土地被征收为国有土地的过程。城市化过程中，各地农村的情况各有不同，以浙江台州为例，根据当地政府规定，每次征地，均按被征收土地总数的10%返还给村集体作为"村发展留地"，村留地属于国有土地性质，可以用于商业经营甚至可以在二级市场上出售。在这些"农村"，原先以土地为主要形式的村集体资产已经转化为货币或用于出租的厂房、卖场及酒店等非货币财富，这些财富当然都属于经营性资产。从浙江台州情况看，这些财富又基本掌握在村集体组织手中。显然，现存的承包经营体制已经无法适应市区农村的这种财产形态的变化。起码在浙江，此前的股份合作制改革，主要就是针对城市化过程中农村集体资产形态这种新的变化，其所要解决的就是这类市区农村的集体成员与集体财富之间对应关系，以达到清晰集体产权的目的。

本次改革与此前改革的折股量化范围的不同，是由于此前的改革是在市区农村中进行，而市区农村的土地基本上转为国有，集体资产也多为经营性资产。而本次改革则把普通农村也纳入改革范围。在普通农村，实行土地承包制后，集体经营和共同劳动不存在了，集体所有的土地基本上以承包的形式为本村的农户所占有，相应地，村集体手中几乎没有什么经营性资产了。

如此，这次股份合作制改革，这对市区农村而言，由于村集体资产基本由经营性资产构成，所以，折股量化的范围限定不限定都一样，村级集体资产经由股份化改造，基本上都量化到个人了，所以，本次改革与此前的改革在是否改变集体所有制性质上并无区别。而对普通农村来说，如果严格把折股量化的范围限于经营性资产，那么，大多数村庄几乎没有什么资产可以量化到人，正因为如此，省政府办公厅《意见》同时又规定："对集产较少的村，可将公益性资产、土地（家庭承包地、农村宅基地除外）等资源性资产折股，采用'确权确股不确股值'的方式"。问题是，排除了承包地和宅基地后，哪还有多少集体资产可供量化呢？据笔者初步调查，在普通农村，无论是村干部还是村民，对正在进行中的股份合作制改革并没有兴趣。原因很简单，此项改革对村民们的利益几乎没有什么影响：改革不仅对承包地不进行调整，更不重新分配，甚至也不进行价值评估和折股；而宅基地的分配又与改革无关。无论是村干部还是普通村民，都搞不清这样的问题："这样的股份制改革改什么?"指出这一点，并不意味着笔者不赞成在普通农村进行股份制改革。笔者对普通农村如何进行股份制改革以及改革的必要性等问题没有研究，因而对此也没有结论性的观点。

村社组织由村民委员会和村集体经济组织所组成，村里的公共事务和公益事业，主要由村委会负责；而所谓的发展集体经济则由村集体经济组织负责。如此，相应地，公益性资产主要由村委会管理，而经营性资产则主要由村集体经济组织掌控。虽然，社会主义公有制理论和《宪法》规定的关于农村集体经济的内容已经与现实严重不符，虽然现实中的村经济合作社与村民委员会无论是实际职能还是人员组成都是混杂在一起的。但现在我们所讨论的既然是农村股份合作制改革与集体资产性质关系，那么就无法完全撇开公有制理论和《宪法》规定的内容。现行《宪法》规定："农村集体经济组织实行家庭承包经营为基础、统分结合的双层经营体制。"（第八条）根据这个规定，村集体经济组织就是个"经营体制"，虽然村集体经济不是一般意义上的"经济组织"和"经营体制"。前面所指出的普通农村没有经营性资产，并非说普通农村真的没有经营性资产，农地应该就是经营性资产。我们之所以说农村是"集体所有制"，就是因为这些农村的土地属于"集体"所有。只是现在，这些集体所有的土地已经为本村社员以承包经营的方式占有了。所谓没有经营性的集体资产，指的是土地承包后，没有为村集体掌控的、可以量化到人或到户的资产。

可以确定的是，一个村社的经济是否属于集体所有制，是由其经营性资产而非公益性资产所决定的。集体所有制有公益性资产；非集体所有制，如土改前的不少乡村同样存在着大量公益性的财产。所以，是否把折股量化的范围限定在经营性资产内并不影响资产的性质。至于耕地、林地等资源性资产继续保持原承包关系，则应该理解为这些资产不属于股份合作制改革的范围，如果一个村社的主要资产由这类资源性资产构成，则这样的村庄就应该理解为不在股份合作制改革之列。但如果这些普通农村不纳入改革范围，本次的改革又怎么算得上"全面开展"呢？

在承包经营体制不改变的情况下，普通农村如何开展股份合作制改革，在理论上需要深入讨论，在实践上需要进一步探索。

现在可以确定的是，实行股份合作制后，资产变成了股权，社员也随之变股东。什么叫股东，股东拥有什么权利？这是一个复杂的问题。在不同性质的公司，可能会产生不同的股东和不同的股东权利。何况脱胎于村经济合作社的村股份合作社本身就不是一个通常意义上的股份公司，所以界定村股份合作社的股东及股东权利并不简单。但可以肯定的是，持有村集体股权的股东已经不同于村经济合作社社员了。

周其仁、刘守英把农村人口凭社员资格享受农地的权利称为"社区成员权”，他们认为[1]：

> 每个农村人口同时就是集体经济组织的法定成员。在这个条件下，土地的集体所有就等于要保持社区全体人口与耕地的权利关系天然平等。每个社区成员不需要任何代价（如出资购买）和资格条件，就可以分享社区土地的收益或平分社区土地的占有权。这就是土地集体所有制的本质。

根据这个说法，土地集体所有制的本质决定了社员凭社区成员权享受集体的土地权利。但社员变成股东后，社区成员权将退出历史。

首先，社员之所以拥有集体土地的权利由基于社区人口的身份，而社员身份的获得主要决定于血缘或姻缘。当然，这种身份是以户籍为法律凭证的。只要你户籍在该村，无论你从事什么职业，也无论你身居何处，你都是该村社员，也都拥有该村集体资产的权利。而社员变成股东后，把这一切都给颠覆了。虽然，股权初始分配是按社区成员权进行的，但股权一分配完毕，社区成员权就不起作用了。只要你合法拥有村合作社的股份，你的身份便是股东，你便拥有相应的股东权利。这就是说，你的股东身份是由你拥有的股份所决定，不仅与你的户籍无关，也与你先前的职业、身份无关。如果说，社员是因为基于血缘和姻缘的身份才拥有财产权，而股东，在股份的原始取得后，完全与身份无关了。

其次，从时间上看。在土地实行集体所有制的社区内，当该社区的全部人口都自然成为社员时，那么，所谓社员不仅仅是指社区内的现有人口，同时还包括将来出生的以及因婚姻将来要入籍的人口。股份合作制改革将彻底改变这种生态。下面以某基层政府的《改革实施方案》为例加以说明：

> 股权管理原则上坚持“权跟人（户）走”“生不增、死不减、可继承”。人口股以股份合作制改革确定的基准日实际在册的村经济合作社成员计算。基准日前死亡的和基准日后出生的人员不纳入股权享

---

① 周其仁、刘守英：《湄潭：一个传统农区的土地制度变迁》，载周其仁编《农村变革与中国发展（1978—1989）》下卷，牛津大学出版社1994年版，第673页。

受对象范围。（引自：中共台州市椒江区白云街道工作委员会文件——椒云委〔2014〕98号）

以这份方案为例，并非经过挑选而是笔者手头上刚好有这么一份文件。实际上，各地的实施方案几乎没有什么差别。从方案可以看出，在社员资格认定上，基准日是个关键，过了基准日24时后出生者或入籍者都无权参与股权分配了。此后，如果说这些人还能够享受到“集体资产”的利益的话，只能通过继承或在市场上以转让方式获得。这样，那些尚未娶妻将要娶妻者，那些有权利招夫入赘（如独生女等）尚未结婚者，如果配偶不是农村户口或所在村的富裕程度不如本村者，就赶在基准日之前去领结婚证；而准备出嫁者，如果丈夫所在村不如本村富裕的，便推迟到基准日之后结婚；更有甚者，在基准日前去做剖腹产者成为普遍现象，因为婴儿只有出母腹后才有资格被认定为社员，如此，当地医院的妇产科和妇产医院一时人满为患。

对这种现象我们只能感到无奈，但无可指摘，因为，股权分配资格范围的划定，总得确立一个时间点。本文要指出的是，也正由于这个时间点，成了终止根据身份取得集体产权利益制度安排的句号，此后，产权摆脱了身份的束缚，基于血缘与地缘的身份社会应该因此消失。如果根据周其仁、刘守英的说法，社区成员权属于土地集体所有制的本质，那么，从社区成员权的退出完全可以反推农村社区土地集体所有制性质的改变。

最后，社员由耕者到以户籍为标志的全村人口是根据土地集体所有制逻辑运行的结果。也就是说，只要实行集体所有制，就必然造成农村社区全部人口都是社员的结果。因为，之所以把全村所有人口都变成社员，是由于在计划经济时期，国家也不可能对广大农村人口像与城镇人口一样，包就业包粮棉供应，因而，只能让这些农村人口在集体所有制的框架下均等地享有种地的权利（称为承受种地的“义务”更合适）。这就是为什么虽然根据土地集体所有制的理论，从只有农业劳动者才有资格才能享受土地权利出发，到其结果却由全部人口享有集体土地利益的原因。而当把社员变成股东后，则已经彻底摆脱了集体所有制逻辑的这个怪圈。

基本建立起“确权到人（户）、权跟人（户）走”的农村集体产权制度体系是本次股份合作制改革的目标。所谓“权跟人（户）走”，说的是折股量化后，出嫁的女儿，无论嫁“农”还是嫁“居”，属于她的股权，该带走的都可以带走；进村的妻子，无论是村姑还是城市白领都可以在本村落户。所谓的“农嫁居”“居嫁农”真正退出了历史舞台。“村集体经济组织”（如果还叫“村集体经济组织”的话）也不再强制村民们非要男娶女嫁不可了，因为该组织本身也只不过是个可以自由进出的社区了。拥有本村股权者不再限于本村范围内的人口。一些包括党政机关、事业单位员工在内的非村民（不仅实际居住地，而且户籍所在地都不在本村的居民）也可以合法持有村股份合作社的股份，成为股东；而在村社区范围内的人口，则分为股东与非股东两类人。本村人口与本村股东已经不相关了。并且，村集体的股份可以继承，甚至可以在市场上交易，总之，股东也可以自由进出了。由这样的股东所组成的经济组织难道还叫集体组织？其实，叫不叫集体组织已经不重要了，重要的是它肯定不属于传统社会主义理论中的，那种与私有制相对的公有制的集体组织了。

四　结语

农村社区股份合作制改革，始于20世纪90年代初的广东南海，尔后逐渐推广至东部沿海及其他经济发达地区，至21世纪最初几年，形成继家庭承包制后对农村集体产权制度进行改革的一大浪潮。与此同时，针对这项改革的争论也此起彼落从来没有停止过。有认为股份合作制改革是顺应市场经济的一次伟大制度创新，甚至还认为此改革是继联产承包责任制之后的“二次革命”；也有认为这种所谓的改革只不过是地方政府“卖地的幌子”，最终损害了农民的利益①。奇怪的是，关于股份合作制改革争论，包括赞成的和反对的，各种观点均对股份合作制改革从本质上改变了农地集体所有制性质这样的一个显而易见的事实持视之不见的态度。同样奇怪的是，自21世纪第一个十年过后，村经济合作社股份制改革的浪潮也似一阵风乱过，从此风平浪静，直至这一轮重启。上一轮改革，虽然比较普遍地在各经济较发达地区出现，但实施股份制的地区大多限于少数甚至个别“市区农村”，相比较，本轮改革可以说是全面展开。从改革的稍然停止到突然重启，充分说明了股份制改革根本不是如有些论者所说的是

---

① 参见陈海燕《股改方便了政府征地？——佛山农村股份合作制改革再调查》，原载《南方农村》，本文链接：http：//www. nfncb. cn/newsdetail. aspx？newsId =3847。

“农民自发的伟大创举”，而是政府的行为，也可以理解为这是在试点的基础上总结经验然后全面展开的。当然，无论是上次的“试点”还是本次的全面展开，其主要做法都是把村级集体资产量化到个人（户）、改村经济合作社为股份合作社，社员变股东。换言之，从产权的意义上看，本次改革与上次改革没有实质性差别。

本文基于浙江省这次重启的村经济合作社股份制改革的分析，以社员身份作为切入点，对农村土地集体所有制的内在矛盾展开讨论。笔者认为：集体所有制架构下的行政村是个血缘与地缘合一的社区，社员是基于血缘和婚姻的身份，土地集体所有制的本质决定了社员凭社区成员权享受集体的土地权利。基本建立起“确权到人（户）、权跟人（户）走”的农村集体产权制度体系是本次股份合作制改革的目标。所谓“社员变成股东”，“权跟人（户）走”则意味着农民以股份的形式带着土地权利离开集体。因为股东不仅与户籍无关，也与职业、与基于血缘和姻缘的身份无关，只有与所持的股份有关，如此，社区成员权退出，“村集体经济组织”也就成了一个可以自由进出社区了。这为农村人口摆脱身份束缚提供了可能，使农村人口有机会走出怪圈，向普通居民回归。更主要的是，土地集体所有制也可能因此终结。

笔者指出股份合作制改革将从根本上改变土地集体所有制的事实，并非意味着本文对农村股份制改革的评价是负面的。相反，本文强调的是，对农村土地制度进行改革的根本原因是传统的土地集体所有制与市场经济体制无法相容，如果股份合作制改革使得这样的集体所有制“寿终正寝”的话，当然是好事，根本不是什么见不得人的事，用不着拿件“皇帝新衣”遮遮掩掩。

社交媒体功能异化与现代婚姻两性关系*

——以泸州市农民工为例

王　飞

（四川警察学院　警察管理系　四川泸州　646000）

内容提要：通过对社交媒体与现代婚姻两性关系之间的联系和社交媒体的发展历程与功能演变进行梳理发现，有学者认为社交媒体与现代婚姻两性关系之间存在一定联系，当社交媒体功能异化时，社交媒体会成为现代婚姻“杀手”。以泸州市农民工为例，通过调查和相关性分析发现，部分农民工存在“出轨”行为和想法，也有部分农民工的婚姻处于不稳定状态，农民工出轨和婚姻不稳定与社交媒体功能异化有一定联系，但并不存在因果关系，因此，社交媒体并非现代婚姻的“杀手”。

关键词：农民工　婚姻　社交媒体　功能异化

2015 年 6 月民政部发布的《2014 年社会服务发展统计公报》显示，2014 年，全国共依法办理结婚登记 1306. 7 万对，粗结婚率为 9. 58‰；依法办理离婚 363. 7 万对，比上年增长 3. 9%，粗离婚率为 2. 67‰，比上年增加 0. 1‰，离婚率连续 12 年不断攀升。民政部发布此数据，可谓“一石激起千层浪”，诸多媒体相继发布各地离婚数据，且引发各界对于婚姻

* 此文是四川省哲学社会科学重点研究基地——四川省社会学与性教育研究中心 2015 年立项一般项目“农民工婚姻家庭社会支持网络研究（XXJYB1505）”，四川省高等学校人文社会科学重点研究基地——四川基层公共文化服务研究中心 2015 年度立项重点项目“城乡基本公共服务均等化视域下农民工文化权益保障研究（JY2015A02）”，四川省高等学校人文社会科学重点研究基地——四川省农村社区治理研究中心 2014 年立项一般项目“西部地区返乡农民工婚恋家庭问题的社会服务模式与路径分析（SQZL2014B07）”的阶段性成果。

“杀手”的大讨论。中国法学会婚姻家庭法学研究会专家卢明生说，“婚外情增多也是导致离婚率上升的原因，我们了解到，在离婚官司中，一半以上的都涉及婚外情。当夫妻关系出现问题时，陌陌等社交软件，就更可能成为诱发婚外情的工具，变为婚姻的‘新杀手’。”在2015年首届中国婚姻家庭咨询服务行业高峰论坛上，中国婚姻家庭工作联合会首届执行主席舒心指出，“2014年以来，通过微信、陌陌平台‘约炮’，或者找了‘小三’发生婚外情的案例激增20%，在2014年我们处理的婚外情案例中，通过社交软件引发出轨的案例已经占到15%。对于夫妻双方而言，如今防‘小三’的重要手段，就是确保对方在社交软件上的‘干净’。”此外，在论坛上，据中国婚姻家庭咨询服务研究中心介绍，目前中国导致离婚的婚变诱因中，“第三者插足”占74.6%，婚外情是中国家庭婚姻的“头号杀手”。由此可见，有专家认为社交软件会成为婚姻的“杀手”。伴随社会发展和科技进步，婚姻两性关系也呈现出诸如“现代性”的新状况，造成婚姻不稳定的因素增多，婚姻不稳定性也急剧上升。社交媒体的功能演变轨迹如何？陌陌等社交媒体确实是“泡妞工具”和“约炮神器”？社交媒体果真是诱发婚外情和婚外性，导致夫妻感情破裂甚至离婚的“新杀手”吗？社交媒体与婚姻两性关系之间究竟有何联系？为厘清以上问题，笔者主要以泸州市农民工为例进行问卷调查，希望透过农民工群体探析社交媒体与现代婚姻两性关系之间的联系。

一　相关文献回顾

近几年，国外学者关于社交媒体的研究主要集中于概念界定、社交媒体对人际关系的影响、与民主政治的关系、在市场营销和广告方面的运用、对于社交媒体的监督管制。对于社交媒体含义的理解伴随社交媒体的功能发展而演变，由最初提供社交服务拓展到更广阔的服务领域。社交媒体是一种为用户提供网络社交服务，给予用户极大参与空间的新型在线媒体①。社交媒体是建立在万维网的技术资源基础上，允许用户创建和交换

① Antony Mayfield, *What is Social Media*, Icrossing ebook Publish, Spanner Works, 2008.

各种信息的应用程序[①]。社交媒体最原始的功能是为人们提供网络化便捷的社交服务，伴随各种社交媒体被开发出来并被广泛运用，学者们发现社交媒体对人际关系造成了一定影响。使用社交媒体，人们可以彼此分享见解、信息、思想并建立关系[②]。对于社交媒体可以有广泛的应用，社交媒体对青少年的社会认知能力、自我概念和自尊，以及同伴关系会造成影响[③]。社交媒体在民主政治领域的运用主要表现在社会政治运动和政治民主化进程中的潜能和影响。Berenger 全面分析了以 Facebook、Twitter 和 YouTube 等社交媒体在地区民主政治运动中的作用，从中东的反政府示威游行到美国总统大选中的政治秀，这些“现代革命”都与社交媒体有关，社交媒体已成为当代社会政治运动的重要推手[④]。社交媒体在促进“参与式民主”也在发挥作用：这些崭新的政治参与形式具有一种积极“破坏能力”，它们能够颠覆当代社会的传统政治体系和实践，促进一般市民对政治信息的分享和讨论，并且能够“批判性地监督政府行为和大公司的利益”[⑤]。也有人对社交媒体的巨大政治影响力进行评估：Standage 认为社交媒体的影响和功能与传统媒体并无本质区别，社交媒体能够让那些想要成为革命派的人们更加容易地协调行动，统一观点，整合动机，但无法自动地引发革命[⑥]。不少学者讨论了社交媒体在市场营销和广告宣传方面的作用和影响。社交媒体已经展示出在市场营销中的巨大潜力，为通过社交媒体进行有效传播和吸引陌生人眼球，并将他们变成实际消费者，Kabani 设计了“ACT 方法”[⑦]。Marwick 对社交媒体上的自我推销、闲谈、曝光等多种私人传播行为进行了批判性分析，她认为社交媒体是一种虚伪的

① ［美］巴巴拉·M. 纽曼：《社交媒体影响青少年同伴关系：友谊、孤独感和归属感》，《中国青年研究》2014 年第 2 期，第 16—20 页。

② 斯科特：《新规则：用社会化媒体做营销和公关》，赵俐、谢俊、张婧妍译，机械工业出版社 2011 年版，第 37 页。

③ ［美］巴巴拉·M. 纽曼：《社交媒体影响青少年同伴关系：友谊、孤独感和归属感》，《中国青年研究》2014 年第 2 期，第 16—20 页。

④ Berenger, R. D. (ed.)：*Social Media Go to War*：*Rage*, *Rebellion and Revolution in the Age of Twitter*, Marquette Books, 2013.

⑤ Loader, D. Brianand Mercea, Dan. (eds)：*Social Media and Democracy*：*Innovations in Participatory Politics*, Routledge, 2012.

⑥ Standage, Tom, Writing on the wall：*Social Media—the First 2000 years*, Bloomsbury, 2013.

⑦ Kabani, Shama Hyder：*The Zen of Social Media Marketing*：*An Easier Way to Build Credibility*, *Generate Buzz*, *and Increase Revenue*, Benbella Books, 2012.

和垄断性的话语和意识形态[①]；尽管有学者提出网络巴尔干化现象（社交媒体并不是整合地球村的工具，而是将网民分割成不同的利益群体），但在现阶段，社交媒体对民主社会还是有促进作用的[②]。社交媒体在给人们带来便利和革新时，同时也引发了侵犯隐私等安全问题，于是对于社交媒体进行监督和管制便受到各国学者关注。不少学者指出社交媒体存在侵犯隐私行为。Trottier 认为通过社交媒体对个体行为进行的监视已经非常普遍，人们对此已经有所警觉并开始有意识地调整自己的线上和线下行为，以保护个人隐私[③]。通过 Web 2.0 技术和社交媒体对用户进行的各种监视和监听不仅普遍存在，而且比"前网络时代"由国家实施的监督更加"隐蔽、无形，而且难以追踪"[④]。治理社交媒体侵犯隐私等行为，可在法律框架内规范社交媒体、通过提高职业伦理约束社交媒体[⑤]。

国内学者对于社交媒体的研究主要为演进历程、传播模式、应用及造成的负面影响。根据不同标准可将社交媒体的演进历程分为不同的阶段，较具代表性的主要为三阶段说[⑥]和四阶段说[⑦]。不同形态的社交媒体蕴含着不同的传播模式[⑧]。诸如，新浪微博中有多种类型的信息传播模式：中心式传播、关键点传播、链式传播、蒲公英式传播、综合式传播[⑨]。社交媒体的应用主要表现在对人际交往的影响，以及在市场营销、政府信息公开和促进民主政治中的运用。大学生可以有效利用社交媒体与亲友同学交

① Marwick, E. Alice: *Status Update: Celebrity, Publicity, and Branding in the Social Media Age*, Yale University Press, 2013.

② David Ingenito: *Democracy in the 21st Century: Social Media and Politics-global Village or Cyber-balkans?*, University of Southern California, 2010.

③ Trottier, Daniel: *Social Media as Surveillance: Visibility in a Converging World*, Ashgate, 2012.

④ Fuchs, Christian., Boersma, Kees., Albrechtslund, Anders & Sandoval, Marisol: *Internet and Surveillance: the Challenges of web 2.0 and Social Media*, Routledge, 2012.

⑤ Drucker, J. Susan & Gumpert, Gary. (eds.): *Regulating Social Media: Legal and Ethical Considerations*, Peter Lang. Fuchs, Christian, Boersma, Kees., Albrechtslund, Anders & Sandoval, Marisol, 2013.

⑥ 赵洁：《论社交媒体》，武汉理工大学，2010 年。

⑦ 游恒振：《社会化媒体的演进研究》，北京邮电大学，2012 年，第 16—17 页。

⑧ 刘熙荚：《中国社交媒体社交模式研究》，湖南大学，2014 年，第 34—35 页。

⑨ 郭海霞：《SNS 网络社区信息传播研究》，《情报杂志》2011 年第 S2 期，第 126—129 页。

流，并在原有基础上拓展良好的人际关系，但作用很有限①。社交媒体在商业领域运用极广，韩永丽总结出了一套新的营销模式：社交媒体营销涵盖了从P到R，再由R到C的全过程动态营销模式，开拓了全新的营销策略②。社交媒体创新了政府信息公开和政治参与的渠道和形式。开通政务微博可促进政务信息公开③。社交媒体使政治信息的传播从单向发展为多维，政治参与从动员转变为自主，推动青少年的政治社会化范式从单向主导向多元互动转型④；以微博为代表的社交媒体超越了传统媒体的局限，有力地推动公民政治参与向广度和深度发展，促进民主价值的实现⑤[22]。社交媒体在带来各种积极作用的同时，也引发了侵犯隐私和违法犯罪活动。移动互联网环境下对社交媒体用户隐私保护提出了新的挑战，用户隐私随时面临被泄露的风险⑥。手机社交软件带给人们极大便利的同时，也成为色情、诈骗、非法交易滋生的温床⑦；手机社交软件成为网络色情犯罪工具⑧。部分别有用心或者躁动不安的人将其作为"约炮神器"。

近年来出现大量社交媒体，伴随不断曝光出轨、"劈腿"、离婚等事件，尤其是部分记者经过深入挖掘，发现诸多这类事情中都有社交媒体的影子，于是有人便将社交媒体与这类事件联系起来，认为是由社交媒体造成这类事情的。诸如，英国的一项调查显示，著名的社交网站Facebook被指是英国20%离婚案件的罪魁祸首⑨。然而，有学者对此持否定态度，

① 陈蜜：《社交媒体对大学生人际交往影响调查报告》，安徽大学，2014年，第13—15页。

② 韩永丽：《国内社交媒体营销现状及发展趋势研究》，郑州大学，2014年，第23页。

③ 陈阳阳：《政务微博传播理念与互动策略研究》，暨南大学，2013年，第6页。

④ 卢家银：《社交媒体与青少年的政治社会化：以微博自荐参选事件为例》，《情报杂志》2012年第8期，第35—41页。

⑤ 马小娟：《论社交媒体对公民政治参与的影响》，《中国出版》2011年第24期，第22—25页。

⑥ 王树义、朱娜：《移动社交媒体用户隐私保护对策研究》，《中国出版》2011年第24期，第36—40页。

⑦ 徐新星、邓崎凡：《手机社交软件缘何"藏污纳垢"?》，《工人日报》2013年4月21日第3版，第1—3页。

⑧ 游春亮：《手机社交软件竟成网络色情犯罪工具》，《法制日报》2014年8月5日第8版，第1—2页。

⑨ 李君竹：《婚姻"杀手"：社交网站》，《百科新说》2010年第4期，第47页。

将微信、陌陌等社交软件视为婚姻“新杀手”，是偏颇和不靠谱的伪命题[①]。学界将社交媒体与农民工联系起来的研究领域主要为：农民工使用社交媒体状况分析、社交媒体对农民工人际交往的影响、社交媒体与农民工融入城市、社交媒体为农民工“赋权”的状况、农民工的社交媒介素养等。新生代农民工利用QQ构建规模较大的社交网络，从而为自己提供情感支持和实际支持[②]。新生代农民工使用新媒体主要以人际交往、休闲娱乐功能为主，集中于对QQ和百度的使用[③]。QQ逐渐成为打工群体之中维系友情、亲情的重要沟通工具；正确的使用网络媒介，可以丰富其精神文化生活，缓解其在城市务工过程中的精神压力，使他们尽快融入城市生活[④]。网络媒介是新生代农民工融入城市的重要工具[⑤]。近年来新生代农民工以争取平等市民权益的集体行动日渐增多，其中微博、论坛等自媒体扮演着自我觉醒、信息传递、情绪发酵、协同组织等重要角色[⑥]。当代农民工具有较强的接受媒介信息的能力，但是利用媒介解决问题、发表意见、维护权利、主动运用其享有的话语权的人并不多[⑦]。

国内外学者对社交媒体进行研究的视角、方法、领域等比较相近，基本上都是采取新闻传播、政治法律、社会、心理、伦理等学科视角，结合理论与实证、定性与定量分析方法对其概念界定、发展历程、应用领域和造成的负面影响进行分析。由于我国社交媒体是“舶来品”，因而，国内对社交媒体的研究晚于国外，国内研究深度和广度不及国外，

① 张玉胜：《别让社交软件“背黑锅”》，《厦门日报》2015年7月7日第B05版，第1页。

② 陈韵博：《新媒体赋权：新生代农民工对QQ的使用与满足研究》，《当代青年研究》2011年第8期，第22—25页。

③ 周葆华、吕舒宁：《上海市新生代农民工新媒体使用与评价的实证研究》，《新闻大学》2011年第2期，第145—150页。

④ 梅轶竹：《网络媒介对新生代农民工的影响力刍议》，中国青年政治学院，2012年，第7—22页。

⑤ 黄钦、王露：《新生代农民工网络媒介接触与使用情况调查》，《今传媒》2012年第11期，第37—38页。

⑥ 高传智：《增权理论视角下的新生代农民工自媒体传播研究探讨》，《中国劳动关系学院学报》2013年第6期，第51—55页。

⑦ 周明星、康艳钦：《新生代农民工媒介素养研究》，《中国劳动关系学院学报》2015年第1期，第43—46页。

国外研究更具针对性与操作性，更利于社交媒体良性发展。伴随社交媒体应用领域不断拓展，有人开始关注社交媒体“涉足”婚姻两性关系，但几乎都是对此发表一些评论而已；鲜有人采取规范与实证相结合的方法深入、系统剖析社交媒体与婚姻两性关系间的联系。学界对特定群体与社交媒体联系的研究则主要集中于青少年和农民工群体，社交媒体与农民工联系方面的研究尚未涉及婚姻两性关系。

二 社交媒体的发展历程与功能演变

社交媒体的诞生源自人们交流互动与获取信息的需求，其发展历程比较短。社交媒体的发展历史可以追溯到20世纪70年代“新闻组”的产生①。中国社交媒体属于舶来品，在很大程度上借鉴了国外社交媒体，因而国内各种社交媒体彼此之间具有较大同质性。在中国，学界和业界普遍认为曙光BBS站成立是社会化媒体诞生的标志。实际上，中国最早的社交媒体雏形可追溯至1999年由陈一舟、周云帆和杨宁共同创办的ChinaRen，由于彼时社交媒体刚引入国内时缺乏明确定位，致使其功能比较欠缺。

根据社交媒体的发展形式其发展历程可以分为三个阶段，而根据其形态演变则分为四个阶段。社交媒体三个发展阶段的状况为②：第一，概念化社交阶段（1997—2003年），以依托六度分割理论建立起来“SixDegrees”、“Friendster. com”和我国的“UUme. com”为代表，其社交形式为向好友发送站内邮件，具有服务单一、用户量增长缓慢、用户黏度低等缺点。第二，个性化社交阶段（2004—2008年），以“Myspace”和“51. com”、“猫扑”、“QQ”空间为代表，通过个性化和差异化的服务为用户提供个性空间和自我展示平台，大部分社交媒体因难以获利缺乏维系资金而失败。第三，真实化社交阶段（2008年至今），以“Facebook”为代表，通过熟人之间网络关系创立与实现社交的社交方式，使网络社交从虚拟性走向现实性，用户群体的聚集性，开启了真实化社交时代。社交媒

① 曹博林：《社交媒体：概念、发展历程、特征与未来》，《湖南广播电视大学学报》2011年第3期，第24—28页。

② 赵洁：《论社交媒体》，武汉理工大学，2010年，第14页。

体的四个发展阶段的演进轨迹为[①]：第一，社交媒体培育阶段（1994—2004 年）：以论坛、即时通信和点评网站为代表的社会媒体，为用户提供交互体验。第二，社交媒体发展阶段（2004—2007 年）：以博客、视频分享、百科等形态为代表开启了“自媒体”时代，为用户提供多媒体化的自我表达渠道。第三，社交媒体爆发阶段（2008—2010 年）：以社交网站、微博、团购、LBS 的社交应用为代表，以“用户开展社交分享信息”为突出特点，各类社交媒体呈井喷式发展。第四，社交媒体变革阶段（2011 年以后）：各类社会媒体开始跨界整合，不断完善、拓展功能，平台更加开放，给用户更加良好的社交体验。

伴随社交媒体的发展演进，社交媒体的功能也由最初单一作为社交平台的功能逐步发展出媒体平台功能、基于位置的平台功能、众包平台功能、综合平台功能等。社交媒体的社交平台功能主要是让用户创建各种交际关系，以利于用户打造个人网络或业务网络。媒体平台功能是为用户提供创建、上传、共享包括视频、图片、音频、文本等媒体内容的平台。基于位置的平台是给用户提供若干与其真实物理位置相关的诸如帮助用户共享其位置等信息的功能，此类平台在智能手机上尤为流行。众包是指借助为用户提供激励，促使公众为其提供相应的情报和解决方案等所需信息的行为；众包平台功能注重的则是如何在用户中获取所需信息。综合平台功能是为用户综合提供社交平台功能、媒体平台功能、基于位置的平台功能、众包平台功能等各种社交媒体平台功能。目前，比较流行的社交媒体均是综合性的平台，能为用户提供多种功能。另外，从社交媒体的实际应用领域看，社交媒体还有社会交往、市场营销、民主政治等方面的功能。

伴随 QQ、微信、陌陌等社交媒体自动定位、特别是“摇一摇”等功能的增加，某些社交媒体出现了功能异化的状况，即一些不法分子和动机不纯者利用 QQ、微信、陌陌等社交媒体传播淫秽色情信息、卖淫嫖娼、拐骗强奸妇女、“泡妞约炮”等。近年，不断报道出以陌陌为典型代表的新型社交媒体被赋予了“性犯罪工具”“约炮神器”“出轨利器”、婚姻“杀手”等不雅称谓。2015 年，天津市高级法院披露，经统计，有 30 件案件系被告人通过 QQ、微信、陌陌等网络聊天方式，以建立恋爱关系为

---

① 游恒振：《社会化媒体的演进研究》，北京邮电大学，2012 年，第 20 页。

名诱骗幼女与之发生性关系，或者利用网友见面之机，对被害人实施强奸、猥亵[①]。2014 年 1—5 月，深圳市南山区人民检察院共受理利用手机社交软件介绍卖淫案件 4 宗 14 人，在这些案件中，不法分子利用手机社交软件中的移动定位服务功能，实施招嫖行为[②]。社交媒体作为科技发展的新兴工具，其本质和现代武器一样具有“双刃剑”的特点：一方面，既能给人们生活和工作带来诸多便利，充分发挥其积极正面的功能；另一方面由于使用者动机不纯和非法使用，致使社交媒体暴露出负面消极功能，即呈现功能异化的状况。

三 社交媒体与农民工婚姻两性关系

伴随社交媒体被不当应用，它们被冠以“约炮神器”“出轨利器”、婚姻“杀手”等骂名，然而，事实真如卢明生和舒心等专家所言陌陌等社交媒体是婚姻“新杀手”？为厘清社交媒体与婚姻两性之间的关系，笔者以农民工群体为例进行分析。课题组采用自行设计《务工人员婚姻家庭状况调查问卷》，调查问卷中设计选择题形式调查样本基本信息，采取参照李克特量表去除测评程度为“一般”留下“非常不符合、比较不符合、比较符合、非常符合”四个测评程度所形成的量表调查农民工使用社交媒体和婚恋两性关系等信息。课题组分别选取了泸州市江阳区和龙马潭区的 10 个城市社区，每个社区安排 20 份问卷。课题组成员于 2015 年 5 月在相关社区居委会的协助下，主要采取接访和入户的方式对在选定城市社区务工和生活的农民工进行问卷调查，共计发放 400 份问卷，收回有效问卷 351 份，有效率为 87.75%。本文采用 SPSS 21.0 统计软件进行统计分析。课题组主要从性别、年龄、结婚时年龄、自己和对象是否是独生子女、婚姻状况、月收入、与配偶婚前恋爱时间、文化程度、与对象的认识方式、配偶工作地点等方面调查农民工的基本信息，详情请参见表 1。

---

① 江畑颐、张晓敏：《性侵儿童案件逐年递增：请警惕社交软件》，《天津日报》2015 年 6 月 4 日第 011 版，第 1—3 页。

② 游春亮：《手机社交软件竟成网络色情犯罪工具》，《新华日报》2014 年 8 月 5 日第 008 版，第 1—2 页。

表 1　农民工基本信息（频数、有效百分比）

性别				年龄（岁）				
男	女			≤25	25 -	35 -	45 -	55 -
139、47.1	156、52.9			37、11.2	133、40.2	104、31.4	47、14.2	10、3.0
结婚时的年龄				我是独生子女			我的对象是独生子女	
≤20	20 -	25 -	30 -	是	否		是	否
12、4.2	172、60.8	90、31.8	9、3.2	133、39.3	205、60.7		128、39.8	194、60.2
月收入（元）				与配偶婚前恋爱时间（月）				
< 2500	2500 -	3500 -	4500 -	< 1	< 3	< 6	< 12	12 -
176、51.4	118、34.5	42、12.3	6、1.8	5、1.6	21、6.7	53、16.8	97、30.8	139、44.1
文化程度				与对象认识的方式				
小学及以下	初中（中专）	高中（职高）	大专及以上	网络交友	家人/亲戚介绍	朋友/同学介绍	中介介绍	妇联组织介绍
21、6.1	73、21.1	101、29.2	151、43.6	12、3.5	182、52.9	140、40.7	6、1.7	4、1.2
我的妻子/丈夫在				婚姻状况				
老家务农	在市内工作	市外省内工作	省外工作	未婚	已婚无子女	已婚有子女	离婚无子女	离婚有子女
135、48.7	57、20.6	30、10.8	55、19.9	33、9.4	70、19.9	226、64.4	2、0.6	20、5.7

（一）农民工使用社交媒体及其婚姻两性状况

课题组主要调查了农民工使用 QQ、微信和陌陌三类较为常用的社交媒体的情况，从表 2 项目 1—4 可见农民工使用三类社交媒体的状况，QQ 的经常使用率最高为 65.9%，其次微信的经常使用率为 56.6%，农民工及其配偶经常使用陌陌的分别为 23.2% 和 23.0%。从表 2 项目 5—14 可见农民工与网友间关系状况。超过 1/3 即 34.5% 的农民工认为其配偶有异性网友，超过四分之一的农民工会经常与异性网友聊天。26.3% 的人会在心情烦躁时向异性网友倾诉，21.4% 的人会在与配偶吵架后向异性网友倾诉，31.5% 的农民工夫妇曾因为对方与异性关系好而吵架，15.0% 的人经常与异性网友聊私密话题，19.8% 的农民工幻想过与异性网友亲热，17.7% 的农民工与异性网友有过约会，分别有 16.7% 与 15.9% 的农民工坦承与异性网友亲热过和与通过聊天软件认识的人发生过性关系。大部分农民工在使用社交媒体，但经常使用陌陌的农民工仅两成多一点，少部分农民工有与异性网友发生关系的“越轨”行为和想法。

表2　农民工使用社交媒体及与网友关系状况（频数、有效百分比）

项目	非常不符合	比较不符合	比较符合	非常符合
1. 我经常玩QQ	43、12.6	73、21.5	138、40.6	86、25.3
2. 我经常玩微信	56、16.4	92、27.0	111、32.6	82、24.0
3. 我经常玩陌陌	158、49.1	89、27.7	52、16.1	23、7.1
4. 我的配偶经常玩陌陌	161、50.6	84、26.4	47、14.8	26、8.2
5. 我的配偶有异性网友	122、38.2	87、27.3	83、26.0	27、8.5
6. 我经常与异性网友聊天	145、43.5	100、30.1	66、19.8	22、6.6
7. 心情烦躁时，我会向异性网友倾诉	126、36.3	130、37.4	79、22.8	12、3.5
8. 我经常和异性网友聊私密话题	167、48.0	129、37.0	42、12.1	10、2.9
9. 我和异性网友约会过	178、51.6	106、30.7	47、13.6	14、4.1
10. 我和异性网友亲热过	186、54.4	99、28.9	40、11.7	17、5.0
11. 与配偶吵架后我会与异性网友倾诉	134、40.4	127、38.2	46、13.9	25、7.5
12. 我们曾因对方与异性网友关系好而吵架	107、31.8	123、36.7	80、23.8	26、7.7
13. 我幻想过与异性网友亲热	185、55.4	83、24.9	49、14.7	17、5.1
14. 我和通过聊天软件认识的人发生过关系	199、59.8	81、24.3	34、10.2	19、5.7

从表3可见农民工夫妻感情及寻求婚外情的动机。43.1%的农民工夫妇会在吵架后长时间“冷战”，过半数即56.3%的农民工在吵了架在亲热后便会和好，正如俗话所言“夫妻床头吵架床尾和”。分别有63.1%和61.8%的农民工认为与配偶亲热能让自己和对方满足，可见大部分农民工夫妇性生活处于和谐状态。分别有20.9%和21.1%的农民工能接受其配偶与异性网友经常聊天和见面，18.9%的农民工觉得只要对方顾家，就能接受对方与异性网友关系亲密。分别有21.1%和26.4%的农民工认为如果发生婚外情，他们是为了缓解性需求和找个知心人；18.1%的农民工想有一个长期稳定而不影响家庭的性伴侣；分别有18.2%和19.8%的农民工自己和配偶提出过离婚/分手。由此可见，有近两成的农民工有“出轨”和离婚的想法，其婚姻处于不稳定状态。此外，40.7%的农民工认为自己身边有已婚同事与异性同居，即所谓的“临时夫妻”。

表3 农民工夫妻感情及寻求婚外情的动机（频数、有效百分比）

项目	非常不符合	比较不符合	比较符合	非常符合
1. 我们吵架后会长时间互不讲话	73、21.9	117、35.0	109、32.6	35、10.5
2. 我们吵了架在亲热后便会和好	43、13.1	100、30.6	138、42.2	46、14.1
3. 与配偶亲热能让我满足	46、14.3	73、22.6	150、46.6	53、16.5
4. 与配偶亲热我能让她/他满足	45、14.4	74、23.8	142、45.5	51、16.3
5. 我能接受配偶与异性网友经常聊天	146、44.8	112、34.3	52、16.0	16、4.9
6. 我能接受配偶与异性网友见面	150、45.9	108、33.0	45、13.8	24、7.3
7. 只要他/她顾家，我能接受他/她与异性网友关系亲密	149、45.3	118、35.8	42、12.8	20、6.1
8. 如果发生婚外情，我主要是为了缓解性需求	169、52.0	94、28.9	47、14.5	15、4.6
9. 如果发生婚外情，我主要是为了找个知心人	165、50.0	78、23.6	61、18.5	26、7.9
10. 我想有一个长期稳定不影响家庭的性伴侣	180、53.6	95、28.3	38、11.3	23、6.8
11. 我身边有已婚同事与异性同居	94、32.4	78、26.9	80、27.6	38、13.1
12. 最近一年里我提出过离婚/分手	149、43.8	129、37.8	43、12.6	19、5.6
13. 最近一年里他/她提出过离婚/分手	152、45.1	118、35.1	46、13.6	21、6.2

（二）农民工婚姻两性状况及相关分析

于此，主要通过对相关因子进行相关分析，以探究农民工使用社交媒体的状况、出轨状况及二者之间的相关性。从表4可见，项目1—14中没有相关变量与经常使用QQ和微信及“我的妻子/丈夫有异性网友”之间的相关系数达到中度相关，绝大部分呈现极弱相关和低度相关；项目2、4、5、10与经常使用陌陌刚达到中度相关，项目1、3、6、7、8、9、11呈低度相关，其他项目均呈极弱的相关性；项目3、4、5、9、10与“我的妻子/丈夫经常玩陌陌”的相关系数均刚超过0.5呈中度相关，项目1、2、6、7、11为低度相关，其余相关性极弱；项目2、4、9与“我经常与异性网友聊天”刚达到中度相关，其余为低度和极弱相关。

表4　　农民工使用社交媒体与相关情况之间的相关系数（r）

项目	我经常玩QQ	我经常玩微信	我经常玩陌陌	A	B	C
1. 我经常和异性网友聊私密话题	0.158*	0.129*	0.438**	0.443**	0.439**	0.494**
2. 我和异性网友约会过	0.129*	0.163**	0.510**	0.472**	0.435**	0.514**
3. 我和异性网友亲热过	0.064	0.097	0.496**	0.514**	0.432**	0.448**
4. 我幻想过与异性网友亲热	0.143**	0.156**	0.520**	0.549**	0.439**	0.508**
5. 我和通过聊天软件认识的人发生过关系	0.091	0.153**	0.505**	0.500**	0.406**	0.440**
6. 最近一年里我提出过离婚/分手	0.050	0.085	0.471**	0.476**	0.425**	0.460**
7. 最近一年里他/她提出过离婚/分手	0.097	0.101	0.450**	0.436**	0.376**	0.455**
8. 我们曾因对方与异性网友关系好而吵架	0.174**	0.119*	0.327**	0.304**	0.363**	0.480**
9. 如果发生婚外情，我主要是为了缓解性需求	0.140*	0.113*	0.481*	0.523**	0.473**	0.514**
10. 如果发生婚外情，我主要是为了找个知心人	0.143*	0.156*	0.520**	0.549**	0.439**	0.494**
11. 我想有个长期稳定不影响家庭的性伴侣	0.103	0.131*	0.377**	0.449**	0.391**	0.429**
12. 我们吵了架在亲热后便会和好	0.325**	0.355**	0.073	0.147*	0.147*	0.150**
13. 与配偶亲热能让我满足	0.313**	0.274**	0.068	0.142*	0.141*	0.177**
14. 与配偶亲热我能让她/他满足	0.290**	0.218**	0.120**	0.151**	0.185**	0.182**

注：（1）：A代表“我的妻子/丈夫经常玩陌陌”，B代表“我的妻子/丈夫有异性网友”，C代表“我经常与异性网友聊天”；（2）：$*p<0.05$，$**p<0.01$。

经过相关分析发现，表5中项目1—10与A—E的相关性相对较高——基本上都是中度相关，A—E五项变量代表农民工有出轨行为或想法。同网友关系亲密（项目1、2、3、6）、与配偶闹离婚婚姻不稳定（项目4、5）、对配偶与网友关系亲密持“宽容”态度（项目7、8、9、10）的农民工与出轨中度相关、相关性相对较高，说明这三种情况与农民工出轨有一定联系。

表 5 农民工“出轨”与相关情况之间的相关系数（r）

项目	A	B	C	D	E
1. 我经常和异性网友聊私密话题	0.594**	0.665**	0.524**	0.604**	0.576**
2. 我和异性网友约会过	0.619**	0.641**	0.538**	0.637**	0.573**
3. 我和异性网友亲热过	0.709**	0.698**	0.614**	0.705**	0.652**
4. 最近一年里我提出过离婚/分手	0.602**	0.576**	0.558**	0.567**	0.551**
5. 最近一年里他/她提出过离婚/分手	0.545**	0.586**	0.558**	0.611**	0.511**
6. 与配偶吵架后我会与异性网友倾诉	0.549**	0.585**	0.566**	0.590**	0.525**
7. 只要他/她顾家，我能接受他/她与异性网友关系亲密	0.599**	0.593**	0.506**	0.556**	0.500**
8. 我能接受配偶与异性网友经常聊天	0.539**	0.538**	0.481**	0.529**	0.475**
9. 我能接受配偶与异性网友见面	0.500**	0.558**	0.450**	0.551**	0.447**
10. 只要不破坏家庭，我理解我配偶发生婚外情	0.702**	0.684**	0.563**	0.622**	0.597**

注：（1）A 代表“我和通过聊天软件认识的人发生过性关系”，B 代表“如果发生婚外情，我主要是为了缓解性需求”，C 代表“如果发生婚外情，我主要是为了找个知心人”，D 代表“我幻想过与异性网友亲热”，E 代表“我想有个长期稳定不影响家庭的性伴侣”；（2）* $p<0.05$，** $p<0.01$。

从表 4 和表 5 可见，农民工使用社交媒体（尤其是陌陌）和与网友关系密切与其出轨的相关系数最大的也尚未达到 0.75，这一代表具有很强线性相关的标准，说明农民工出轨与使用社交媒体具有一定联系，但不足以说明二者之间存在因果关系。

四 结论与建议

首先，少部分农民工“出轨”，但其“出轨”与其夫妻性生活无因果关系。农民工群体中虽然大部分人夫妻性生活比较和谐，但小部分人有“出轨”行为和想法，其出轨目的既有缓解性需求，也有需求知心人，但其“出轨”与其夫妻性生活不和谐并不存在因果关系。其次，少部分农民工婚姻状态不稳定，此状态与出轨中度相关。近两成的农民工夫妇最近一年有提出离婚的行为，加上此群体中存在“临时夫妻”等“出轨”现象，反映出部分农民工的婚姻处于不稳定状态；提出离婚的行为与“出轨”行为之间为中度相关，说明二者有一定联系，但关联性还不够强，即“出轨”不一定就导致其提出离婚，这与笔者以前对于农民工婚姻家庭问题研究的结论一致。最后，农民工婚姻不稳定状态与使用社交媒体低度相关。以泸州市农民工为例分析社交媒体与现代婚姻两性关系发现，农民工提出离婚和出轨的行为与其使用社交媒体总体相关性较弱，只有经常使用陌陌与出轨相关性稍强，说明经常使用陌陌与出轨有一定联系，但不足以说明二者存在因果关系，这更不足以印证陌陌等社交媒体是现代婚姻的“杀手”！社交媒体本质上仅仅是一个社交平台和工具而已，其发挥何种作用的关键在于使用者的使用动机和方法，“社交媒体是现代婚姻杀手”的论调有失偏颇，它顶多在“出轨”中扮演催化剂和导火索的角色，当前婚姻的第一“杀手”应该是人们“出轨”的行为而非社交媒体。

导致婚姻不稳定甚至离婚的真正原因，是人们道德自律性与家庭责任感缺失，缺乏正确的婚姻家庭观念和求新求异的不良心理作祟。为此，可以从四个方面着手巩固婚姻稳定性，避免社交媒体对婚姻两性关系造成不良影响。第一，树立良好婚姻家庭观。应该矫正人们的畸形婚姻家庭观念，杜绝婚姻不忠行为，让婚姻家庭回归以爱为基石、悉心经营、以责任维系的原始本意。第二，提高用户的准入门槛。提高社交媒体中用户和信息内容的质量，提高社交媒体用户准入门槛，逐步推行实名认证注册。2015 年 5 月，世界最大的偷情网站——阿什利·麦迪逊的用户资料被泄露，引起了其实名注册用户的恐慌，可见实名注册对于出轨偷情者有一定威慑力。第三，对社交媒体加强监管。政府部门应加强宣传教育引导，同时加强对社交媒体在开发和运行过程中的监管与惩戒，对使用社交媒体牟取非法利益者依法进行严肃处理。社交媒体的开发运营商应加强开发软件的预见性，尽可能规避由于使用该软件可能引发的负面社会影响，社交媒体开发运营商应加强对用户使用其社交媒体的监管。第四，建立健全举报制度。改观当前仅由社交媒体运营商独自受理举报的局面，诸如当前微信和陌陌等均有举报功能，笔者发现一些 VIP 高级用户明显存在网络卖淫涉黄行为，于是进行了举报，但运营商回复则是被举报对象并无不良行为，并未对其“封杀”，究其缘由，应该是这些高级用户购买了高级会员资格，为运营商带来了利益，对其“封杀”则会影响收益，因此，应建立由政府、开发运营商和独立第三方共同受理和处理公众举报的机制，避免仅由利益攸关方受理和处理举报事项。

海外农村基层治理

◆ 与狮共舞：政府主导下的社会治理模式

正如狮城的经济奇迹一样，新加坡在社会治理领域也取得了不俗的成绩，整个社会充满着活力的同时，又保持着高度的秩序，这正是中国社会治理所追求的理想目标，以至于新加坡经验成为中国社会治理的重要参考。当然，其中最为重要的是新加坡是在政府主导下进行的社会治理，与当前中国社会治理格局有某些相似之处。不过，新加坡在政府主导的同时，也强调政府能力、民众意见、社会参与、个体责任和法治社会等要素，由此构成整个社会治理的全部基础。也许新加坡社会治理的成功秘诀端赖于此，这也是中国社会治理所必须着力解决的关键问题。

◆ 以市场和社会“双主导”的基层治理模式

香港和大陆基于各自独特的历史文化背景，形成了完全不同的基层治理架构，香港“一级政府，两级管理”的治理模式激活了市场和社会的广泛参与，是实行“强政府，弱社会”治理模式的大陆应当学习和思考的地方。本文试图通过分析香港“强市场、大社会”的“双主导”治理模式的做法，探索其对大陆地区基层治理的启示与意义，以期不断加强和完善国内的基层治理体系。

◆ 社团政治：社会主导的基层治理模式

澳门由于其特殊的历史文化背景，形成了“弱政府、强社会”的政治社会格局，也催生了“社团政治”这一特色鲜明的治理模式，即社会主导的基层治理模式。其主要做法是：以社团组织扮演双重角色，即在公共物品供给、社会整合与动员方面，社团功能出现“补政府化”；在社会政治参与、利益综合与表达方面，社团功能出现“类政党化”。这种以社团联系民众与政府的治理方式，既实现了民众参与公共事务，又实现了社团服务于基层治理，可谓政治社会效益显著，值得大陆思考借鉴。

与狮共舞：政府主导下的社会治理模式*

——新加坡的基层社会治理及其经验启示

任　路

（华中师范大学）

内容提要：正如狮城的经济奇迹一样，新加坡在社会治理领域也取得了不俗的成绩，整个社会充满着活力的同时，又保持着高度的秩序，这正是中国社会治理所追求的理想目标，以至于新加坡经验成为中国社会治理的重要参考。当然，其中最为重要的是新加坡是在政府主导下进行的社会治理，与当前中国社会治理格局有某些相似之处。不过，新加坡在政府主导的同时，也强调政府能力、民众意见、社会参与、个体责任和法治社会等要素，由此构成整个社会治理的全部基础。也许新加坡社会治理的成功秘诀端赖于此，这也是中国社会治理所必须着力解决的关键问题。

关键词：新加坡　政府主导　社会治理

---

* 任路，华中师范大学中国农村研究院助理研究员。2016 年 5 月 20—22 日，华中师范大学中国农村研究院邓大才教授、任路助理研究员利用参加亚洲协商民主研讨会的间隙，在邓大才教授指导下，通过访谈和实地走访等形式考察新加坡基层社区治理，期间，与出租车司机董文协、chin choon、白丽娟等进行 taxi interview，先后前往车牛水、小印度、笼芽、马来村、欧亚社区等地进行参访，从基本面上掌握新加坡基层社会民生百态，最后在新加坡南洋理工大学所在先驱社区进行重点访谈，在社区义工唐伟杰的带领下，参观社区俱乐部、组屋、小邻里等，并与新加坡南洋理工大学于文轩助理教授就相关问题进行深入交流，对新加坡基层社会治理有一个初步的印象，后期阅读相关文献资料，整理成此文，本文并不是严格意义上的学术论文，只是游记性质的短文，文责自负。

基金项目：华中师范大学中央高校基本科研业务费“丹桂计划”项目（项目编号：CCNU 16A03010）。

引 子

必须动员民众支持那些能够改善生活水准和生活素质的计划和政策，更重要的是这些计划能够为他们的子女带来更好的生活。要让民众看到未来的远景，告诉他们如何能够置身其中。

——新加坡首任总理李光耀

一 三驾马车：以党政为主的基层组织体系

新加坡位于马来半岛最南端，面积718.3平方公里，相当于武汉市面积的1/10，人口546.9万，只有武汉人口一半。新加坡属于一个城市国家，没有省市等行政层次，只有一级政府，即中央政府，包括总统、内阁、各部以及法定机构等。至于中央政府之下并没有任何行政层级。不过，新加坡根据城市规划的需要，尤其是基础设施建设等将全国划分为五个社区，分别是中区、东南区、西北区、东北区、西南区等，类似于国内的区，但是区只是一个地域规划单位，并不是实际的行政组织。在每个区内设立有相应的社区发展理事会（简称社理会）来管理，由中央政府委任全职的首长来领导五个社理会，多为国会议员兼任，其首长后来改为市长，与政府部门的部长相当。每个区下面又有大小不一的规划区，还有一些市镇，设置市镇委员会，主要是协调市政规划、基础设施建设，配合中央政府法定机构相关职能。

在规划区和市镇之下为基层选区，建国之前新加坡基层社会的组织体系并不完善，直到建国后人民行动党以国会议员选区为单位逐步建立公民咨询委员会（简称公咨会），以此作为倾听民众呼声和沟通政府和群众的桥梁。公咨会的主席由选取议员担任，也称为“基层组织顾问”，同时吸收选区内其他积极人士参与公咨会，协调讨论选区范围内的相关事务，由政府雇用文员处理日常的行政事务，诸如收集群众意见，组织群众与议员的对话等。截至2011年，新加坡共有87个公咨会，即每个选区有一个公咨会，其主要的职责是上情下达和下情上传，将民众的意见反馈给政府，同时将政府的政策传达给民众；通过民众的参与，向民众灌输公民意识；

制订社区发展计划，组织社区工程，建造民众联络所等。公咨会是人民行动党为了加强与基层民众的联系，有效动员基层民众，巩固执政的社会基础。正如吴作栋所说："基层领袖在加强人民与政府之间的联系上扮演着重要角色。他们促进族群和谐与社会凝聚力，他们在建屋局组屋区协助培养归属感和社区敬上，他们协助解释与替政府政策辩护，他们把一般人民的情绪、期望及不满反映给政府。"

在公咨会之外，有民众联络所或居民俱乐部，最初的联络所是第二次世界大战后英国政府在广大乡村地区为了分发救济粮设立的粮食分发站，后来改建为学童中心，让乡村儿童能够上学，逐渐成为基层社会的公共场所。建国后，新加坡政府大力推广民众联络所，为群众提供文娱设施等，更是人民行动党联系群众，获取民众支持的重要平台。依托民众联络所，后来成立了联络所管理委员会，鼓励民众参与联络所的管理工作。主要职责是为成年人、青年人及儿童提供有组织的文娱活动，鼓励附近居民参与；管理民众联络所；向政府传达联络所附近居民需求；促进联络所附近居民的公民意识。截至2006年，新加坡公有104个民众联络所或民众俱乐部管理委员会。

居民委员会（简称居委会）则是新加坡城市社区建设中逐渐出现的新型基层组织，与公咨会和民众联络所不同，居委会很大程度上是民众自发成立的基层组织。新加坡政府为了解决民众住房问题，大力推进政府组屋建设，大多数民众进入政府提供的组屋。随着居住环境的变化，之前的公咨会和民众联络所等已经不能适应。此时，一些组屋内的民众自己建立了居委会，新加坡政府主动地迎合这一趋势，将自发的居民委员会制度化，纳入整个基层组织体系。以马林百列选区为例，分7个邻区，1个邻区有1个居民委员会，每个邻区有6—10座组屋，每座组屋受邀派2个居民代表参加，整个居民委员会有15—20人不等。其后，在居委会基础上，又在每座组屋增设座代表，作为居委会的延伸，协调不同组屋之间的利益，扩大居民参与范围，形成社区内在的结合力。与之相对，在私人住宅区成立邻里委员会，促进私人住宅区居民之间的邻里关系及其内在的凝聚力。居委会的主要职责在于促进邻里和睦和族群和谐相处；保障政府和居民的沟通渠道；改善组屋内的生活水平；促进居民成为良好公民。

上述组织与政府关系明确，统一在政府主导的人民协会之下。人民协会属于新加坡法定机构，由总理等15人组成董事会领导，一位副总理负责日常工作，下面的公咨会、民众联络所和居委会均属于人民协会的下层组织，其中，90%的社区基础设施建设费用和50%的日常运作费用由人民协会负担，来源于政府资助、社会捐助以及人民协会自有资产投资收益等。

二　法律就是公约：以法治为轨道的社会规则体系

在新加坡基层社会治理乃至整个国家治理过程中，法治具有举足轻重的作用。现行法律有四百多种，大到政府权力，小到居民生活，都有相应的法律规定。违反一般法律的后果是处以罚款，因为涉及面广，稍不注意就有可能触发法律，为此，人民常常用 fine city 来称呼新加坡，即罚款城市，在公共场所，都能够看到不准干什么的告示牌，在公共生活中各种不文明的行为都有可能被罚款，包括乱丢垃圾、公共场所吸烟、破坏公物、地铁进食、不冲厕所等。有个案例，一个年轻人在搭乘公共汽车的时候想到严禁抽烟，急忙将烟头扔到地上，但是这种行为构成垃圾违规，结果被检查人员乘车追到公司，处以40新元的罚款。

除了系统的法律之外，新加坡执法严明。刚到新加坡的时候，为我们接机的董文协先生当过警察，告诉我们曾经有一个美国少年迈克菲在新加坡破坏指路牌，在多辆车上喷漆涂鸦，被控后判处鞭刑和监禁，在美国引起轩然大波，美国总统克林顿恳请新加坡总统赦免，但是新加坡政府不为所动，执行鞭刑。接下来几天，不时听到其他被访谈者提及这一故事。以此告诉我们，在新加坡触犯法律的后果严重，同时，执法严明，任何人，包括外国人只要触犯新加坡法律，都会受到相应的惩罚。

正因为有如此系统的执行有效的法律，新加坡的社区并没有所谓的文明公约，国家法律已经将人们衣食住行等方面的内容都进行了规定，民众自觉地遵守法律，无形之中建立起非常安全的社会秩序。在新加坡社区，女生深夜出门都不会有多大的危险，并且根据新加坡的规定，在组屋附近设立邻里警局，设立有社区巡逻组警员，在社区任何地方，拨打求救电话，五分钟内警察会赶到现场处理。

在严格的法治之下，新加坡保持了中华传统文化遗产，尤其是所谓的五伦八德，即父子有亲、君臣有义、夫妇有别、长幼有序、朋友有信，以及忠孝仁爱礼义廉耻等儒家道德。从学校教育到社会教育，注重亲爱关怀、互敬互惠、孝顺尊长、和谐沟通等传统家庭价值观，旨在培养合格的新加坡人，树立民众的自尊和责任感，从内心深处自觉地接受符合道德的法律制度。进而将外在的惩罚和内在的规约结合起来，形成牢固的法治意识。在新加坡人的日常生活中虽然有种种“不准”告示牌，但是更多的是来自内心的道德律条。这就导出新加坡人对 fine city 的另一种解释，即美好的城市。新加坡的法治不是以处罚为目的，而是通过法治来改变人们历来的行为习惯，向着更加美好的生活方式转变。在为期两天的实地走访中，并没有看到多少新加坡人所说的告示牌，但是新加坡人开车井井有条，即使在市中心也没有看到违反交规的人。组屋楼下的公共走廊并没有什么垃圾或者堆放杂物。没多少人走的小街道也是干干净净。

三　不养懒人：以自我储蓄为基础的社会保障体系

1955 年开始，新加坡开始实行中央公积金制度，以强制储蓄作为公民福利的基础，最初是为了解决中小企业雇员养老保障问题，后来覆盖到所有职工，包括个体劳动者或自雇工，公积金由雇主和雇员共同承担，政府强制执行，缴纳的比例根据雇员收入来分类，雇主和雇员承担相应的比例，年龄越大，缴存比例越小，雇主承担比例越多，雇员承担比例越小，合理划分雇主和雇员在公积金的分担。让民众通过努力工作来缴存公积金，承担起自己未来的养老负担。

之后，新加坡以中央公积金制度为核心，逐步建立了住房、医疗、教育等社会保障体系。具体是通过公积金分设账户来解决不同社会保障需求，每个公积金会员名下有三个账户，普通账户、保健储蓄账户和特别账户。根据年龄不同，公积金在三个账户中的分配比例将有所差异。随着年龄的增大，分配到保健账户的资金比例会增多，普通账户则会相应减少。公积金账户的资金还享有存款利息，让民众存钱防范可能遇到的社会风险。

当然，公积金并不是单纯的存款，政府允许会员利用存款按照中央公积金局制定的项目进行规定范围内地的投资，包括购买组屋、政府批准的保险项目、支付教育费用、向父母账户进行转移支付以及其他投资计划。

公积金存款在会员年满 55 岁时，留存保证退休工资的最低限额后，可以全部取出。如果不取出来，继续工作，公积金将继续生息，直到正式退休为止。保健账户可用于支付会员的医疗支出，政府建立三个保健计划，保健储蓄计划为一般医疗支出，所有会员强制加入，其他两项健保双全计划和增值健保双全计划由会员自主决定，属于重大特疾病储蓄。公积金购房，会员有两种选择：公共建屋计划和住宅房地产计划，公共建屋计划允许会员动用普通账户总额的 20% 购买组屋，同一家庭成员可以累积使用公积金购买组屋。一般公积金会员用三年公积金存款就可以缴付房价 70% 的首次付款，剩下贷款加上利息分 20—50 年在每月的公积金扣除。至于住宅房地产计划则是针对购买公共土地或 60 年以上地契土地上的房地产。

居者有其屋计划。1964 年进行居者有其屋计划，开始的时候进展较慢，主要是地价居高不下，为此，政府颁布《土地征用法令》，规定政府有权征用私人土地用于国家建设，有权调整被征用土地的价格。于是，组屋的价格远低于私房价格，同时开放过程差额由国家税收补贴。在保障了组屋的供应的前提下，政府允许居民使用公积金以家庭为单位购买组屋，享有 99 年的房屋使用权，大量低收入家庭得以搬入组屋。其后，陆续推广到中等收入家庭，以及单身居民等，同时提供不同区位、户型和房屋设计，包括针对老年居民的独立户型，小家庭的二房、三房，以及多代同堂的四房、五房等供居民选择，满足居民不同的住房需求。同时，政府不时推出住房津贴政策，对中低收入家庭购买组屋进行货币补贴，让每一个居民都能够住得起组屋，而且不断提高居住质量。组屋各邻区的配套服务设施齐全，学校、医院、银行、超市、饭店、体育馆、电影院、托儿所、图书馆，乃至公交站点等，生活相当方便，组屋群往往构成一个小城镇。之后，居民购买的组屋还可以转售或出租。所谓转售是指根据政府规定新加坡家庭有两次申请组屋的机会，有些家庭为了改善居住质量会将旧组屋转售给其他人，同时再次申请新组屋。不过，政府对此有严格规定，申购新屋后，必须按时间规定转售旧屋。所谓出租是指居民在房屋地契有效期内将房屋租给他人，并获得货币收入。对于年老的居民，可以选购老年公寓，同时，政府也可以买下年长者组屋的使用年限，套现作为生活费，实现以房养老。新加坡组屋重视家庭传统，优先考虑已婚家庭，逐步放宽单身者，同时鼓励子女与父母居住在一起，兴建三房和四房的组屋。至今，新加坡87%的人口迁入组屋。

老者有其养计划。新加坡居民的养老保障依靠强制储蓄的中央公积金，会员年满55岁后，公积金账户变为两个账户：退休账户和保健账户，退休之后会员能够根据自己公积金退休账户存款定期领取存款，以此来保障会员的老年生活。为了应对退休账户存款不足的问题，政府鼓励公民延长退休年龄，推迟退休，政府颁发相应的延迟红利。政府后续还推出了不同的养老计划供不同人群选择。

教育储蓄计划。新加坡政府提供资金建立教育储蓄计划用以支持教育，按照学生年龄差异，按照中小学教育和中学后教育等，每年向公办学校、半公办民办学校、专业学校、特殊学校、艺术学校等教育储蓄账户汇入数额不等的款项，此外，还会结合家庭收入情况，对不同收入家庭的子女教育提供不同的津贴，用以支付学杂费等。对于那些就读公办学校或政府资助的学校，政府还会提供奖学金，免除部分考试费用等。

对于托儿所的幼儿，新加坡推行低收入家庭托儿补助计划，根据家庭收入分等给予相应的补助或津贴，标准相当细致，让财政补助发挥最大的功效。

医疗保障计划。新加坡医疗保障同样依靠公积金，此外，政府推出不同的医疗计划，由相应的保险公司和储蓄基金来分担医疗支出。政府为居民就诊提供津贴，包括基本门诊和住院费用。具体的保障计划由保健储蓄计划、健保双全计划、保健基金计划以及乐龄健保计划、暂时性乐龄伤残援助计划和基本护理合作计划等。保健储蓄计划来源于公积金账户，属于全国性的基本医疗保障，其他医疗计划由居民自愿参保，多由各类保险公司承担。

四　众人拾柴：以慈善团体为补充的社会救助体系

即使福利国家也难以保障全民福利，总会有一些社会群体和个体的福利状况堪忧，在新加坡也不例外。但是，新加坡的福利体系之所以被世人所称道，除了上述以居民个人自我储蓄为主体的保障体系外，更重要的是存在着众多的社会团体和慈善组织，它们在某种程度上发挥了重要的补位作用，给那些社会弱势群体以关怀，在充满风险的社会当中，打捞起每一个不幸的人。

作为当局政府，在基层组织体系中，新加坡有社区发展理事会，负责为社区困难群众提供多样化的福利援助，政府为此提供了社区关怀基金，开展社区关怀计划。根据居民的援助申请，结合社区基层组织、志愿福利组织等的意见，为贫困家庭提供教育、就业等方面的援助。具体分为三个阶段：一是“成长”，照顾贫困家庭儿童成长需要，分担幼儿园费用，同时帮助增加养育儿童的技巧、建立良好的亲子关系、提升家庭凝聚力等。二是“自主”，强调帮助家庭未就业成员找到工作，社区发展理事会聘请扶助顾问为未就业者制订培训计划，提供必要的就业津贴等，以帮助其找到合适的工作。只要有了工作，就能够依靠自己的力量逐渐改善生活，即授人以鱼不如授人以渔。三是“激发”，为年老或者患病伤残而不能参加工作的居民提供公共援助金，在一定程度上解决医疗、子女教育等方面的现实问题。

民间团体和慈善组织，国家福利理事会，下辖50个慈善团体，是各类慈善团体的总福利机构，包括各种宗乡会馆、助学基金、宗教团体、社会团体等。涉及社区儿童发展教育、老人康复、家庭关系等，每个社区还有家庭服务中心、邻里联络站、乐龄互动中心、残疾资讯及转介中心等机构。在每个社区都会有各种类型的民间团体和慈善组织为有需要的社会弱势群体提供各种类型的帮助。与国家统一的福利系统相比，这些社会团体和慈善组织提供的服务更具有个体性，针对每一个具体的个案，提供针对性的援助，力所能及地解决一些现实问题，将社会力量汇聚起来，帮助那些有需要的居民。

政府对于慈善团体持积极的支持态度，慈善团队的向社会募捐的款项，政府按照相同数量拨款，同时，新加坡政府对从事社区、慈善以及科教文卫事业的基金会免税，以鼓励各类社会团体的活动。

五　与狮共舞：以政府为主导的社会治理模式

狮城新加坡之所以能够实现有效的社会治理，总的来说，得益于其政府在社会治理中的主导作用。正如霍布斯在《利维坦》中所说的建立一个绝对主义的国家，即一个代表力量的海兽。对于新加坡而言，狮城的另一种解释也可以是新加坡政府就是一头具有权威的狮子，管理着自己的领地，领地内秩序井然，和谐共生。因此，新加坡的社会治理与西方经验不同，社会力量是围绕着政府来发挥补位效应，与狮共舞，同时政府通过各种联系渠道保持与民众的沟通，获取民众的信任与支持，保证狮子不能独舞。这也许是新加坡的独特之处，也是新加坡之所以创造小国奇迹的重要原因。显然，政府主导的社会治理模式是与新加坡独特的国情分不开的。然而，新加坡能够为中国社会治理提供一些具有启发性的经验。

政府主导并不意味着政府天然合理，新加坡政府虽小但是却强有力。在后发国家，一个强有力的政府是社会治理的重要条件。新加坡建国历史不长，与亚非拉大多数后发国家一样，经历了殖民时代后的民族独立运动，建立新的国家。不过，很多国家在发展过程中出现众多的社会问题乃至重新洗牌，这既是殖民时代的历史遗留，也与后发国家难以建立一个强有力政府有关。新加坡建国初期也经历了社会的动荡，后来在李光耀和人民行动党的带领下，逐渐稳定政局，建立一个精简高效的政府团队。基于城市国家的特点，新加坡只有一级政府，即中央政府，下面分设各种法定机构，多为“局”，这些法定机构属于半独立组织，因事设局，独立运行，可以临时根据政府出台的政策进行机构调整，类似于企业管理中的事务团队，能够高效率地执行政府政策。基层组织大都是志愿性质，除了一些承担辅政工作的人员由政府提供薪酬外，其他都是无给职，由此，政府的财政供养人员适度，整体上能够保持一个精干的政府团队。

政府主导并不意味着不听民意，新加坡政府着力汲取民意的同时，坚持政府决策的相对独立性。新加坡政府借助于公民咨询委员会、民众联络所和居民委员会等基层组织，与广大民众保持着沟通，倾听民众的呼声，同时向民众传递政府政策，解释政策细节等，争取民众对于政策的理解和支持。然而，民意并不是影响政府的决定因素，有时候，新加坡政府会根据社会发展状况出台一些立足于远期发展的政策，比如：强制储蓄、拥车证等等，必然会引起民众的一些反感，但是新加坡政府会继续坚持那些对于民众长远有意义的“不受欢迎的政策”，倾听民意，但是不唯民意。当然，新加坡政府也会在保持政策稳定性的同时，根据自己的判断与民众的意见适时调整政策，在动态中平衡与民意的关系。

政府主导并不意味着政府独唱，新加坡政府相当重视社会力量参与，尤其是群众团队和慈善组织等。尽管被称为威权政府，但是新加坡却有着众多的社会慈善组织。在建国之前，新加坡作为殖民地，涌入不少移民，除了本土的马来人外，还有华人、印度人、阿拉伯人以及欧洲人等。在各色族群中，有宗教团体、互助团体等，构成了当时联结分散个体，维护族群利益的载体。以华人族群的宗乡会馆为例，包括福建会馆、潮州八邑会馆、广东会馆、海南会馆、三江会馆和福州会馆等，还有佛教总会、道教总会等，这些社会组织在文化传播、社会救助、发展教育等方面发挥重要的作用。政府也希望社会组织能够起到凝聚民众、开展社会救助等，并将其纳入整个政府的制度化框架内，作为政府社会治理的助手。

政府主导并不意味着包办代替，新加坡政府不是保姆式政府，政府的努力不能代替个体的努力。从新加坡的社会保障体系来看，新加坡人应当属于高福利的行列，新加坡政府也立志于改善民生，提高国民的幸福感。其实在正式建国前，新加坡就致力于住房、医疗、教育、养老等方面的社会保障计划，借鉴其他福利国家的经验，新加坡的社会保障从一开始就不是全方位的全民福利体系，而是明确公私之间界限，公民必须通过自己努力工作才能得到未来的保障，绝不养懒人。政府则有计划、有步骤地推出各种保障计划，根据居民实际情况和需求，给予不同津贴，引进保险公司一起为民众提供社会保障服务。与此同时，政府也不断完善社会救助制度，为一些非因个体努力原因造成的社会弱势群体提供社会保护。源于此，新加坡政府的社会保障体系不会因为刚性福利的存在而导致整个财政紧张，而且能够随着国家经济发展状况和民众个体的实际情况进行灵活的调整，使得整个社会保障体系可持续性发展，避免“希腊式”的危机。

政府主导并不意味着权力无限，新加坡是法治国家，民众与政府同在法治框架内行动。新加坡政府是强有力的狮子，不过，狮子却是在法律的笼子内活动。法律不仅是民众的公约，也是政府与民众的公约。这可以从新加坡政府的构成来看，除了国家机构外，大量的社会治理由法定机构负责，这些法定机构是根据专门的法律而成立的，其权力和责任由法律做细致的规定，任何超出法律的行为都将被禁止。公务员也有《公务员法》，其考入、评价、薪酬、培养、晋升等都有一系列的制度性规定，任何越权或寻租行为都是不允许的。社会组织也有专门的《社团法》加以约束，保证在合法的条件下开展活动。由于政府、政府人员以及行为等都有严格的法律规定，不仅是政府，而且政府与社会力量遵守共同的法律规范，整个社会如同钟表一样有序地运转着。

参考文献：

［1］李光耀：《李光耀回忆录》，世界书局2000年版。

［2］毕世鸿编：《新加坡概论》，中国出版集团、世界图书出版公司2012年版。

［3］李健、兰莹：《新加坡社会保障制度》，上海人民出版社2012年版。

［4］梁文松、曾玉凤：《动态治理——新加坡政府的经验》，中信出版社2010年版。

［5］曹雨真：《善治：新加坡微观察》，清华大学出版社2015年版。

［6］吕元礼等：《问政李光耀：新加坡如何有效治理》，天津人民出版社2015年版。

［7］吕元礼：《新加坡为什么能》，江西人民出版社2007年版。

［8］吴俊刚、李小林：《李光耀和基层组织》，胜利出版私人有限公司2000年版。

以市场和社会“双主导”的基层治理模式

——基于香港基层治理模式的考察报告

唐丹丹

（华中师范大学中国农村研究院　湖北武汉　430079）

内容提要：香港和大陆基于各自独特的历史文化背景，形成了完全不同的基层治理架构，香港“一级政府，两级管理”的治理模式激活了市场和社会的广泛参与，是实行“强政府，弱社会”治理模式的大陆应当学习和思考的地方。本文试图通过分析香港“强市场、大社会”的“双主导”治理模式的做法，探索其对大陆地区基层治理的启示与意义，以期不断加强和完善国内的基层治理体系。

关键词：香港　市场参与　社会主导　基层治理

香港，一个仅拥有700万人口的弹丸之地，基于特殊的历史文化背景，形成了“一级政府，两级管理”的城市治理架构，即只有一个香港特区政府，同时由特区政府及区民政事务处进行管理。在小而有效的政府管理之下，香港的基层治理更重要的是依靠活跃的市场和社会参与。而大陆地区形成的是“强政府，弱社会”的政治社会格局，如何调动市场和社会的治理参与积极性，是我们一直在探索和思考的问题。

为此，从2015年2月1—6日，中国农村研究院专门组织科研人员前往香港考察学习，颇受震撼。作为全球金融中心的香港，政府的参与仅限于提供基础的公共服务、公共设施，而市场和社会则扮演了基层治理的重要主体，并带来了香港有序繁荣的蓬勃发展。香港基层治理经验，对目前正处于社会转型、结构深化的中国大陆具有一定的借鉴意义。现将考察结果汇报如下。

一 强市场：以市场机制运作激活基层自治

众所周知，香港和大陆在行政体制上最大的差别，在于香港实行“一级政府”管理，在社区或者大厦层面，不存在大陆地区的居民委员会。而是在香港“弱政府，强市场”的政治社会形态下，运用市场机制，由业主有效地开展自治，实现了物业管理的专业化与市场化。

（一）发展背景，业主自治溯源

从香港的物业管理历史发展过程考察，源自于英国的香港专业化物业管理，结合当地的实际情况又有所发展。

一是私人屋村管理不善倒逼政府提供专业管理。20 世纪 60 年代，香港的物业管理逐渐趋向专业化，以退休老人为治理主体的多层房屋，往往由于老人缺乏维修保养知识和防火知识等原因，导致大厦设施缺乏保养，业主权益没有保障等问题。为解决缺房问题，发展商积极投资大型建筑，为加强对楼宇的管理，政府批准了大型私人屋村规划许可证的申请，并附上若干条件，要求开发商在批地合同生效后的年期内对该屋村进行妥善管理。这时，开发商就逐渐开始为私人屋村提供专业化的管理。**二是民主需求推动业主自治发展**。随着人口密度的增长，建筑高层和屋村规模的扩大，加上人们对居住条件要求的不断提高，仅仅依靠政府和开发商来提供相关管理服务还远远不够，因此，业主自我管理、民主管理的需求日渐强烈。为此，在 1970 年，香港政府出台了《多层建筑物条例》，明确业主可以享有“参与管理者”身份，组织“业主立案法团”。**三是“良好大厦管理”制度促进业主自治的专业化**。香港政府在 20 世纪 80 年代大力倡导“良好大厦管理”，激励业主广泛参加大厦的各项管理工作，从而形成更有活力、更符合需求的管理服务，为此建立了“私人大厦管理咨询委员会”和“香港物业管理公司协会”，形成了更加民主化、专业化的业主自治模式，让居民的服务得到充分满足。

（二）搭建平台，构建自治载体

目前，从房屋所有权角度来看，香港的住宅性质主要有三类：一是公营房屋，即政府出资建设，出售、出租给一般收入家庭的房屋，一般由香港房屋署对其直接进行管理；二是公私合营房屋；三是私人所有房屋。这两种类型的房屋所有权一般归属私人。香港政府对私人所有房屋的管理充分尊重业主自治。

居民通过市场购买，成为某小区或大厦的业主，根据各小区或者大厦的具体情况，业主可以选择成立业主立案法团、业主委员会、居民互助委员会等业主自治组织。**首先，业主立案法团权力最大**。依照《香港建筑物管理条例》，业主立案法团是代表全体业主物业管理权益而成立的一种法人社团。它能够独立行使民事权利，承担民事义务，有单独的诉讼权利，代表全体业主管理公共地方，有权选聘或解聘物业管理公司，相当于大陆地区的业主委员会。**其次，业主委员会成立广泛、但权力较小**。业主委员会是依据业主购买房屋时签订的大厦《公共契约》而成立的非法人组织，虽无起诉权，但其有权代表业主，在出现问题时与物业公司进行沟通和协商，同时，也可以对物业公司的运行与管理进行监督，并对管理服务提出批评和建议。**最后，业主互助委员会是群众性志愿组织**。志愿组织是由相关民政事务管理人员以及大厦的业主、租户一起组成的非法人组织，它成立条件简单，仅需取得楼宇20%以上业主住户同意，并每位业主选派一名代表参加即可成立，主要职责是促进住户的相互沟通，在一定程度上监督物业管理工作，可以对物业管理工作提出意见，侧重于小区互助事务。

（三）市场运作，完善物管机制

在香港，业主和物业管理公司的关系是市场经济中最普通的雇主与雇员的关系，业主法团通过市场购买物业管理公司的服务，满足业主的生活需求。经过多年发展，香港的物业管理市场极为成熟。

一是管理法制化。香港物业管理的法规较为完善，物业管理市场比较成熟，各相关方责、权、利的界定很明晰。在物业管理过程中政府主要扮演的是立法、执法、宣传引导的角色。除根本大法《香港建筑物业管理条例》外，政府还颁布了一系列条例来规范大厦及小区的物业管理，清楚地规定了业主、物业管理公司、业主各自的权利和义务等内容，同时，业主与物业管理公司之间的委托合同，也限定了双方的权责，物业管理在一个比较完备的法律体系中运行。**二是市场竞争化**。市场经济完善的香港，其物业管理市场竞争剧烈，从物业公司的选择，到日常运行中的项目采购，都已经形成了一套完善的招投标机制。这是法团和物业之间的双向选择，物业发生任何违约的事项，法团都有权力解除合同。**三是运作专业化**。香港物业管理公司的组织精简，结构趋于扁平化。以南浪海湾为例，一个有近1200户的屋村仅配有7个管理人员、5个维修工和40余个安保人员。高度专业化运作，一方面，取决于物管人员都由具有丰富管理经验和专业知识的专业人员来胜任；另一方面，香港的物业公司不承担具体的专业服务，环境打扫、走廊绿化等都是包给专业的公司来做，物业公司主要起着一个系统协调和监督管理的作用。

二　大社会：以社会组织参与推动治理发展

虽然，香港的业主自治组织在一定程度上有效解决了基层治理中的问题，但是，还远远不能满足居民的需求，因此，早在19世纪中后期，从慈善救济工作开始，香港就逐步孕育出各种社会组织，它们从横向进行联系，从而弥补政府服务和业主自治的不足。目前，香港社会的服务机构约400家，为香港提供了90%的社会福利服务，接受服务人次超过5600万，动员义工服务超过780万小时。可以说，香港的社会组织已经成为香港基层治理的重要力量。

（一）特色立法，实现法治化运行

香港的社会组织之所以运行规范而高效，与香港的立法活动紧密相关。**一方面，社会组织立法完善**。《社团条例》及《公司条例》是社会组织的主要立法，还有其他若干部相关法律作为补充。如《保良局条例》及《东华三院条例》分别规范保良局及东华三院。《税务条例》《合作社条例》等从不同方面对社会组织进行规范。**另一方面，政府部门的法规指引社会组织活动**。社会福利署要对其资助的机构进行监管。在香港社会组织的立法上，以两个条例为主，同时发挥其他法律的作用，通过明晰的权利和责任推动社会组织的发展，让法律产生合力的优势。

（二）政社互动，提升参与意识

在香港的基层治理当中，政府与社会组织互相支持，通过双向互动，改善了社会服务的质量，提升了社会参与的意识。**一是民办公助，提高服务层次**。为解决社会组织的经济问题，香港政府各部门每年均会出台一系列项目，由各组织申请，通过项目给予社会组织资金支持，同时，政府还为社会组织提供硬件设施。例如，沙田妇女会通过向环保基金申请生态农庄项目，用“1元钱”低价租用了300多块农田，为市民提供优质的生活保障。二**是通过区议会，实现资政功能**。现全香港有18个区议会，65个分区委员会区议会，区议会是地区市民与政府之间的重要沟通桥梁。社会组织除了为市民提供服务外，同时还有义务反映社会的需求。通过日常开展的居民活动，社会组织更能够了解到市民的真正需求，从而将市民的利益表达收集起来，统一向区议会传达，再通过区议会进一步向特区政府进行反馈，真正搭建起行政权力与基层民主自由交流的平台，并促使政府行政更加合理高效。**三是丰富社会问题的解决渠道**。香港政府为市民提供的是最基本的保障，但基本保障往往与居民的真实需求存在差距，因此，社会组织此时则承担了社会服务的功能。以沙田妇女会为例，在政府提供的基本服务外，它还提供了更深层次的教育、养老、医疗、就业等方面的服务，有效弥补了政府服务的不足，满足了居民的真正需求。

（三）三方合作，改善服务质量

随着社会的不断发展，香港对政府与社会组织、企业的合作越来越重视。所谓三方合作，即在政府推动下，邀请商界参与第三部门的合作项目。**一是转变拨款方式，实行“社会投资”策略**。过去，香港政府支持社会组织发展往往采取直接拨款的方式，但效率低，激励作用不大。现在，政府推动三方合作，成立相关政府基金，鼓励民间组织通过与商界的合作提供社会服务。例如，“可持续发展基金”就是为鼓励申请者建立伙伴关系而成立的。**二是提供建立和发展“三方合作”的平台**。为促进三方合作，政府有时会发挥领导者的作用，基于私营机构对社会组织工作的了解，从而寻求更多合作的需求和机会。**三是建立三方合作的潜在媒介**。香港政府为建立战略性的三方合作，以咨询、顾问以及相关组织派驻跨界代表来提供了一个潜在的媒介。这类机构组成政府咨询论坛的主要部分，让社会组织参与政策的制定与发展，并对成功的合作案例进行嘉许和表彰。

三　新借鉴：香港基层治理对大陆地区的启示与意义

香港目前的基层治理模式是经过多年发展，不断演进，不断完善而来的。这种“自下而上”的社会管理是非常有效且高效的。我们与香港政治制度不同，在法制基础、经济水平、社会环境与居民素质等各方面有较大差距。因此，香港经验虽无法照搬，但我们可以在学习借鉴的过程中不断加强和完善国内的基层治理体系。

（一）转变政府治理模式，推动治理扁平化

当前，大陆地区的治理架构依然是"三级政府、四级管理"，即市政府、区政府、街道三级政府，同时由市政府、区政府、街道、居委会进行四级管理。强大的政府，甚至将诸多社会组织均纳入了政府体系，例如妇联、工会、共青团等。基层政府需要承担大量的行政工作，而忽视了政府的服务功能，治理成本高。数据显示，700 万人口的香港，公务员总数为 16 万人。与同数量人口的内地城市相比，由财政支出薪金的公职人员数量是香港的三四倍。香港小而有效的"一级政府"管理模式，恰好给大陆地区政府治理的转型提供了新的突破口。要提高政府治理的效率，必须推动政府治理的扁平化和精细化，将更多的社会服务内容交给市场和社会，政府则只负责制定整体的福利政策、规划服务的发展方向、探索科学的财政支持方式，并对社会和市场进行有效的指导和监管。

（二）拓展基层参与空间，引导市场和社会组织参与治理

政府、市场、社会三者之间的关系应该是互相合作，互利共赢。香港政府充分的调动市场和社会参与的积极性，将"一只手"的政府管理变为政府、市场、社会"三只手"的共同治理，市场和社会满足了绝大部分的市民需求。而大陆地区，由于"强政府"的存在，市场和社会组织往往难以发挥其真正作用。要想提升中国基层治理水平，就必须激发市场和社会的活力，扩大自治的空间。一是政府要降低社会组织成立的门槛，给予其宽松的生存环境；二是不断完善市场和社会组织参与治理的法律政策，对其运行实行全程的监管；三是从政策上引导市场和社会组织参与社会服务，例如项目支持、民办公助等，推动社会服务提供者从单一政府，向多方主体的转变，不断提升公共服务的质量和社会认同。

（三）完善法律制度体系，提升基层治理法治化

香港基层治理的法治化，突出表现在有严格的立法程序并形成法律体系，一方面，可以让政府各部门依法行政，照章办事，提高工作效率；另一方面，强调行政立法，依法行政，是政府决策和执行职能相分离的基础和前提。同时，高度重视对法律的宣传和辅导。而大陆地区法律体系还有待完善，亟待梳理个别法律法规之间的关系与冲突，特别应该加快启动社会组织立法。目前，大陆地区仅针对社会团体、民办非企业单位、基金会三类社会组织制定了三个国务院行政法规，立法位阶较低，且与其他立法存有各样的矛盾。我们应当在制定统一的社会组织法律基础上，同时辅以各种专项立法以及其他各类行政法规、部门规章，形成一个复合的立法系统，以实现对社会组织的有效规范，为社会参与治理提供可能。

（四）提高公民服务意识，实现基层治理互动化

香港高效、优质的社区服务主要提供者是社会组织；开展社区服务的骨干力量是庞大的高素质、专业化社工队伍。这种服务理念的形成，很大程度上受到历史与文化因素的影响，并非大陆地区一日可就，但是，对于大陆而言，我们可以学习借鉴香港通过居民互助的方式，来解决公共服务供给的问题。通过在社区宣传公共参与、居民互助、义工精神等，在社区成立若干互助共同体，通过开展义工互助活动，培养居民的服务意识，并通过社会组织的成立，鼓励居民投身社区服务，推动社区自治，高效地整合社区有效资源，实现居民互动、社群互动以及政社互动。将过去大陆地区的治理目标由管控变为互动，在互动中提高公民的服务意识，同时，随着公民服务意识的增强，反过来推动实现基层自治。

参考文献：

[1] 李哲：《港台地区物业管理模式分析与借鉴》，《中国建设信息》2007 年第 9 期。

[2] 王友华：《内地与香港物业管理对比分析》，《中国建设信息》2000 年第 10 期。

[3] 成元君、陈锦棠：《经验与启示：香港民间社会组织的发展》，《学习与实践》2010 年第 1 期。

[4] 焦亦民：《当前中国城市基层治理问题及对策研究》，《中国行政管理》2013 年第 3 期。

社团政治：社会主导的基层治理模式*

——基于澳门社会治理模式的调查与思考

党亚飞　孔　浩

（华中师范大学中国农村研究院　湖北武汉　430079）

内容提要：澳门由于其特殊的历史文化背景，形成了“弱政府、强社会”的政治社会格局，也催生了“社团政治”这一特色鲜明的治理模式，即社会主导的基层治理模式。其主要做法是：以社团组织扮演双重角色，即在公共物品供给、社会整合与动员方面，社团功能出现“补政府化”；在社会政治参与、利益综合与表达方面，社团功能出现“类政党化”。这种以社团联系民众与政府的治理方式，既实现了民众参与公共事务，又实现了社团服务于基层治理，可谓政治社会效益显著，值得大陆思考借鉴。

关键词：社团政治　社会主导　基层治理　澳门

一　依社而生：澳门社团政治缘何兴起

澳门社团政治的兴起仰赖于澳门特殊的历史文化背景，葡萄牙殖民统治政权的不作为使得华人互助传统得以萌发，结社自由的法令使得社团组

---

* 2015 年 2 月 1—6 日，中国农村研究院院长徐勇教授、执行院长邓大才教授率中国农村研究院研究人员赴香港和澳门开展基层治理的考察和学术交流，并重点造访了香港文汇报总部，同时对香港沙田区妇女会、沙田区议会、香港中文大学中国文化研究中心，以及澳门街坊会联合总会等地进行了实地考察学习。期间，与澳门居民、街坊会会员、街坊会负责人等交流座谈，从基本面上掌握了澳门基层社会发展历史和社团发展概况，同时对香港文汇报李晓惠总编、澳门街坊总会会长进行重点访谈，就街坊总会人员构成、功能定位、运行规章制度、宗旨等内容进行了详细咨询，以此为缩影对澳门社团有了初步认识，在进一步查阅文献资料的基础上形成此文。

织大量出现，民主政治的发展则使得社团组织日益成为连接民众与政府之间的必由渠道，社团政治由此应运而生。

（一）澳葡当局无为而治留下治理空隙

回顾澳葡殖民当局统治时期，1849 年，葡督亚马留将中国驻澳官员逐出澳门，自此澳门的管治权完全落入葡萄牙殖民者手中，葡萄牙开始在澳门实行殖民统治。但由于受到语言、文化以及风俗习惯等诸多差异的阻隔，澳葡殖民当局对澳门本地华人事务进行直接管治的努力屡遭挫折。在统治澳门的一个半世纪内，澳葡当局始终扮演着“掠夺者”的角色，其统治目的着重于进行经济资源、自然资源的掠夺。早期澳葡政府通过鸦片贸易、苦力贸易疯狂敛财，后期通过发展博彩业获得收益。

但与此同时，澳葡殖民当局在社会治理上则呈现出无为而治乃至放任自流的姿态，对于向华人提供公共服务以及社会保障并不十分关心。20 世纪 70 年代开始，由于澳葡政府无法满足华人市民对于公共服务的需求，因而爆发了激烈的社会冲突，这暴露出澳葡当局无法依靠自身力量完成对一个多元异质社会的有效管理，这也使得澳葡政府与本地居民之间留下了大片治理空隙，而这种治理空隙自然而然需要一种体制外力量加以填补。

（二）澳门华人自发结社形成互助传统

自 20 世纪初开始，面对澳葡当局对于社会治理的不作为，澳门本土居民开始通过自发互助的方式实现一定范围内公共服务的有效供给，各类民间组织应运而生，形成了日后各类社团组织的前身。直至 20 世纪中叶，此类传统的社团组织几乎垄断了澳门的社会福利和慈善救济服务。

进入 20 世纪 70 年代中期之后，随着澳门经济起飞与有限的政治开放，澳门社团开始出现蓬勃发展态势。特别是在 1976 年 3 月，澳葡当局颁布了《自由集会结社法》，大批爱国爱澳人士纷纷开始依法组建各类社团组织。其中，有经济社会类社团，也有教育文化类社团，甚至还出现了此前所没有的公民政治类社团，社团整体态势呈爆发式增长与多元化发展。可以说，澳门本地居民的互助传统为日后澳门社团组织的高速、多元、规范、自主发展奠定了文化基础。

（三）立法委员民主选举催生社团政治

在各类社团组织形成的早期阶段，表达与维护社团会员权益成为这些社团参与社会治理的重要内容。澳门许多社团章程，均列有“会员权益保障”的内容，如澳门各区街坊会的早期宗旨即为：“团结坊众，服务社群”。通过这种会员权益表达与维护的活动，使得社团成为凝聚不同阶层利益的载体，社团会员可以通过社团组织向政府当局表达利益诉求，这也为社团组织提供了政治协商的功能，社团组织对于当局施政开始产生影响。

然而，直至澳门立法会引入间选及直选后，社团政治的生态格局才可谓逐步形成。严格来说，澳门华人社团自 1984 年参加第三届立法会直选开始，逐渐将推派代表、动员力量竞选立法会议员作为一项重要的政治参与活动，以使自己的代表进入建制内。一些爱国爱澳社团组织凭其在澳门的雄厚的群众基础，强大的社会动员能力及充分的财力保障，几乎在每次立法会选举中都稳占大多数议席。在 1999 年澳门回归之后，随着澳门本地居民民主意识的不断深入，立法会选举竞争日益激烈，各社团组织为了获得选民支持，更加主动投身社会服务，并通过多种方式表达选民意愿，影响政府施政行为。立法委员的民主选举开启了真正意义上的澳门社团政治时代。

（四）特区政府立项资助激发社团活力

澳门社团组织的兴起与发展是澳门“弱政府，强社会”社会结构的必然产物。在澳葡政府统治后期，殖民当局俨然成为“夕阳政府”，这在客观上为社团组织的快速发展提供了社会土壤。澳门回归以来，新组建的特区政府重整吏治，对澳葡政府时期公共行政的明显陋习与缺陷如官僚主义、效率低下等问题进行改革。其中，重组并精简政府组织机构，提高公共服务效率成为特区政府改革的一项核心任务。然而如何在精简政府组织机构的同时提升公共服务水平，成为摆在特区政府面前的一道难题。

对此，特区政府以财政拨款购买公共服务的方式支持社团组织的发展。为了实现公共资源的充分有效配置，特区政府通过项目制方式对于社团组织所承办的社会服务活动进行立项资助，对于考核不达标的活动不予提供固定资助，这就为不同社团组织之间提供了比拼服务水平的竞技场，也大大提升了社团组织服务居民的积极性，为其创新发展提供了持续动力。

二　依社而合：澳门社团如何参政

在澳门“弱政府，强社会”的政治社会形态下，社团在政治参与、利益表达方面，其功能出现了“类政党化”。与西方政党参政不同，回归后，澳门社团的参政功能更加强化，这主要是因其角色由华人与澳葡当局的中介转变为支持特区政府施政和与之合作的伙伴。

（一）按界间选，参加立法选举

立法会是合议机关，也是不同政治力量的合法博弈场所。社团在立法会占有议席的数量标志着其政治参与程度。**一是社团按界别参选**。澳门的选举制度包括社会团体的间接选举制度，目前拥有间接选举权的澳门社团有200多个。其中，立法会的间接选举分为雇主界、劳工界、专业界、慈善界、文化界、教育体育界。从各界别中组织法人选民的选举，保证了社会各界和特殊利益的重要团体都能公平地表达意愿，参与地方政治事务。**二是社团凭实力胜选**。传统社团凭其在澳门雄厚的群众基础，强大的社会动员能力及庞大的财力，几乎在每次立法会选举中都稳占大多数议席。以2001—2013年四届立法会选举计算，五大传统社团的领导人员占所有议席的49.3%—55.6%。**三是议员代表社团参政**。来自不同社团的议员在法律或政策制定过程中，都会运用法律赋予的职权争取本社团所代表的群体利益最大化。尤其是对本社团重点关注的法案，议员可以通过立法权来审议批准。

（二）三管齐下，参与政策咨询

政府设立咨询机构，借此吸纳民意，兼顾与平衡社会不同阶层的利益，从而使其公共政策可以顺利推行。**一是政府委任咨询委员**。行政长官在做出重要决策、向立法会提交法案、制定行政法规和解散立法会前须征询行政会的意见，而其委员是由行政长官从政府主要官员、立法会议员和社会人士中委任。从回归后三届行政会委员的组成来源分析，社会人士的组成基本源自与特区政府保持紧密合作关系的传统社团代表。**二是社团建议成立咨询机构**。如街坊总会希望政府的施政更加了解百姓的诉求，更加贴近民意，所以以社团名义建议政府成立长者事务委员会、妇女事务委员会、公共房屋咨询委员会等咨询机构。街坊总会参加了政府的20多个咨询机构，参与咨询服务的代表达60余人。**三是社团递交建议书**。每年政府特首都发表施政报告，在他发表之前一个月，街坊总会领导就专程拜访他，把了解到的老百姓的诉求、意见、建议都写成建议书交给他，并通知大众传媒向政府发出建议，期望政府尽快做出响应及对策。

（三）多重角色，投身社会行动

基本的社会行动方式有记者招待会、递信、游行、示威、请愿、集会、静坐等，较为激烈的有罢工罢课、绝食等。总的来看，社会行动有两大目的：一是社会行动本身作为一个运动的过程，对提高市民的意识水平以及对社会问题或矛盾的思考能力产生作用。二是社会行动作为一种策略，能发挥市民权力，有改变不合理或不公平政策的目的。澳门社团参与社会行动通常是三种情形。**一是作为行动组织者**。据对1990—2009年澳门发生的社会行动统计，在120宗行动中，有社团参与组织的占90%。**二是扮演行动劝解者**。即传统社团凭借其丰富的社会资源，对新兴社团联合举行的示威游行进行疏导、调解。**三是蜕变为社会控制者**。如70年代的“一二·三事件”，令葡澳政府丧失对澳门政局的控制，亲台社团退出历史舞台，亲中社团成为中国政府在澳门的“影子机构”，为澳门回归奠定了组织基础。

（四）以报为媒，监督政府施政

澳门的传统社团除了利用选举，使其代表进入体制内参政议政外，亦利用社会舆论去监督政府的施政。然而，由于澳门的电台及电视台属半官方的，因而最具效力的媒介理所当然是本澳的报章，现在澳门有20多家中、葡文报章，任何人或团体如对政府有任何意见，只要不涉及人身攻击和诽谤，都可在报章自由发表。且根据澳门《出版法》，新闻工作者有批评公共行政机关的自由，对政治社会和宗教学说依法有思想表达的自由，不受任何形式的检查，但禁止人身攻击和诽谤。所以社会对政府舆论监督主要责任便落在澳门的中文报章上。因此各传统社团及其成员通常是透过报章，以作为发表对政府意见的媒介，而该方法往往能引起社会大众及其他社团的注意，从而唤起各方面对政府某项公共政策的不满，而使政府对其做出撤销或更改，实现监督政府的功能。

三 依社而治：澳门社团如何服务基层治理

迄今为止，澳门先后成立了6000多个社团，几乎每100个人就拥有一个社团。社团发挥着社会动员、公共服务、政策咨询等作用，也体现了澳门居民关心社会、参与社会、服务社会的和谐氛围，可以说社团已成为主导澳门基层治理的重要力量。

（一）民办公助，改善公共服务

澳门政府自办的服务机构只占5%，所以满足居民多元服务需求的使命就肩负在社团身上，由此形成了“民办公助”的公共产品供给模式。**一是政府给予资金支持**。社团在开展某项服务时，政府提供资金支持，或每年给予一定比例的财政拨款，或以购买服务项目的形式给予支持。如街坊总会的服务经费60%来源于政府。**二是政府提供硬件设施**。社团可以免费使用政府提供的社会设施，如活动场地、装置和设备等。街坊总会老人公寓的服务中心，就是政府提供的场地。**三是政府监管服务效果**。社团举办某项服务时，政府有关部门提供技术或财政资助，并由政府有关部门派员对其服务进行跟进监督。正如街坊总会老会长所说：“你服务做得好，政府就资助；你服务做得不好或者是你的规模不行，或者是你的服务项目跟它的施政没有关系的话，它就不管。政府对服务的监管也造就了社团之间的竞争市场。”**四是社团提供多元服务项目**。社团与政府合作的领域比较广泛。如街坊总会共开办了3间诊疗所、2间托儿所、4所学校、4间学生自修室、7个社区中心、18老人服务中心等，提供家庭、幼儿、长者、青少年、医疗和教育等多元化服务，形成了一个涵盖全澳、颇具规模的社会服务网络。

（二）团结坊众，提升居民参与

社团作为连接政府与居民的重要纽带，在团结民众、促进民众参与社会事务方面发挥了不可替代的功能。**一是发扬传统文化凝聚居民**。澳门人深受中国传统文化的影响，形成了敬老爱幼，助人为乐，人人为我、我为人人的观念，所以居民比较热心公益。如四川地震，澳门捐款40多个亿，人均捐款数是香港的9倍。再如街坊总会为汶川地震募捐，仅面向普通居民就募集了400多万元。**二是建立公民中心教育居民**。如街坊总会的理事会下设了公民教育委员会，办了一个公民教育中心。通过街坊会领导层带头志愿服务，仅有理事长作为行政总监受薪，其他领导不受薪，鼓励大家开展公益服务，树立公民意识。再如学校要求学生每个学期都做固定时间的志愿服务工作，在操行评定时可以记功、记优点，以此培养青少年服务社会、关心他人的品德。**三是设立志愿项目奖励居民**。如街坊会设立的“青少年服务社会奖励计划”。青少年可以自主设计服务方案，街坊会派导师、社工去指导他的工作，完善他的计划，给一定的经费支持。在服务完成后，街坊会找专人来评审他们的计划，评审他们的服务工作的情况，最优秀的青年就获得奖金或内地参观旅游机会。有一些青年参与了以后，就把服务社会设为自己人生的目标，然后学习社工专业，再加入街坊总会来工作。

（三）政社互动，调节社会风气

澳门博彩业在拉动经济增长的同时，也给社会风气带来了一些负面影响，政府在倡导“和谐澳门”的行动中，社团发挥了不可替代的作用。**一是帮助政府教育居民**。对于澳门民间来说，重点是要居民了解什么是和谐社会？自己如何参与和谐社会？于是街坊总会发起了“两岸四地社区工作与构建和谐社会”研讨会，邀请了两岸四地三百多名专家学者、社会工作者及政府官员等出席，共同就构建和谐社会与建设和谐社区作深入探讨，让居民共同参与，了解外地人对本地构建和谐社会的重要影响，为全澳居民同心同德做出准备。**二是反映并帮助居民解决社会问题**。如2008年第一季度，澳门前后连续发生多宗青少年案件，很明显这是由博彩旅游业的发展而萌生的社会问题。有鉴于此，澳门社会工作人员协进会也为家长们提出教育性的指引，举办多场讲座以教化在座家长，应如何教育子女及留意子女行为，希望青少年犯罪的事件尽量减少，以防治不良文化及风气的盛行。**三是与政府合作培养澳门核心竞争力**。澳门民间有自主性的假期，各个领域的社团组织也自己决定共同的假期。政府允许正规社团自由举办活动，表现出对社团的支持和友好，令政府—居民之间建立关系；另一方面，社团活动又可以为澳门旅游添上新主题，令本来毫无生产力的节日，变成澳门社会旅游业的收入来源。透过公众节日和宗教节日，办起多彩多姿的特色旅游项目，从而建立起澳门特有的核心竞争力。

四 以社为鉴：澳门社团政治的价值与启示

目前，在澳门社会主导的基层治理模式中，社团组织扮演着“双重角色”：在公共物品供给、社会整合与动员方面，社团功能出现“补政府化”；在社会政治参与、利益综合与表达方面，社团功能出现“类政党化”。社团联系了社会民众与政府组织，既履行了社会服务职能，又实现了政策咨询、政治协商等政治职能，社会效益显著，值得我们深入思考并加以吸收借鉴。

（一）以优质高效为目标，提升社团公共服务水平

现阶段，澳门社团的活动领域极其广泛，但相对而言，其主要活动范围仍集中在非政府、非市场的第三部门，也就是市场失灵和政府失灵的公益性、互益性与中介性的社会领域，这些领域的公共物品供给往往出现缺位，即呈现出社会需求旺盛而政府和企业却难以提供。澳门街坊会老会长认为，相较于政府提供公共产品而言，澳门社团承担向社会提供公共物品的职能有两大优势，一是社团组织在公共物品供给的成本与收益上比政府更有优势；二是社团提供的公共产品贴近基层群众实际，且形式更为灵活。

相比较而言，目前大陆在公共产品提供上仍存在行政干预色彩较强的特点，特别是在康乐服务，公共文化服务供给上，社会组织参与力量薄弱。对此，首先，应进一步剥离政府的行政职能与服务职能，进一步开放公共服务市场，通过政府购买服务的方式培育社会组织发展。其次，采取立项资助的方式，“养事不养人”，形成社会组织间的良性竞争，进而提升社会服务产品的质量。最后，应加强专业社会工作人才的培育，形成专业化的社会组织人才队伍，提高社团组织专业化服务水平。

（二）以利益表达为重点，强化社团政策咨询职能

澳门社团政治发展至今，社团承载了越来越多的民众利益综合和利益表达功能。澳葡统治时期，澳门缺乏政党政治发展的条件，“政党缺位”致使民众利益缺乏综合与表达的渠道，社团的存在为其提供了一个替代性选择。现阶段，由于社团广泛参与立法会议员选举，使得社团更加重视对于民众意愿的收集、整合与表达，客观上推进了澳门的社会民主化进程。目前，在澳门主导政策咨询的社团主要为爱国爱澳历史悠久、会员数量庞大的几个代表性社团，即工联、街总、妇联、中总等社团。这些社团与特区政府联系更为密切，可以通过更加通畅的渠道向政府建言献策并对政府履行监督职能。

反观大陆，此类具有广泛代表性且与政府保持密切联系的社团组织也广泛存在，例如妇联、工会等。但此类社团组织的利益综合与表达职能仍未被充分激活，诸如农民工通过极端方式进行讨薪屡见不鲜，这恰恰说明了工会等社会组织的职能缺位。社会组织无法全面整合所代表群体之利益，亦无法向政府提出切合社会实际的政策咨询建议。对此，应更加重视社团组织的利益表达与政策咨询职能，既要充分收集基层群众诉求，也要

真实向政府部门做出反映。正如澳门工联总会会长何雪卿表示，“社团一方面要支持政府依法施政；另一方面，又要支持社会、居民，反映区内问题，不单是从民生方面，青少年问题、职工问题、妇女问题和维权问题，都义不容辞。”

（三）以社群互动为途径，提升公民自我服务意识

澳门民间社团的形成很大程度上受到民众自我服务意识与互助文化传统的影响，这也使澳门社团组织具有较强的社会整合和社会动员能力。社团最初形成更多依靠的是一种非正式制度，即社团文化，对于自助与互助理念的认同，使得早期澳门民间社团得以成立并不断发展壮大。从一定程度上讲，共同的文化认同使得澳门居民形成了一个个社团共同体。

对于大陆而言，可以学习借鉴澳门通过居民自助与互助方式解决公共服务供给问题。通过积极宣传公共参与及互助精神，在合适的单元形成公益互助共同体，即各种公益社团组织。并通过社团组织带动基层群众投身公共服务事业，实现社群互动，通过这种方式能够促进有益的社会整合与社会动员，在提升公民自我服务意识的同时，促进公共服务的有效供给。

参考文献：

[1] 吴志良：《澳门政治发展史》，上海社会科学院出版社 1999 年版。

[2] 余振、刘伯龙、吴德荣：《澳门华人政治文化》，澳门基金会 1993 年版。

[3] 潘冠瑾：《自治、代表与参政：澳门社团体制变迁》，社会科学文献出版社 2010 年版。

[4] 娄胜华：《转型时期澳门社团研究：多元社会中的法团主义体制解析》，广东人民出版社 2004 年版。

[5] 刘祖云：《澳门社团政治功能的个案研究》，《当代港澳研究》2010 年第 1 期。

乡村深度评论

◆ 政治动员与农民行为研究的四个视角

中国在20世纪的现代国家建构中，国家以政治动员的方式发动农民参与政治活动，国内外学界围绕这个问题分别以文化主义、结构主义、理性主义及底层历史与日常生活叙事四种视角做了深入研究。既有的关于国家动员与农民政治行为研究，在取得丰硕研究成果的同时也存在不足：一是文化主义、结构主义与理性主义分析视角，大多属于静态化的解释，底层历史与日常生活叙事虽然弥补了动态化分析的缺失，但自身却陷入了解读历史的传统，社会科学的因果解释却明显不足。二是几种分析模式都将农民政治行为做了同质化的处理，而对农民政治行为的复杂性缺乏足够的重视。三是过分关注农民的行为反应，而对农民在价值观念和心态上的变化缺乏应有的重视。

政治动员与农民行为研究的四个视角*

——基于研究述评基础上的学理反思

沈乾飞

（重庆师范大学西南城乡发展研究中心　重庆　401331）

内容提要：中国在20世纪的现代国家建构中，国家以政治动员的方式发动农民参与政治活动，国内外学界围绕这个问题分别以文化主义、结构主义、理性主义及底层历史与日常生活叙事四种视角做了深入研究。既有的关于国家动员与农民政治行为研究，在取得丰硕研究成果的同时也存在不足：一是文化主义、结构主义与理性主义分析视角，大多属于静态化的解释，底层历史与日常生活叙事虽然弥补了动态化分析的缺失，但自身却陷入了解读历史的传统，社会科学的因果解释却明显不足。二是几种分析模式都将农民政治行为做了同质化的处理，而对农民政治行为的复杂性缺乏足够的重视。三是过分关注农民的行为反应，而农民在价值观念和心态上的变化缺乏应有的重视。

关键词：国家动员　农民　政治行为　学理反思

亨廷顿认为，"在现代化政治中，农村扮演着关键性的'钟摆'角色。"[①] 20世纪以来，中国农民在国家与政党的动员下，为现代国家建构

---

* 基金项目：重庆市社会科学规划博士项目"现代国家建设视域下基层治理创新研究"（2015BS069）；教育部人文社会科学重点研究基地重大项目"日本城镇化进程中的公共治理及其启示"（13JJD810002）。

感谢徐勇教授、李海金副教授及黄振华博士，对本文创作和修改提供的宝贵意见，文责自负。

① 塞缪尔·P. 亨廷顿：《变化社会中的政治秩序》，王冠华、刘为等译，生活·读书·新知三联书店1989年版，第266页。

做出了卓越贡献。国家政治动员下的农民政治行为，也长期受到学界的关注。由于理论工具及研究旨趣的不同，对这个问题的研究形成了四种不同的分析视角：一是文化主义分析视角；二是结构主义分析视角；三是理性主义分析视角；四是底层历史与日常生活叙事的兴起。本文期望对已有分析模式的回溯与反思，能够推动这项研究进一步深化。

一 文化主义研究视角

文化主义研究视角是对现代化理论的反思和扬弃。现代化理论曾经是西方社会科学研究中的主导范式，这种理论范式强调传统社会有系统地向现代社会变迁，是社会发展的必然趋势，中国革命就是从传统社会向现代社会过渡的一种政治实践。现代化理论毕竟只是一种基于西方经验的意识形态观念，它与中国的现实经验仍有不小的差距。

1. “域外探索”。一些西方学者在对中国有了深入了解后发现，“我实际看到的中国社会和国家中的新的和现代的情况，远不如原先所预期看到的那么多。”[①] 当之前的预期无法被现实所证实的时候，便开始寻求新的文化的理论范式来研究中国。赵文词（Richard Madsen）的《一个中国乡村中的道德与权力》将传统儒家文化和共产主义新文化等不同文化构建之间的互动，作为影响干部和群众行为的主要因素。[②] 杜赞奇在《文化、权力与国家》中同样对现代化理论过于泛滥提出了质疑，由此便以文化的视角结合福柯的权力观建构了“权力的文化网络”作为全文的分析概念，来分析为什么在现代化进程中中国的国家政权建设失败了。[③] 斯科特以乡村传统伦理作为分析视角，对东南亚农民的反叛做了研究，认为农民是否反抗并不是基于从他们那里拿走了多少，而是还给他们剩下了多

① ［美］赵文词：《五代美国学者对中国国家与社会关系的研究》，载于涂肇庆、林益民主编《改革开放与中国社会：西方社会学文献述评》，香港牛津大学出版社 1999 年版，第 46—47 页。

② Richard Madsen, *Morality and Power in A Chinese Village*, Berkeley: University of California Press, 1984.

③ ［美］杜赞奇：《文化、权利与国家——1900—1942 年的华北农村》，王福民译，江苏人民出版社 2004 年版。

少。[①] 黄树民以个体生命史的方法，对 1949 年以后国家权力对乡村的渗透做了考察，认为国家大文化逐渐取代了乡村小文化，全国性的文化明显抬头，不过农民的某些传统信仰和价值观念，仍然在私底下悄悄流传。[②] 国外学者对文化的关注，也引起了国内学者重视，纷纷从文化中挖掘理论资源。

2. “剧场政治”视角。政治运动的一个重要目标是动员民众参与政治活动，有的学者从格尔茨的“剧场国家”[③] 中借鉴理论资源，建构了“运动剧场”的概念，用以解释土改运动中社会动员、权力技术和策略的实践运用，指出为达到动员民众的效果，必须要在土改斗争的剧场制造出足够的斗争“空气”，让人们在斗争的剧场中相互感染、仇恨叠加从而进入到斗争的狂欢中。[④]

3. “村落传统”视角。在政治运动中一些乡村传统无疑是国家极力消灭或改造的对象，而家族传统无疑首当其冲。不过，赵力涛的研究表明，政治运动不但没有消灭家族意识，反而让家族意识更加浓厚，家族团结更加紧密。一个重要的原因是，群众运动滥用权力的问题，使家族成员为保护自身安全，不得不抱团取暖增强内部凝聚力，以家族整体力量角逐村庄权力和参与政治斗争。[⑤] 普及意识形态话语也是政治运动的一个重要目标，张乐天发现以阶级斗争为核心的意识形态话语，只是人们在特定场面使用的工具与道具，村落传统对村民的观念与行为仍然起着决定性作用。[⑥] 他在另外一篇文章中进一步提出了“村队场景”概念，认为国家试图通过政治运动，竭力将传统文化从乡村生活空间清除，农民则以不同生

---

① ［美］詹姆斯·C. 斯科特：《农民道义经济学——东南亚农民的反叛与生存》，程立显、刘建等译，译林出版社 2001 年版。

② 黄树民：《林村的故事》，纳日碧力戈译，生活·读书·新知三联书店 2002 年版。

③ ［美］格尔茨：《尼加拉：十九世纪巴厘剧场国家》，赵炳祥译，上海人民出版社 1999 年版。

④ 张鸣：《动员结构和动员模式：华北地区土地改革运动的政治运作（1946—1949）》，《二十一世纪》（网络版），2003（15）。

⑤ 赵力涛：《家族与村庄政治 1950—1970》，香港，《二十一世纪》（网络版），1999 年 10 月号。

⑥ 张乐天：《国家话语的接受与消解——公社视域中的“阶级”与“阶级斗争”》，《社会学研究》2001 年第 6 期。

活场景下的不同表达策略来应对国家改造。[①] 当然，只要国家尊重乡村传统，也会得到乡村社会的积极回应。大跃进结束之后重新确立的“村队模式”能够持续20年之久，原因就在于生产队的确立是按照传统乡村自然村落为划分单位，生产队内部成员之间有着较强的血缘、地缘与情感关系，人们彼此之间的信任、协作与组织更加便利。[②] 不过，这样的解释受到了秦晖的质疑和挑战，针对张乐天的“村队模式”，他提出了“大共同体”解释模式，认为农民更容易被超越村落的大共同体社会所控制。[③]

4.“婚姻观念”视角。国家在政治运动中试图改造的对象还包括传统婚姻观念。迪亚蒙特（Neil J. Diamant）的《家庭革命》在国家与社会框架下，通过对比《婚姻法》实施前后城乡家庭离婚的原因，发现人们并没有受到国家意识形态的左右，仍然像传统社会那样将经济状况、教育状况以及个人相貌作为择偶与离婚的主要标准和原因。作者认为，家庭革命乌托邦的失败表明，社会无意识的后果可能比国家有目的干预行为有着更强大的生命力。[④]

5.“平均主义”视角。关于平均主义传统，学者们有过不少争论。罗平汉将土改运动的极端化归结为平均主义农民文化的泛滥。[⑤] 周晓虹以传统与现代的二重性作为解释模式，认为农民平均主义作为传统农民文化的重要内容，在整个乡村的现代化运动过程中持续发挥影响作用。[⑥] 温锐则对农民平均主义文化传统的预设提出了质疑，认为农民以各种形式反对集体化，表明农民恰恰是平均主义的克星。[⑦] 卢晖临并不否认农民具有平均主义文化传统，他以“社会分化的文化网络”为分析框架，认为传统

① 张乐天：《村队场景：革命表象下演绎的传统——以20世纪70年代浙北联民村为例》，载于周晓虹，《中国社会与中国研究》，社会科学出版社2004年版。

② 张乐天：《告别理想：人民公社制度研究》，东方出版社1998年版。

③ 秦晖：《公社之谜——农业集体化的再认识》，《传统十论——本土社会的制度、文化及其变革》，复旦大学出版社2004年版。

④ Neil J. Diamant, *Revolutionizing the Family: Politics, Love, and Divorce in Urban and Rural China*, 1949 - 1968, Berkeley: University of California Press, 2000.

⑤ 罗平汉：《一九四七年下半年解放区土改运动中“左”倾错误及其纠正》，《中共党史研究》2005年第2期。

⑥ 周晓虹：《传统与变迁——江浙农民的社会心理及其近代以来的嬗变》，生活·读书·新知三联书店1998年版。

⑦ 温锐：《农民平均主义？还是平均主义改造农民？——关于农村集体化运动与中国农民研究的反思》，《福建师范大学学报》（哲学社会科学版）2003年第5期。

社会中的平均主义农民文化，只是潜藏在农民心理的角落里，远不是农民文化的主流价值。土地改革让平均主义得以借助“阶级剥削”“翻身”等政治话语浮出水面，进入日常生活领域，成为后来影响农业集体化进程及其成败的重要因素。① 吴毅等充分肯定了卢晖临的观点，并认为平均主义农民文化，不仅影响了农业集体化进程，而且还影响了他们对市场和竞争观念的接受，乃至成为新的市场经济改革的巨大障碍。②

综上所述，文化主义解释模式的贡献在于，它以人们在心理和行为上受社会共享的价值观念和意义系统影响为预设，强调文化传承及影响力的坚韧与持久性，将农民对政治动员的行为反应，归结为某种文化传统持久影响的结果，从而凸显社会对于国家渗透时的自主性。因此，这种解释模式较好的克服了现代化范式下的线性结论，对农民在国家动员下的能动性做了较为客观的诠释。不过，这种解释模式的缺陷也十分明显，因为它强调文化影响的普遍性与持久性，因而对国家动员下农民政治行为的动态性和多样化缺乏足够的解释力。

二　结构主义研究视角

在西方学界，随着行为主义政治学的兴起，文化主义研究视角逐渐被结构主义超越，成为农民政治行为研究的主流范式，产生了一大批具有极高价值的研究成果。国内学界也深受影响，纷纷将其作为研究农民政治行为的主导范式，生产出了远超于其他范式下的研究成果。

（一）“宏观结构”模式

结构主义研究视角关注政治行为的政治、经济与社会等结构性条件。巴林顿·摩尔从“权力结构”视角分析认为，地主阶级与农民阶级的不同商品化程度，及其各阶级势力，共同形塑了各国现代化发展道路的不同选择。并以此为框架，分析认为中国的农民阶级，在商品化过程中大量破

① 卢晖临：《革命前后的社会分化模式及其变迁：社区研究的发现》，黄宗智主编：《中国乡村研究》（第一辑），商务印书馆 2003 年版；《集体制度的形成：一项关于文化观念和制度形成的个案研究》（博士学位论文），香港中文大学 2004 年版；卢晖临：《集体化与农民平均主义心态的形成——关于房屋的故事》，《社会学研究》2006 年第 6 期。

② 吴毅、吴帆：《传统的翻转与再翻转——新区土改中农民土地心态的建构与历史逻辑》，《开放时代》2010 年第 3 期。

产，加上农民与地主精英缺乏紧密联系，乡村社会处于无组织化的高度离散状态，为革命动员和组织工作创造了有利机会。[①] 摩尔的学生斯考切波继承并发扬了老师的研究传统，将革命放入国家结构、阶级关系及国际背景等结构中进行考察与对比分析。认为列强入侵带来的民族主义情绪、阶级矛盾与乡村无组织化、知识精英的宣传鼓动、革命政党的动员组织等多种因素共同成就了中国革命。[②] 西方学者对结构主义的成功运用也激励了国内学者。吴毅以国家、现代性与地方性知识等变量建构分析框架，解释了20世纪川东一个村庄中的权威与秩序的变迁过程。认为村庄社会在被国家权力渗透和改造过程中，免不了被烙上革命的政治烙印，但是传统地方性知识并没有完全被赶出乡村社会，而是附着在各种现代的形式中顽强的延续了下来，为后来的村庄权威与秩序重建准备了条件。[③] 刘瑜以“组织架构”的分析模式研究发现，土改之后的乡村权力结构、阶级分层的社会控制方式、限制人口流动的户籍管理制度、纪律严格的地方党组织以及象征性的政治话语等，共同成就了农业合作化运动高潮。[④] 此外，人们还从权力结构之外，寻求新的分析视角。刘昶从经济社会的结构视角，对抗战前及抗战时期共产党在江南地区的革命动员做了深入分析。指出由于江南地区经济发达，农民就业不愁，使革命动员难以获得人力支持。大量地主及粮食集中于城镇，使革命动员难以获得物质支持。江南特殊的经济社会结构，导致革命者很难获得兵员和粮草补给壮大势力而使革命动员成效甚微。[⑤]

（二）“结构选择”模式

结构主义研究视角也关注结构对选择的影响作用。如何克服农民保守顾虑等问题，是革命动员的重要课题。米格代尔坚持，社会制度对个体选

---

① ［美］巴林顿·摩尔：《民主和专制的社会起源》，拓夫、张东东译，华夏出版社1987年版。

② ［美］西达·斯考切波：《国家与社会革命——对法国、俄国和中国的比较研究》，何俊志、王学东译，上海世纪出版集团2007年版。

③ 吴毅：《村治变迁中的权威与秩序——20世纪川东双村的表达》，中国社会科学出版社2002年版。

④ 刘瑜：《为何如此热情高涨？——政治动员和中国的农业集体化》，罗嗣亮译，《现代哲学》2007年第5期。

⑤ 刘昶：《在江南干革命：共产党与江南农村（1927—1945）》，载于黄宗智《中国乡村研究》（第一辑），商务印书馆2003年9月。

择具有决定性影响，并以“结构—选择”视角将传统乡村分为地主控制的农村与控制松散型农村两种类型。他认为市场和国家嵌入乡村，打破了乡村原有权力结构的平衡，导致村落社会的离散化、无组织化，从而为革命准备了条件。① 国内学者张宏卿研究认为，苏维埃时期党在动员农民的过程中，综合运用灵活的动员技术、精细的动员任务和严厉的命令措施，成功地克服了农民营利、安逸和好斗等原初性格以及封闭保守的农民意识对动员工作工作的挑战。②

对于土改运动中的过激行为，莫宏伟以“政策 + 干部 + 群众”为分析框架，认为土改政策的模糊性，土改干部的纵容、暗示、默许以及部分群众发泄私愤，共同导致了土改中的乱斗乱打等过激行为。③ 李里峰以“法律规范 + 相机抉择”为分析框架，认为华北土改中的过激化问题在于，虽然土改运动具备一套比较完备的法律体系作为规范，但为了激发人们参与运动的积极性和创造性，给予了各级干部和基层群众相机抉择的灵活空间。④

对于农业集体化运动中农民一哄而起的问题，温锐以“权力结构 + 政策结构 + 个体选择”为分析框架，认为片面依靠贫农积极分子的政策，批判自发倾向的阶级斗争，由穷到富的入社顺序，个人专断与批“右”斗争等政策，导致了农民和干部的恐惧与自保心理，共同促成了农业集体化运动的农民一哄而起。⑤ 周晓虹以“权力结构 + 动员技术 + 个体理性”为分析框架，认为土地改革后国家权力直达乡村的政治结构，政治宣传与对稀缺资源的调控等动员技术，以及乡村各个群体的民众经济理性，共同成就农业集体化运动的完成。⑥

---

① ［美］J. 米格代尔：《农民政治与革命——第三世界政治与社会变革的压力》，李玉琪、袁宁译，姜开君校，中央编译出版社 1996 年版。

② 张宏卿：《肖文燕，农民性格与乡村动员模式——以中央苏区为中心的考察》，《开放时代》2010 年第 10 期。

③ 莫宏伟：《苏南土地改革中的血腥斗争》，《当代中国研究》2006 年第 4 期。

④ 李里峰：《有法之法与无法之法——1940 年代后期华北土改运动“过激化”之再考察》，《史学月刊》2013 年第 4 期。

⑤ 温锐：《社会心理与高潮迭起——试析农业集体化运动一哄而起的原因》，《历史教学》1994 年第 8 期。

⑥ 周晓虹：《中国农业集体化的动力——国家与社会关系视野下的社会动员（1951—1958）》，周晓虹、谢曙光主编，《中国研究》2005 年春季卷总第 1 研究。

（三）“权力技术”模式

1. “权力技术”视角。“诉苦”作为一项政治动员机制，受到了学者们的重视。郭于华将“诉苦”作为农民国家观念形成的中介机制，指出通过挖掘苦难的根源，树立起消极国家形象；通过翻身解放，树立起积极国家形象。由此，苦难穿透了农民的日常生活与阶级框架进而与国家框架建立起了联系。① 李康考察了革命动员下的乡村政治实践过程，指出共产党在减租减息、反奸清算、民主建政、土地改革与合作化运动中，通过开会、诉苦、查证、扎根等权力技术的运用，对乡村民众进行动员。② 程秀英认为，从土改到“文化大革命”期间，国家通过诉苦和忆苦思甜等技术，运用阶级话语和政治仪式，影响农民的认同，塑造出阶级意识形态下的社会主义新人，进而实现改造社会的目的。③ 任道远认为，农村阶级斗争得以实现的机制，在于共产党通过发展组织、开展斗争、平分土地等方式，在农村制造一种动态的革命形势，农民参与阶级斗争就是一种对村庄政治的顺势行为。④ 不过，也有学者对诉苦作为一项动员技术的政治效能做了反思，认为诉苦并不如它所想象的那么完美。诉苦是在一个被严密规训的场域中进行，农民诉苦可供选择的空间有限。不过，他们仍然能够利用各种策略应对被压缩的话语空间，从而使政治规训显效一时却最终失灵，诉苦效能也逐渐递减。⑤

2. “符号权力”视角。话语作为一种符号权力，在政治动员中被广泛使用。一是阶级话语与政治动员，纪程分析了自土改以来，国家运用“阶级话语”及“国家话语”覆盖“民间话语”，实现了国家对乡村社会的渗透、改造以及获得了农民的认同和政权的合法性。⑥ 李里峰认为，在

---

① 诉苦：《一种农民国家观念形成的中介机制》，载于郭于华《倾听底层》，广西师范大学出版社2011年版。原载郭于华、孙立平《中国学术》2002年第4期。

② 李康：《西村十五年：从革命走向革命》，北京大学博士学位论文，1999年6月。

③ 程秀英：《诉苦认同与社会重构——对“忆苦思甜”的一项心态史研究》，北京大学硕士学位论文，1999年6月。

④ 任道远：《革命形势之下的阶级斗争——以农民行动的角度看土改时期的阶级斗争》，北京大学硕士学位论文，2002年6月。

⑤ 吴毅、陈颀：《“说话”的可能性：对土改“诉苦”的再反思》，《社会学研究》2012年第6期。

⑥ 纪程：《话语视角下的乡村改造与回应——以山东临沭县（1941—2005）》，华中师范大学博士学位论文，2006年。

国家政权建设过程中，国家通过文化教育与娱乐活动等方式，将以阶级观念为核心的国家意识形态注入到民众的观念结构中，从而实现了国家对乡村话语空间的垄断性占有。[①] 二是爱国话语与政治动员，靳道亮认为中共把抗美援朝运动与土地改革相结合，运用“阶级”“爱国”等话语权力，实现了对乡村社会的渗透，把习惯于远离政治的农民，建构进国家权威之中。[②] 三是生产话语与政治动员，周海燕研究认为中共在陕甘宁边区的大生产运动中，将“生产议题”作为乡村政治动员中的话语权力，完成了对边区社会民众的规训和控制。[③] 身份作为一种符号权力，在政治动员中发挥了重要作用。李海金以农民身份变迁的视角，透视了从土改以来国家先后以阶级身份、社员身份和公民身份，实现了权力对乡村社会的渗透、动员与整合。[④] 有的学者研究发现，陕甘宁边区在发展劳动英雄与改造二流子中，以“身份—角色”的个体改造机制实现了对乡村社会的动员和改造。[⑤]

3. “政策结构”视角。革命成功必须获得农民的支持和认同，塞尔登研究认为，共产主义革命在偏僻落后的恶劣环境下获得胜利，原因在于共产党实施了包括税制改革、减租减息、鼓励互助合作等一系列有效的行政措施与社会改革，赢得了农民对抗战与革命的积极支持。[⑥] 曹敏华研究认为，中共的土改政策，满足了农民对经济利益与社会公正的心理需求。阶级教育和阶级动员，增强了农民的阶级情感。民主选举政策，增强了农民政治觉悟与参与意识；新的婚姻条例，改变了农村妇女地位和传统的家庭与婚姻观念。此外，革命动员还树立了和睦相处、生产互助等新的社会

---

① 李里峰：《土地改革与村社话语空间的重塑》，《长白学刊》2007 年第 4 期。

② 靳道亮：《抗美援朝运动与乡村社会国家意识的塑造》，《史学月刊》2009 年第 10 期。

③ 周海燕：《作为规训的生产——以大生产运动叙事为中心的话语考察》，《开放时代》2012 年第 8 期。以同样的理论视角和研究方法，作者还有一篇文章：周海燕：《乡村改造中的游民规训与社会治理策略考察——以改造二流子运动为例》，《江海学刊》2012 年第 5 期。

④ 李海金：《身份政治：国家整合中的身份建构》，中国社会科学出版社 2011 年版。

⑤ 王建华：《乡村社会改造中“公民塑造”的路径研究——以陕甘宁边区发展劳动英雄与改造二流子为考察对象》，《江苏社会科学》2008 年第 4 期。

⑥ ［美］马克·塞尔登：《革命中的中国：延安道路》，魏晓明、冯崇义译，社会科学文献出版社 2002 年版。

道德风尚。[①] 曹树基认为，国家权力对乡村的改造和控制，从某种意义上说，一方面是国家话语力量完成了对乡村的控制；另一方面是国家对农民利益的关注和承诺，最终赢得了农民的认同。[②] 彭正德认为，农民与国家之间的认同关系，就是国家保障农民的生存权利，以换取农民的政治认同。但当农民的生存受到威胁时，农民也会反抗国家。[③]

综上所述，结构主义研究视角的贡献在于，它以制度结构对个体行为具有决定性作用为预设，关注政治和社会的制度结构对于个体行为的意义。这与现代国家建构中，国家全面渗透并控制社会的历史背景高度契合，从而能够站在较高的视角，对农民政治行为的观察和分析做出更为精准的判断。不过，这种分析模式的优点恰好也是他的弱点，即坚持整体和静态的研究方法，无法对农民政治行为的能动性、多样性和动态性做出合理解释。

三 理性主义研究视角

理性主义假设农民是追求利益最大化的理性个体，在解释农民政治行为中，主要表现为三种切入视角：一是在理性选择理论视角下，研究农民个体理性对集体理性的挑战与威胁，及国家的应对策略。二是将博弈论引入研究之中，分析参与各方如何在动态博弈与行为选择之中达到均衡。三是将产权理论引入政治动员与农民政治行为的分析中。

1. “理性选择”视角。人们一般会认为，利益诱惑是政治动员的关键因素。不过美国学者波普金（Samuel Popkin）认为，利益诱惑是否真的能够让农民响应政治动员是值得怀疑的事情。因为，从理性选择理论看，人们有“搭便车”的可能。因此，真正要发挥利益在政治动员中的效果，还需要革命党在动员策略中，通过设计相关的策略或制度来克服理

---

① 曹敏华：《革命根据地社会变动与民众社会心理变迁》，《党史研究与教学》2006年第6期。

② 曹树基：《国家形象的塑造——以1950年代的国家话语为中心》，《上海交通大学学报》（哲学社会科学版）2008年第3期。

③ 彭正德：《生存政治：国家整合中的农民认同——以1959—1980年的湖南省醴陵县为个案》，中国社会科学出版社2010年版。

性选择问题①。

胡苏珊在《中国的内战》中指出，国共内战期间农民参战，并非是对获得土地的回报和保卫胜利果实。原因在于，农民并非因为土地而甘冒生命危险。土改对于战争动员的真正意义在于，彻底消灭了旧的乡村秩序，培养了一大批最忠诚的积极分子，重建了党控制下的乡村新秩序，为战争动员提供了坚强的组织保障。新兴政治精英们在动员中表现出了最高的政治忠诚度，为完成动员任务使用了各种强制手段，在强而有力的动员使人们被迫服从。②

选择性激励也是客服理性选择的一种策略。李里峰在“理性选择”的视角下考察土地改革与农民参军动员之间的关系指出，虽然土改运动让农民成了受益者，但出于个体理性考虑，人们也会选择“搭便车”逃避参军动员。由此，实施好拥军优属等的选择性激励措施，成为克服动员困境动员争取民众参与和获取战争资源的关键。③

切断退路同样是克服理性选择的一种策略。秦晖用“纳投名状”，解释了老区土改为何暴力化的问题，认为国共内战胜负取决于双方的动员能力。暴力土改的根本目的并不是为了平分土地博得农民的好感和支持，因共产党的清廉形象就足以赢得农民的好感。之所以选择暴力土改，是因为农民并不会因为对共产党有好感就表明他们愿意去抛头颅洒热血。只有通过暴力土改制造出你死我活的仇恨局面，才能将农民与共产党捆绑到同一辆战车上，成为生死存亡荣辱与共的利益共同体，从而切断了农民发挥理性与逃避退缩的可能性。④

2. “博弈论”视角。一些学者不再满足理性选择理论在研究政治运动中的运用，便将结构理论引入分析框架中，这就是博弈论在研究中的运用。博弈论强调参与博弈的双方或多方的策略互动，即参与者根据自身的利益和判断，做出策略选择，从而达到一种均衡状态。美籍华裔学者邹谠先生倡导社会科学研究中应重视“宏观历史与微观行动”的研究方法，

---

① Samuel Popkin, *The Rational Peasant*, Berkeley: University of Califonia Press, 1979.

② ［美］胡苏珊：《中国的内战——1945—1949 年的政治斗争》，王海良、金燕、胡礼忠、徐立冰译，金光耀校，中国青年出版社 1997 年版。

③ 李里峰：《土改与参军：理性选择视角的历史考察》，《福建论坛·人文社会科学版》2007 年第 11 期。

④ 秦晖：《中共土改，为了什么》，《文史参考》2012 年第 8 期。

在他的《二十世纪的中国政治》中运用该研究方法对学生运动的最坏的结局做了非常深刻的研究分析。[①] 他的学生何高潮在《地主、农民、共产党》中，继承并发展了老师的研究方法，在社会结构与理性选择的结合处建构“抉择构造”的分析框架，对抗战时期的减租减息运动中地主、农民与共产党之间复杂、动态化的博弈关系做了很好的诠释。[②] 林毅夫在《制度、技术与中国农业发展》中用博弈论的方法分析了1958—1961年的农业危机问题，认为由于农业生产的监督极为困难，集体农场的成功必须靠社员之间的重复博弈来达成“自我实施”协议，由于社员退出机制的伤失，导致社员之间重复博弈变成为一次性博弈，不遵守协议也不能得到相应惩罚，便成为个体理性的最优选择，从而导致人民公社制度失败。[③]

3. “产权经济学”视角。有的学者将产权经济学引入研究中。周其仁在《中国农村改革：国家和所有权关系的变化》中以产权为切入点，考察了中国农村经济制度的变迁，认为农业集体化改造剥夺了农业产权即剩余权，国家直接控制了乡村社会生活的一切领域来支持国家工业化，这种经济发展模式最大的问题在于产权关系不清、利益激励不足，农业发展低效益问题长期不能解决，农民生活水平长期处于较低水平。这不仅窒息了整个农业社会的活力，而且使国家行政成本高昂损害了政府自身的合法性。因此，后来的农村经济体制改革的突破点，就是重新确立并尊重农民的产权并让产权制度长期化与可预期化。[④]

总之，理性主义研究视角的贡献在于，以理性经济人假设为预设前提，关注政治动员下的个体理性算计对农民政治行为的影响和作用，从而弥补了结构主义对个体能动性的遮蔽和忽视。当然，这种分析模式也存在不足，那就是将农民的经济理性普遍化和极端化，无法对那些大量的非理性行为做出合理解释。

---

① ［美］邹谠：《二十世纪的中国政治——从宏观历史和微观行动的角度看》，牛津大学出版社1994年版。

② 何高潮：《地主、农民、共产党——社会博弈论分析》，牛津大学出版社1997年版。

③ 林毅夫：《制度、技术与中国农业发展》，上海人民出版社1994年版。

④ 周其仁：《中国农村改革：国家和所有权关系的变化——一个经济制度变迁史的回顾》，载《中国社会科学季刊》（香港）1994年夏季卷。

四 日常生活叙事的兴起

底层历史与日常生活叙事，是在批判已有解释模式的静态化弊端发展而来的。此外，这种新的研究方法，还受米尔斯社会学的想象力启发，试图发现底层日常生活变迁的社会根源，将日常生活中的微观行为与国家宏观政治结构穿梭连接。

1. 被治理的日常生活。陈佩华（Anita Chan）、赵文词（Richaard Madsen）、安戈（Jonathan Unger）在《当代中国农村历沧桑：毛邓体制下的陈村》中，叙述了在全国性的政治运动折腾下乡村民众的社会、经济和政治生活，认为乡村日常生活在受到政治运动冲击、受到国家政治诱导的同时，在某些方面仍然不能为国家所左右。[①] 阎云翔从日常生活的礼物流动中，发现国家权力渗透并控制了基层，国家权威垄断了资源和机会的分配，致使底层人为了获得物质资源和流动机会，不得不依附于掌握权力的干部。[②] 郭于华从农村妇女的记忆和讲述中，去理解和洞悉农村日常生活中的国家治理模式。[③] 她的《受苦人的讲诉》以口述史的方式研究了陕北骥村农民在革命中的日常生活及其心理感受，试图透过受苦人的生活史来透视共产主义文明及其运作逻辑。[④] 杨念群的《再造病人》认为，国家"反细菌战"的政治动员，目的在于建立常规化的政治控制，即将国家政治融于人们的日常生活，并对人们的生活适时监控。[⑤] 满永以"革命的日常化"为分析概念，认为国家权力渗透到了人们日常生活，并对农民的

---

① 陈佩华（Anita Chan）、赵文词（Richaard Madsen）、安戈（Jonathan Unger）：《当代中国农村历沧桑：毛邓体制下的陈村》，孙万国、杨敏如、韩建中译，牛津大学出版社1996年版。

② ［美］阎云翔：《礼物的流动—— 一个中国村庄中的互惠原则与社会网络》，李放春、刘瑜译，上海人民出版社2000年版，第144—169页。

③ 郭于华：《心灵的集体化：陕北骥村农业合作化的女性记忆》，《中国社会科学》2003年第4期。

④ 郭于华：《受苦人的讲诉——骥村历史与一种文明的逻辑》，香港中文大学出版社2013年版。

⑤ 杨念群：《再造"病人"：中西医冲突下的空间政治》，中国人民大学出版社2006年版，第332—354页。

日常生活实施近距离的日常监控。[①]

2. 自主的日常生活。朱晓阳的《罪过与惩罚》考察了一个村庄近六十年里发生在日常生活中的制裁与惩罚史，认为村落里的斗争与惩罚，是村落根据自己的利益或价值逻辑在参与和实践，国家话语仅仅是他们解释制裁行为的工具。这表明，与其说是国家历史观渗透了村落历史叙事，还不如说是村落历史观渗透了国家历史观。[②] 应星从身体的视角研究了集体化时期乡村日常生活中关于身体的权力实践，指出国家通过对乡村民众日常生活中的身体规训、惩罚和控制来再造新人，虽然国家权力强而有力，但村民却以种种策略和手段来应付或扭曲国家的权力要求。[③] 张兆曙研究认为，农民自发、自主的日常经济行为，对村庄发展变迁所起的作用，毫不逊色于国家政治制度的安排。农民经济实践虽然看上去无足轻重，但却最终成功撬动了国家改革开放的大门。[④] 行龙借助劳动模范李顺达的个体生命史，来透视个体、村庄与国家关系的生成过程指出，尽管个体最终逃脱不了国家权力的掌控，但个体并非如有些学者所认识的在国家权力的面前毫无自主性。[⑤] 张佩国认为，土改对重建基层秩序的意义远远大于其合法性意义，原因在于民众日常生活实践形成的地方性知识和地方性制度发挥了能动作用，在国家正式的制度安排向乡村的社会渗透过程中，官方文本的革命意义让位于农民日常生活的行为逻辑。[⑥] 马维强认为，国家权力的干预，并没有改变乡村传统道德和经济理性对于农民日常生活的支配，

---

① 满永：《生活中的革命日常化——1950年代乡村集体化进程中的社会政治化研究》，《江苏社会科学》2008年第4期；满永：《政治与生活：土地改革中的革命日常化——以皖西北灵泉县为中心的考察》，《开放时代》2010年第3期；满永：《政治社会的初现——“镇压反革命”与1950年代的皖西北乡村》，《江苏社会科学》2010年第2期；满永：《从观念走向生活：生产救灾中的革命地方化》，《党史研究与教学》2011年第2期；满永：《文本中的“社会主义新人”塑造：1950年代乡村扫盲文献中的政治认同建构》，《安徽史学》2013年第4期。

② 朱晓阳：《罪过与惩罚》，天津古籍出版社2003年版，第80—145页。

③ 应星：《身体与乡村日常生活中的权力运作——对集体化时期一个村庄若干案例的过程分析》，载于黄宗智《中国乡村研究》（第二辑），商务印书馆2003年版。应星：《村庄审判史中的道德与政治——1951—1976中国西南一个村庄的故事》，中国知识出版社2009年版。

④ 张兆曙：《乡村五十年：日常经济实践中的国家与农民——以义乌市后乐村为个案的实地研究》，《开放时代》2004年第4期。

⑤ 行龙：《在村庄与国家之间——劳动模范李顺达的个人生活史》，《山西大学学报》（哲学社会科学版）2007年5月。

⑥ 张佩国：《财产关系与乡村法秩序》，学林出版社2010年版。

日常生活中的传统因子有着顽强的生命力。①

3. 反抗的日常形式。詹姆斯·C. 斯科特在《弱者的武器》中对农民反抗的日常形式做了深入研究，指出农民的日常反抗行为主要以偷懒、装糊涂、假装顺从、开小差、装傻卖呆、盗窃、纵火、散布谣言等布莱希特式的形式进行，这种没有组织、没有正式宣战、没有旗号的个体化、自助式的反抗将风险降低到了最小。这种看似琐碎的反抗对国家政策和正式制度不断蚕食，最终有可能导致国家的航船沉没。② 斯科特的学生克弗列特（Benedict Kerkvliet）深受老师的影响，在他的博士论文《日常政治的力量：越南农民如何改变国家政策》中循着老师的方法对越南农民在日常生活中反抗国家农业集体化运动做了深入研究。将"日常政治"作为一种发生在日常生活中对生产与分配资源的权威及其规则的挑战。日常政治并非软弱无力，日常政治的反抗完全可使一个组织和一种制度瓦解和失败。③ 国内学者高王凌将人民公社时期农民针对国家政策的各种反动概括为"反行为"，作者认为"反行为"并不是一种反抗行为，也不是斯科特意义上的弱者的武器，而是针对国家政策对农民的过度索取而产生的"反其道而行"的行为，正是农民这种不太显眼的行为挤垮了农业集体化制度，打开了农场一年经济体制改革的大门。④ "反行为"虽然不是有目的的反抗行为，但其最终结果与反抗并无不同。

底层历史与日常生活叙事的研究视角其贡献在于，试图从琐碎而平淡无奇的日常生活中挖掘权力的痕迹，弥补了已有研究视角对日常生活的忽视，从而能够从不同于以往的新视角去提出问题和寻找答案。不过，这种研究模式的弊端也非常明显，即容易将日常生活作为佐证宏观结构的材料，忽视了将其上升为一种全新的研究工具的努力。

---

① 马维强：《红与黑：集体化时代的政治身份与乡村日常生活——以平遥双口村为中心的考察》，《开放时代》2011 年第 8 期。

② ［美］詹姆斯·C. 斯科特：《弱者的武器》，郑广怀、张敏、何江穗译，译林出版社 2007 年版。

③ Benedict Kerkvliet，The Power of Everyday Politics：*How Vietnamese Peasants Transformed National Policy*，Ithaca N. Y.；Conell University Press，2005，pp. 15 – 19.

④ 高王凌：《人民公社时期中国农民"反行为"调查》，中共党史出版社 2006 年版。

五 结论与反思

总体而言，学界对国家动员与农民行为的研究，在理论与方法上都已比较成熟，也取得了相当丰硕的研究成果，不过也还存在着一些不足。一是文化主义研究视角、结构主义研究视角、理性主义研究视角都是静态化的解释，明显缺乏动态化的考察与解释，尽管博弈论试图在动态化的解释上有所突破，但目前为止运用还不太广泛。底层历史与日常生活叙事的意义就在于，它弥补了已有解释模式对动态化关注不足的问题。不过与此同时，它也暴露了自身的弊端，那就是民族志的“解读”有余，而社会科学的因果解释不足。因而，今后对底层历史与日常生活解释模式的运用，恐怕还需要在因果解释上有较大的突破。二是已有解释模式大都将国家动员下的农民政治行为做了同质化的处理，对农民政治行为在个体之间的差异，以及个体在不同情境下的差异等关注仍显不够，因而很容易得出国家宰制社会、社会独立于国家、社会反抗国家等一律化的解释结论。因而，在以后的研究中，学界应该对农民政治行为的多样性和复杂性给予更多关注。三是已有的研究对农民政治行为关注很多，但对农民面对国家动员时的心态反应，关注还极为不足，似乎国家政治动员的成效只能从人们行为上的变化来反映，而忽略了人们价值观念和心态的变化同样值得重视。因此，注重深入挖掘农民对国家的价值观念与心态的反应，是今后研究中值得重视的问题。

书　评

◆ 农民现代化的政治心理维度

在社会科学研究中，越来越多的研究者相信，社会/政治心理层面的东西虽然难以衡量、不好把握，但却是观察政治运作、理解政治发展的最佳视角。刘伟先生的新著——《普通人话语中的政治：转型中国的农民政治心理透视》，即是这样一部试图从政治心理的角度来透视当代中国现代化基本状况的作品。该书以“农民”群体为研究对象，希望通过全景呈现农民的政治心理状况，来理解中国现代化的进程及影响，进而剖析中国农村未来政治发展的走向。刘伟先生的著作积极吸收了现有政治心理学研究的相关经验，从政治学的理论关怀和视角出发，采用深度访谈法和语言（话语）分析法，为我们最大可能地呈现了农民丰富的内心世界。该著结构严谨，语言表述韵味十足，是近年来政治心理学领域不可多得的一部优秀作品。

◆ 民心：进入中国乡村的学术路径

刘伟新作《普通人话语中的政治：转型中国的农民政治心理透视》有几个鲜明的特征：一是以实证的方法，开展以农民政治心理为主题的中观调研，获得第一手的田野调查材料；二是在当代中国乡村转型的宏阔背景中，凸显研究的立体化与纵深度；三是敏锐地发现农民政治心理的“结构性紧张”，就促进乡村政治发展开出了四剂“药方”。作者深入田野，抓住“民心”，以独特的视角切入转型中国的乡村研究，体现了学术研究的底气、朝气和锐气。

农民现代化的政治心理维度

——读刘伟《普通人话语中的政治：转型中国的农民政治心理透视》

曹龙虎

（武汉大学政治与公共管理学院　湖北武汉　430072）

内容提要： 在社会科学研究中，越来越多的研究者相信，社会/政治心理层面的东西虽然难以衡量、不好把握，但却是观察政治运作、理解政治发展的最佳视角。刘伟先生的新著——《普通人话语中的政治：转型中国的农民政治心理透视》，即是这样一部试图从政治心理的角度来透视当代中国现代化基本状况的作品。该书以"农民"群体为研究对象，希望通过全景呈现农民的政治心理状况，来理解中国现代化的进程及影响，进而剖析中国农村未来政治发展的走向。刘伟先生的著作积极吸收了现有政治心理学研究的相关经验，从政治学的理论关怀和视角出发，采用深度访谈法和语言（话语）分析法，为我们最大可能地呈现了农民丰富的内心世界。该著结构严谨，语言表述韵味十足，是近年来政治心理学领域不可多得的一部优秀作品。

关键词： 农民　转型期　现代化　政治心理

法国著名政治思想家托克维尔（Alexis de Tocqueville，1805—1859年）在其名著——《论美国的民主》中，有一段关于美国民主何以良好运转的总结经常为后人所引用，"我已经说过，美国之能维护民主制度，应归功于地理环境、法制和民情……毫无疑问，这三个原因都对调整和指导美国的民主制度有所贡献。但是，应当按贡献对它们分级。依我看，自然环境不如法制，而法制又不如民情。"在这里，托克维尔表达了对涉及价值观念、政治态度、思想情感等深层次内容——"民情"的突出重视。同样地，美国著名政治学者罗伯特·帕特南（Robert D. Putnam，1941

年— ）在《使民主运转起来》一书中对南北意大利因社会资本等文化心理要素不同而导致的民主制度绩效差异的研究，也是令无数人唏嘘不已。到今天，越来越多的社会科学研究者相信，社会/政治心理层面的东西虽然难以衡量、不好把握，但却是观察政治运作、理解政治发展的最佳视角。

对于近代以来的中国来说，无论是梁启超的中国人“爱国心薄弱”“独立性柔脆”“公共性缺乏”“自治力欠缺”等说法，还是孙中山的中国人“一片散沙”论，抑或是鲁迅先生在《孔乙己》《药》《阿Q正传》等小说中对中国人“奴性”的批判，我们都可以从中看出先贤们对价值观念、政治态度、思想情感等深层次内容的重视。撇开其中的情绪化表达以及稍显偏激的判断不谈，其体现出来的对问题的理解方式，与托克维尔等人是如出一辙的，即社会心理层面的东西对于理解一个国家或者社会的发展更为重要。

改革开放以来，中国社会发生了翻天覆地的变化，经济、社会面貌急遽改变。按照相关的统计数据，2015年中国的人均GDP就已经超过8000美元，而预计到2020年，中国的主要经济指标将基本达到中等发达国家水平。依循上文的逻辑，经济层面的指标对于理解中国的现代化进程固然重要，但社会心理层面这一涉及现代化进程的深层次内容，才是中国现代化更为重要的部分。如此，从社会心理（政治心理）的角度研究改革开放以来的中国，应该是一项非常重要的学术工作。刘伟先生的新著——《普通人话语中的政治：转型中国的农民政治心理透视》（北京大学出版社2015年版），就是这样一部试图从政治心理的角度来透视当代中国现代化基本状况的作品。该书以“农民”——这一中国曾经最广大的群体为研究对象，希望通过全景呈现农民的政治心理状况，来理解中国现代化的进程及影响，进而剖析中国农村未来政治发展的走向。用作者自己的话来说就是“经历了新中国成立以后一系列深刻的政治社会转型的农民，他们现在到底采用什么样的概念（词汇），以什么样的地位方式，基于什么样的道德原则，持什么样的心态和情感，来表达政治，看待政治，分析政治，评价政治和期待政治的？是哪些因素造成了这一系列的心理倾向？又是怎样造成的？国家不同时期的乡村治理模式（体现为不同时期标志性的涉农政策），在普通农民的人生历程中造成了什么样的影响？为什么造成了这种影响？这种影响对我国已有的乡村治理产生了哪些影响，又将对未来我国的乡村治理和政治发展构成什么影响?"

所谓"工欲善其事，必先利其器"。要想在社会科学层面呈现农民的政治心理，首先遇到的就是研究方法的问题。在政治心理学的研究脉络中，我们熟知的《乌合之众——大众心理研究》《革命心理学》等著作都是19世纪末20世纪初的作品了。这一时期学术著作的优点和缺点都非常明显，其长处在于观点非常犀利，分析也发人深省，但由于缺乏研究方法的规制，不仅论点经常走向偏激，阐述中也有不少自相矛盾之处。从20世纪30年代开始，随着行为主义学派的兴起和社会科学领域内部对方法论要求的加强，政治心理学研究开始逐步取得突破，并在一定范围内形成了具有特定独立研究价值的领域，产生了诸如《权力与人格》等一系列品质优秀、方法严谨的政治学心理学著作。20世纪70年代以后，随着抽样调查、统计量化等手段的引入，政治心理学的研究方法进一步丰富，实证倾向更为明显，已经形成文献分析、个案研究、问卷调查、认知神经技术等多研究方法并驾齐驱，个体层面研究、群体与组织层面研究、国家与社会层面研究、文化层面研究等多层次内容百花齐放的研究势头。刘伟先生的著作不拘泥于既有的研究方法，而是在充分考察社会/政治心理这一层次内容具有"隐藏"、不易衡量等特征的基础上，积极吸收了现有政治心理学研究的相关经验，从政治学的理论关怀和视角出发，走向田野，采用深度访谈法和语言（话语）分析法，辅以适度的量化统计，最大可能地呈现农民丰富的内心世界。应该说，这种多研究方法的应用和尝试，比较契合社会/政治心理这一特定的分析对象。

刘伟先生这本著作的主体部分共有五章。其中，第一章从合法性基础变迁的视角描述当代中国农村地区治理转型的基本状况，作者将1949年以来农村的政治合法性基础分为建立初期以政府绩效为主（1949—1953年）、农业合作化与人民公社化时期以意识形态为主（1953—1982年）和改革开放新时期以政府绩效为主（1982年至今）三个阶段，作者认为合法性基础变迁是理解农民政治心理的宏观背景，且"对于农村和农民来说，政府绩效，特别是经济发展状况，是国家政权获取政治合法性的最重要因素"。第二、第三章则分别从政治认知、政治情感、政治信任和政治评价、政治期待、政治人格各三个面向来呈现治理转型背景之下农民政治心理的具体状况。第四章则在全景式呈现农民政治心理的基础上，总结当代农民政治心理的基本特征。第五章作者则进一步基于农民政治心理的现状，对怎样促进乡村政治发展这一对策问题进行了反思。

不言而喻，全书五章中分量最重的就是第二章和第三章，即对当前治理转型背景下农民政治心理的分析部分。在这两章中，作者借鉴了美国著名政治学家阿尔蒙德（Gabriel A. Almond，1911—2002 年）关于“政治文化”的经典定义，并在此基础上基于中国农民政治心理的现状进行了一些转化和改造，确立了政治认知、政治情感、政治信任、政治评价、政治期待、政治人格等呈现农民政治心理的六个面向。其中，在政治认知部分，作者从对“政治”的认知、对“清官”的认知、对“民主”的认知、对“自由”的认知、对“合法性”的认知五个方面切入讨论，探讨农民对“国家”及现代政治知识的一些整体认识；在政治情感部分，作者对访谈中农民表现出来的相关情感进行了总结，认为当代中国农民的政治情感突出地表现为对政治权力的渴望、对领袖人物的崇拜、对党和国家的感恩、对腐败现象的反感、对基层干部的不满、对选票拉票的厌恶六个方面；在政治信任部分，作者又对当前农民对政府当局治理能力和绩效的认同程度进行了衡量，作者认为当前中国的政治信任表现出对中央政府的高信任、对地方政府的低信任、对基层政府的不信任、对社会公正的无信心五个特征；在政治评价部分，作者以研究个体对不同时代（改革开放前和改革开放后）的评价、对农村政策的评价和对村民自治的评价为基础，探寻普通农民对不同时代的政治历程及重大政治实践的基本态度；在政治期待部分，作者发现农民群体基于他们的经济地位和社会处境，对民主选举、政党竞争等现象的看法稍显消极，而对惠农政策等具体措施则表现得比较渴望。在分析了政治认知、政治情感、政治信任、政治评价、政治期待五个方面政治心理状况的基础上，作者又对当前中国农民表现出来的政治人格进行了概括，作者指出当前中国农民的政治人格表现为一种“复合”结构，即权威主义人格依然占据主导，但现代公民人格开始逐步形成。

总体来说，作者认为当前中国农民的政治心理体现为从传统向现代过渡这样一个状况，农民虽然认识到一部分现代政治价值，但对不少政治问题的认识仍流于传统观念，“农民对政治的认知突出了政治的权力性和强制性，或是突出了政治是国家的活动和政策的制定与执行，而没能看到公民参与政治的权利性；农民对清官的认可和期待，依然显示他们需要有人能更好地替他们实现正义；对民主的价值表示认可，却又对民主在中国实现的可能与效果表示怀疑；对自由的认识，也多强调私人领域的消极自由，没能涉及参与公共生活的自由。在政治情感方面，对权力表示出来了强烈的渴望，对权威表示了高度的认同，对领袖产生了强烈的推崇，对国家和执政党表达出感恩心态。在政治信任上，相信中央而不相信地方，希望中央监管地方和基层为农民主持公道。在政治期待和治理期待上，希望政府和权威人物的更多介入，而对农民自己解决自己的问题表示悲观。”不过，一些积极的信号也开始出现，现代人格的某些面向开始成长，“在政治认知上，农民对民主、自由和合法性的认知就非常值得重视。在政治情感上，农民对腐败和拉票的反感，蕴含着他们对更公正政治的期许。在政治评价上，农民对改革开放包括联产承包政策的高度评价，说明他们对个人自由的珍视。在政治期待上，他们对民主和法治表示出积极的心态，对基层和地方选举表示支持。”

在中文学界，冠以“社会心理”“政治文化”“政治价值”等诸多名目，但可以被归入政治心理学研究的作品一直层出不穷。按照作者的总结，已有的政治心理学研究已经形成社会心理的研究路数、乡村政治的研究进路、政治学新兴学科政治心理学的研究进路三种不同但又有所交叉的学术进路和国民性（批判）范式、政治文化范式、意识形态范式、本土社会学心理范式、日常心理范式五种代表性的研究范式。不过，在诸多的研究中，针对“农民”这个针对特定主体的政治心理学研究却不多见，除了寥寥的几篇论文和一些间接涉猎这一主题的著作之外，专门性的学术著作尚付阙如。在这个意义上，刘伟先生的著作可谓该领域（农民政治心理学）的开山之作。除了研究进路上的重要贡献之外，笔者以为，该书至少还在以下两个方面相对前人研究具有很大的突破性。

首先，该书对农民语言原汁原味的记录和直白呈现，不仅具有很强的可读性，也极富史料价值。正如作者自己所说的，他希望“回到中国乡村的日常情境，进入普通农民的内心，来理解他们在政治（包括治理）相关问题上的所思所想和喜怒哀乐，并关注他们的心理逻辑在传统与现代之间的张力”。为此，作者在2009—2013年先后组织了五次大规模的全国性调研，积累了200余万字的访谈资料。其中的艰辛，从事社会科学，尤其是社会调研相关领域的学者肯定深有体会。

其次，作者在对农民政治心理剖析的基础上，作了很多延展性的思考，作者将其与农村政治发展联系在一起，做到了学术性与应用性的统一。在本书第五章，作者用较大篇幅讨论了如何基于农民政治心理的现状，促进乡村政治发展这一重大问题。考虑到转型期农民政治心理的诸多面向，作者建议在未来设定乡村地区的政治发展和治理路径时，要着重从改变基层差序政治信任格局、探索适合各地村情和民情的村民自治形式、加强政治建设等方面入手。作者认为中国深层次的现代化最终取决于观念和意识的现代化，“而我国的政治现代化，归根结底取决于农民群体政治观念的现代化，以及其他群体政治心理的革新。只有独立、自主、理性、参与和合作的现代农民，才能成为合格的国家公民。”这些基于实际调研基础之上得出的建议恰当、中肯，值得相关政策实施者的重视。

不过，作为一部学术著作，该书在学术逻辑内在的自洽性上也的确存有商榷之处。作为同事，刘伟先生曾在正式、私下等多个场合对笔者表达了对这本书学术质量的不甚满意，作者甚至在一次关于该书的讨论会上一口气列举了政治学概念/框架的有效性欠缺、访谈材料本身不够理想、内容分析欠缺深度、心理构成的个体差异及代际差异体现不够、写作有选择性呈现之嫌、研究并未有效触及因果链八个方面的不足。笔者以为，作为农民政治心理学领域的第一本专著，刘伟先生应该来说非常好地践行了其在该书导论部分所倡导的“原汁原味地呈现农民的语言特色和思维世界”的主张，“尽量让被访者自主表述，方位者只起引发话题、激发表达的作用”的访谈方式在为我们保留了大段地道的农民式语言的同时，也可以让整个阅读过程充满乐趣。自洽性上的稍许欠缺不能抹灭本书整体的学术价值。

著名政治学者徐勇先生在该书的序言中直言“农民政治心理研究十分困难”，“一则缺乏学科积累。中外政治学很少讲农民作为一个社会群体进行专门的政治心理研究。二则历史转变中的农民政治心理充满着变化性和复杂性……三则政治心理不像政治制度那样容易把握，也缺乏现存的文本资料可以利用，只能依靠研究者与研究对象的接触，获得研究信息。”从这个角度来说，作者的学术勇气值得钦佩，学术努力更是值得肯定。囿于政治心理呈现方式的复杂性和难度，中国的农民政治心理研究不应该止于这本书，应该值得作者及后续的学者进一步的追踪。

民心：进入中国乡村的学术路径

——评刘伟《普通人话语中的政治：转型中国的农民政治心理透视》

肖 波

（武汉大学国家文化发展研究院 湖北武汉 430072）

内容提要： 刘伟新作《普通人话语中的政治：转型中国的农民政治心理透视》有几个鲜明的特征：一是以实证的方法，开展以农民政治心理为主题的中观调研，获得第一手的田野调查材料；二是在当代中国乡村转型的宏阔背景中，凸显研究的立体化与纵深度；三是敏锐地发现农民政治心理的“结构性紧张”，就促进乡村政治发展开出了四剂“药方”。作者深入田野，抓住“民心”，以独特的视角切入转型中国的乡村研究，体现了学术研究的底气、朝气和锐气。

关键词： 转型中国 乡村研究 政治心理 实证研究

一

从政治学、社会学的角度开展对农村问题的研究，近二十年来成为学术界的热点之一；而实证的研究方法，受到诸多学者的青睐。“没有调查，就没有发言权。”有针对性地进行深入的田野调查，是该书作者研究农村问题的基点。在三年的时间里，他组织了五次中度规模的村民访谈。其访谈范围，涉及 14 个省份，涵盖东北、西北、西南、东南、东部、中部、西部等行政区域，包括平原、丘陵和山区，兼顾偏远农村与城郊农村、经济发达农村与比较落后和发展一般的普通农村。其访谈对象，男性居多，年长者居多，既考虑受访者较为丰富的阅历，也兼顾受访群体的性别、年龄、政治面貌、文化程度、经济状况等因素。经过鉴别剔除，共得到有效访谈材料 216 份。这种田野调查的方式，不同于曹锦清先生的

“走马观花式”访谈，也不同于梁鸿女士的“定点式”访谈，而是尽可能做到布局均衡、全面，力求发现问题的“主要面向”。调查样本的数量，虽然未必达到某些学者所提倡的“饱和经验”，却也多过于费孝通先生的“六村观察”，或许正符合作者偏好的“中观研究”吧。

田野调查的主题为“农民政治心理”，这应该是一个比较新的角度，越过传统的国家与社会、宗族、土地等外在视角，而直视内在心理，从“民心”入手，切入乡村政治研究，其内涵包括政治认知、政治情感、政治信任、政治评价、政治期待、政治人格六个层面。

让普通农民回答这么专业的问题，一方面，答案虽五花八门，却也可以看到农民朴素而丰富的认知，比如对政策执行层级的看法用顺口溜表达：“中央大天晴，省里起乌云，县里涨大水，地方淹死人。”谈到取消农业税，在充分肯定的同时，也有农民清醒地看到：“农业税是不用交了，但是农民负担一点没感到轻。因为农资贵了，如化肥、农药比原来都贵了。这些东西涨的价甚至比免掉的农业税还多。”有的农民还提醒访谈者：“讲学问是为了生存，是为了弘扬你自己，背后里说是为了你自己心里得到发泄，所以说这两点一定要区分开来。”与农民面对面，能够看到更鲜活的农村，听到更真切的表达，不无真知与见地，不乏理性与智慧。

另一方面，在细化了的提问中，可以找到诸多共性或主体取向，并体现作者的细致分析与综合归纳。比如政治认知，细分为对“政治”的认知、对“清官”的认知、对“民主”的认知、对“自由”的认知、对“合法性”的认知。农民不一定完全理解这些名词，但大多有话可说，谈到“清官”，受访者较为一致地认为中国需要清官，同时多对中国能否出现清官表示怀疑，还认识到清官不能解决中国的全部问题，甚至强调清官之外的制度因素。谈及政治情感，则表现出几种突出的认知：对政治权力的渴望、对领袖人物的崇拜、对党和国家的感恩、对腐败现象的反感、对基层干部的不满、对选举拉票的厌恶。在政治信任方面，较为鲜明的倾向为：对中央政府的高信任、对地方政府的低信任、对基层政府的不信任、对社会公正的无信心。面对访谈材料时的冷静叙述、清晰分类与准确提炼，正是作者对田野调查成果娴熟运用的体现。

二

基于一线田野调查的经验，融合作者多年一贯的学术积淀，参照学界同行的多元调查经验与前沿思考，作者运用专业的学术训练，对当下农民政治心理进行了深刻剖析。他敏锐地发现农民政治心理的“结构性紧张”，具体表现为认知局限与反思能力缺乏、主导观念与治理现实紧张、情感化与理性化的不平衡、个体化与公共性的不平衡、自由度与主体性的不平衡、代际阶层与干群差异性。这些现象背后，有着更为复杂的深层原因，比如农民个体化与公共性的不平衡，在于中国传统乡村社会建立在“家户制”基础上的宗族和村落社会，与新中国社会主义传统的离合关系，特别是实行联产承包责任制以后，农民逐渐个体化，其日常生活的重心多在对个人利益的关注，而非对集体利益或公共利益的关注。中国农民一直缺乏基层社会、地方社会或整个国家层次的公共性，只有嵌入到基层社会的局部公共性。现实中这种传统没有很好保留，同时又未能由此建立公共性平台，所以不平衡的状态更加凸显。

对问题的准确把握和深刻分析，自然推导出有见地的对策建议。基于农民政治心理，作者就促进乡村政治发展开出了四剂“药方”：一是重塑农民的基层政治信任。鉴于取消农业税后进一步强化的差序政府信任的格局（对中央政府的高信任和对基层政府的低信任），必须通过体制变革与乡村治理的重塑，提升基层政权的民众支持度。解决之道在于“资源下沉”：中央在完善法治和加强监督的基础上，适当引导农民信任基层政权和基层干部；通过制度创新重塑基层政权的治理主体地位，供给基层政权必需的治理资源；让普通农民参与和监督，接近他们与基层政权的距离。二是重构基层的治理与自治。在村民自治“四个民主”未得到均衡推进、乡村社会急速衰败直至解体的新形势下，村庄应当超越单纯强调民主选举的思路而强化有效治理的现实思维，大胆探索适合各地村情和民情的村民自治有效实现形式。三是重建国家、精英与农民的关系。在我国大部分农村地区最为迫切的问题并非大幅度地拓展民主，而是在农民生活和社会环境的改善的情况下，吸纳多方力量共同治理成为乡村发展的主流。由此，搭建多方参与、协商的复合治理平台，确立各方协商参与的规则与支行机制，优化治理元素、改善乡村治理结构，显得尤为必要。四是以政治建设促进农民现代化。在城镇化加速推进的当下，农民的现代化应该受到格外重视。逐步消化吸收“农民工”为市民、通过多种渠道密切党与农民的联系、缩小城乡差距并减少市民和农民的身份性差距、通过观念和意识的现代化推进农民的公民化，皆是较为实际的应对考量。

三

在政治学理性而严峻的面孔下，作者另有一份人文情怀。他关注的乡村，不仅是访谈的对象、调研的笔录、统计的数据，还涉及乡村小说。民国时期萧红的《呼兰河传》，当代阎连科的《丁庄梦》《受活》，以及侯永禄的自传体小说《农民家史》《农民日记——一个农民的生存实录》，都成为乡村状况的旁证资料；进而，文学领域的研究，如樊星的《当代文学与国民性研究》等作品，也是参照借鉴的对象。文学的乡村另有一分魅力，也独有“社会启蒙”的巨大影响与“以诗证史”的史料价值。以笔者有限的了解，鲁迅的故乡系列、赵树理的解放区系列，都因重大的启蒙价值或社会影响而深刻映射了他们所在的时代，成为理解当时乡村状况的经典读本；贾平凹的商州系列、路遥的《平凡的世界》、刘醒龙的分享艰难系列，也是认知改革开放以来乡村生活的灵动样本。文学的介入，对于理解农村与农民，既有独到的价值，也有特别的趣味，作者敏锐地捕捉到了这一点，或者说他别具情怀，看到了另一种“民心”。

作者的人文情怀，还体现在其语言表达上，他似乎很在意文字的“诗意”，不经意间的表述往往富有文采与韵味，比如：“伴随着中国城镇化进程的推进，很多人误以为我们已经告别了乡村社会；伴随着市场化进程的全面推进，很多人误以为我们已经告别了小农经济；伴随着现代化进程的全面推进，很多人误以为我们已经告别了传统，而传统社会的主体人群就是农民。实际上，就算一个社会的基本形态已经发生了改变，甚至是根本性的改变，该社会的观念并不一定发生根本性的改变。”这类在排比中推进论证的文字，在相对学理化的政治学著作中，该是一抹温暖的亮色吧。

《中国农村研究》匿名审稿制度

为了推进中国农村研究领域学术规范和评价机制的发展，倡导规范、严谨的研究方法和理论与经验相结合的实证研究取向，本刊采用匿名审稿制度。基本规则如下：

1. 所有来稿请一律寄送编辑部收。来稿请将作者的姓名、所在单位、通信地址、邮政编码、联系电话、传真、E-mail 等个人信息另用附页提供，正文中隐去所有相关信息。

2. 执行编辑负责将稿件登记建档，保存个人信息附页之后，按照稿件内容所属领域分别送达相关编委会专家进行初审。

3. 执行编辑负责及时将经过初审专家审核之后的稿件按照内容所属领域分别送达匿名评审专家。

4. 匿名评审专家将以论文的学术质量作为评判的唯一标准给出书面评审报告，并对稿件提出以下四种分类意见：(1)可直接刊用；(2)修改后可刊用；(3)修改后待进一步评审；(4)不适宜本刊采用，并简要阐述理由。

5. 执行编辑根据评审专家的意见，和作者进行及时沟通，确定论文刊用信息或者交流修改意见，提请作者提供修改稿和修改报告，以供评审专家再审察。

《中国农村研究》编委会

《中国农村研究》征订征稿启事

《中国农村研究》系由教育部人文社会科学重点研究基地、华中师范大学中国农村研究院主办的大型学术集刊，由中国社会科学出版社出版。经教育部、中国社会科学评价中心遴选，本刊以社会学学科类学术集刊类别入选“中文社会科学引文索引”（CSSCI）目录。《中国农村研究》一年两卷。单位或个人需订阅者，请直接向出版社订阅。

本刊是关于中国农村研究的社科类综合刊物，以学理研究为宗旨，以实证研究为特色，以不断推进农村研究为目标。内容涉及农村政治、经济、社会、文化诸领域，设置“当代中国农村关键词”“百村跟踪调查”等特色栏目，近期特别关注新型城镇化、新农村建设、农村社区建设、农村减贫与发展、农村治理、农村基层民主、城乡一体治理、变动中的农村社会与文化、域外农村发展等专题。本刊十分重视实证调查稿件，这方面的优秀稿件不受字数限制。欢迎惠赐稿件！

本刊实行匿名审稿制度，聘请国内外知名专家担任匿名审稿人。

作者来稿请标明以下方面：

1. 作者简介：姓名、出生年、性别、籍贯、工作单位、职称、学位、研究方向。

2. 基金项目名称及编号。

3. 中文摘要 300—500 字，关键词 3—5 个。

4. 英文摘要和关键词。

5. 注释格式：

引自期刊：① 作者：《题名》，《刊名》，××××年第 × 期，第 × 页。

引自专著：② 作者：《书名》，出版者及×××× 年版，第 × 页。

引自报纸：③ 作者：《题名》，《报纸名》 ____年__月__日（版次）。

参考文献格式：

引自期刊：［1］作者．题名［J］．刊名，出刊年（卷/期）．

引自专著：［2］作者．书名［M］．版次（初版不写）．译者．出版地：出版者，出版年．起至页码．译著在作者前加［国籍］．

引自报纸：[3] 作者．题名 [N]．报纸名，____年__月__日（版次）．

引自论文集：[4] 作者．题名 [A]．见：论文集编者．文集名[C]．出版地：出版者，出版年．起至页码．

引自会议论文：[5] 作者．题名 [Z]．会议名称，会址，会议年份．

引自学位论文：[6] 作者．题名 [D]：[学位论文]．保存地：保存者，年份．

引自研究报告：[7] 作者．题名 [R]：保存地：保存者，年份．

引自电子文献：[8] 作者．题名 [DB/OL（联机网上数据库），或 DB/MT（磁带数据库），或 M/CD（光盘图书），或 CP/DK（磁盘软件），或 J/OL（网上期刊），或 EB/OL（网上电子公告）]．出处或可获得地址，发表或更新日期/引用日期（任选）．

其他未说明的文献类型用“Z”标识。

来稿以 12000—20000 字为宜，具有重大学术意义的文章不受篇幅限制。所有来稿请一律寄送编辑部收。请将作者的姓名、所在单位、职务职称、通信地址、邮政编码、联系电话、E-mail 等个人信息另用附页提供，正文中隐去所有相关信息。欢迎邮寄打印稿并以电邮传至本刊电子信箱。来稿 3 个月未收到本刊录用或者修改通知，作者可以自行处理。一经刊发，本刊不支付稿酬，送作者杂志 2 本。本刊对所刊用文稿拥有网上发布权，如不接收此条款，请注明。

本刊地址：中国·武汉 华中师范大学中国农村研究院《中国农村研究》编辑部

邮政编码：430079

联 系 人：李海金

联系电话：027—67865189

传　　真：027—67865189

E-mail：crs_editor@163.com

网　　址：www.ccrs.org.cn

华中师范大学中国农村研究院

《中国农村研究》编辑部